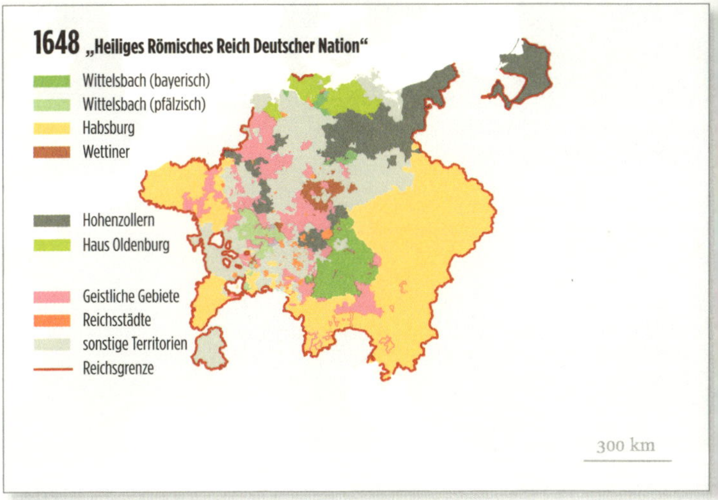

„Die Goldene Bulle“, der wichtigste Gesetzestext des Heiligen Römischen Reichs

Das Reich der Deutschen

Nils Klawitter und
Dietmar Pieper (Hg.)

Das Reich der Deutschen

Wie wir eine Nation wurden

Stefan Berg, Georg Bönisch, Felix Bohr,
Annette Bruhns, Martin Doerry, Anke
Dürr, Markus Flohr, Christoph Gunkel,
Saskia Kerschbaum, Uwe Klußmann,
Marc von Lüpke, Peter Maxwill, Joachim Mohr,
Norbert F. Pötzl, Jan Puhl, Johannes Saltzwedel,
Mathias Schreiber, Michael Sontheimer,
Andreas Wassermann, Susanne Weingarten

Deutsche Verlags-Anstalt

Der Verlag weist ausdrücklich darauf hin, dass im Text enthaltene externe Links vom Verlag nur bis zum Zeitpunkt der Buchveröffentlichung eingesehen werden konnten. Auf spätere Veränderungen hat der Verlag keinerlei Einfluss. Eine Haftung des Verlags ist daher ausgeschlossen.

Die Texte dieses Buches sind erstmals in dem Heft »Das Reich der Deutschen. 962–1871: Eine Nation entsteht« (Heft 3/2016) aus der Reihe SPIEGEL GESCHICHTE erschienen.

MIX
Papier aus verantwortungsvollen Quellen
FSC® C014496

Verlagsgruppe Random House FSC® N001967

1. Auflage

Umschlag: Büro Jorge Schmidt, München unter Verwendung einer Vorlage von: © Artothek, AKG (5), Bridgeman Images, Action Press, United Archive
Typografie und Satz: DVA / Andrea Mogwitz
Gesetzt aus der Rotation
Druck und Bindung: GGP Media GmbH, Pößneck
Printed in Germany
ISBN 978-3-421-04766-3

www.dva.de

Dieses Buch ist auch als E-Book erhältlich.

INHALT

KAPITEL II: GLAUBE, KRIEG UND FRIEDEN

ANHANG

VORWORT

Es war ein seltsames Gebilde, dieses Heilige Römische Reich, in dem sich die deutsche Nation herausgebildet hat. Genau genommen war das Flickwerk von zeitweise 300 Territorien nicht einmal ein Staat. Klare, stabile Grenzen fehlten ebenso wie eine Hauptstadt, eine einheitliche Verfassung und meistens auch ein Heer. Dennoch beanspruchten die römisch-deutschen Kaiser die Herrschaft über halb Europa: Zeitweise dehnte sich das Reich von der Mitte Italiens über die Schweiz und die Niederlande im Westen bis nach Böhmen im Osten.

Als es 1806 aufgelöst wurde, riss das alte Band, das die deutschen Länder lange zusammengehalten hatte. In der aufkommenden Ära der Nationalstaaten schien das Reich aus der Zeit gefallen, viele machten sich über das morsche Gebilde sogar lustig. Das Ende des Reiches war ziemlich unrühmlich, wenn man bedenkt, dass es 844 Jahre gehalten hatte. Es überstand Kriege, machthungrige Dynastien und die Kämpfe um die Reformation.

Was hielt dieses besondere Konstrukt so lange zusammen, und wie schälte sich aus dem multikulturellen Imperium schließlich ein deutschsprachiges Kernland heraus? Seit wann begannen sich Sachsen, Friesen, Franken und Bayern überhaupt als Angehörige einer Nation zu verstehen? Und wie hält man heute Mythos und Wirklichkeit dieser fast tausendjährigen Geschichte auseinander?

In Porträts, Geschichten und Interviews versuchen SPIEGEL-Autoren Erklärungen dafür zu finden, wie sich die Deutschen zusammenrauften und zu sich selbst fanden. Unterstützt werden sie dabei von Experten wie dem Habsburg-Spezialisten Georg Schmidt oder dem Neuzeit-Historiker Jörn Leonhard, der sich kritisch mit der verbreiteten These vom deutschen Sonderweg auseinandersetzt. Einen gewitzten Blick von außen liefert der Brite Simon Winder. Der Cheflektor des Londoner Penguin Verlags schreibt seit Jahren über Deutschland und begeistert sich für das Mittelalter-Flair von Städten wie Quedlinburg.

Die Geschicke des Reichs mögen von Königen, Kaisern und Fürsten geprägt worden sein – Alltag und Mentalitäten sind durch sie allein allerdings kaum zu erfassen. Neben Porträts Ottos I., des Reichsgründers, oder des fünfsprachigen Böhmen Karl IV. wird deshalb auch geschildert, wie etwa die Zünfte in den Städten das hierarchische System des Mittelalters aufbrachen. Ein anderer Beitrag beschreibt die Macht der Frauen am Beispiel der Äbtissin Berta von Arnsberg, die ihr Essener Damenstift zäh und erfolgreich gegen die feindliche Übernahme durch den Kölner Erzbischof verteidigte.

In kleineren Nahaufnahmen und Seitenblicken geht es darum, wie lange die Deutschen brauchten, um eine einheitliche Sprache zu finden, wie uns die Nachbarn sahen (»Choleriker und Trunkenbolde«) und warum der Saum des kaiserlichen Krönungsmantels mit arabischen Schriftzeichen verziert war.

So ist dieser Band vor allem eine Spurensuche. Statt endgültige Urteile zu fällen, versuchen die Autoren eher, einige Mythen zu entzaubern: Die so prachtvoll überlieferten Mittelalter-Kaiser etwa – sie führten das Leben von Nomaden. Anders als viele Fürsten waren sie ständig auf Reisen und ritten mit ihrem Hofstaat durch das Reich. Nicht selten hausten sie in zugigen Burgen oder in Zeltlagern vor gegnerischen Städten.

Eine weniger bekannte Seite beleuchtet dieser Band auch bei einem der großen Schriftsteller des 19. Jahrhunderts: Während Theodor Fontane heute vor allem als Verfasser epochaler

Gesellschaftsromane wie »Effi Briest« bekannt ist, verhielt er sich damals in politischen Fragen als Opportunist: Kämpfte er 1848 auf den Berliner Barrikaden noch für Freiheit und Demokratie, verdingte er sich wenig später dem preußischen Staat, dem er sogar als Zensor diente.

Dieses Buch ist folglich auch der Versuch, die langen Linien der deutschen Geschichte nachzuzeichnen – eingebettet in das Panorama des Reichs, dieses in Europa einzigartigen Gebildes. Oft wurde es belächelt und lange bespöttelt, inzwischen wird es unter Historikern aber deutlich positiver gesehen: als ein frühes Beispiel föderaler Machtbalance.

Wir wünschen Ihnen gute Lektüre!

Hamburg, im Herbst 2016
Nils Klawitter und Dietmar Pieper

DER DEUTSCHE WEG

Im Zentrum Europas formen mittelalterliche Könige ein Imperium nach römischem Vorbild. Es war ein fragiles, oft belächeltes Gebilde, das aber Kriege verkraftete und Epochen überstand. Sein Föderalismus prägt uns bis heute.

Von NILS KLAWITTER

Fast neun Jahrhunderte hatte das Reich existiert, am Ende blieb vor allem eines: Spott. Schon vor dem endgültigen Aus im Jahr 1806 mokierten sich Zeitgenossen über das abgetakelte Gebilde und seinen abgerissenen Zustand.

Bei der vorletzten Kaiserkrönung 1790, notierte der Geschichtsschreiber Karl Heinrich Ritter von Lang, hätten der »abgeschabte Mantel« und die »Kaiserpantoffeln« Leopolds II. ausgesehen wie »auf dem Trödelmarkt zusammengekauft«. Das »Fastnachtsspiel in zerrissenen Fetzen«, so Lang, habe perfekt zur »kindisch gewordenen alten deutschen Reichsverfassung« gepasst.

Am 6. August 1806 hatte auch Leopolds Nachfolger Franz II. ein Einsehen. Seine Boten riefen in den Städten aus: »Wir erklären durch Gegenwärtiges, daß Wir das Band, welches Uns bis jetzt an den Staatskörper des deutschen Reichs gebunden hat, als gelöst ansehen.« Das 844-jährige Gebilde eines römischen Reichs deutscher Prägung hörte damit auf zu existieren.

Der 33. Kaiser, ein Habsburger, hatte das Imperium einfach aufgelöst.

Die Reichsinsignien ließ er in der Schatzkammer der Wiener Hofburg wegsperren: die heilige Lanze etwa, 51 Zentimeter lang und angeblich auch mit einem Nagel vom Kreuz Christi zusammengehalten. Oder den aus Harzmasse geformten und mit Goldblech verkleideten Reichsapfel, Symbol der Weltherrschaft. Die allerdings hatte zu der Zeit längst ein anderer vor Augen, der Franz auch zur Auflösung gedrängt hatte: Europas mächtigster Herrscher Napoleon.

Das Ende des Reichs hatte sich abgezeichnet. Doch als dann am 18. August 1806 »zum ersten mahl Kaiser und Reich aus dem Kirchengebet weggelaßen« wurden, wie die Mutter Johann Wolfgang von Goethes ihrem Sohn schrieb, wirkte sie doch betroffen: Das Reich sei schließlich wie ein »alter Freund« gewesen.

Sein Anfang ist eine Idee – die Vorstellung eines christlichen Großraums mit einem Kaiser als Beschützer. Otto I., ein bärtiger Hüne mit funkelnden Augen, hat sie im Kopf, als er 962 zum Papst in Rom eilt, um ihm gegen aufsässige Lokalfürsten beizustehen. Der 49-Jährige knüpft damit an Karl den Großen an, der gut 160 Jahre zuvor zu einer ähnlichen Reise aufgebrochen war. Beide Könige werden am Tiber zum Kaiser gekrönt. Sie verband die etwas vermessene Vision der Fortführung des einstigen Römerreichs.

Der symbolische Akt der Krönung durch den Papst als Oberhaupt der römischen Kirche war nötig, um als Schirmherr der gesamten Christenheit ernst genommen zu werden. Wie im antiken Rom wurde der Adler zum Wappentier der neuen Macht.

Anders als Karl verfügte Otto nach der Teilung des riesigen Frankenreichs unter den Erben nur noch über das ostfränkische Territorium. Es wird nun allerdings bis 1806 mit der ostfränkischen und später deutschen Königskrone verknüpft bleiben. Das Jahr 962 gilt als Geburtsstunde des Gebildes, das man künftig das »Heilige Römische Reich Deutscher Nation« nennen wird.

Die damals etwa vier Millionen Bewohner hatten allerdings weder eine Vorstellung davon noch einen Namen dafür. »Sagemir, uueo namun habet deser man, uuerpistdu« (Sag mir, welchen Namen hat dieser Mensch, wer bist du?) – so etwa redeten die Leute dieser Zeit. Die meisten hausten in Hütten aus Holz und Lehm. Frauen wurden, wenn sie nicht bei der Geburt eines Kindes starben, kaum älter als 40 Jahre. Die Menschen aßen mit Honig gesüßten Getreidebrei und tranken oft schon am Vormittag verdünnten Wein, weil der Alkohol vor Infektionen schützte.

Chroniken erzählen von Blutrache und Faustrecht, auch Könige trennten ihren Widersachern gern mal Gliedmaße ab. Durch die Wälder strichen Wölfe und Bären, das Fortkommen war beschwerlich: Nur eine Heerstraße führte vom Rhein zu den norddeutschen Sachsen. Besser sah es im Süden aus: Entlang der Rhein-Donau-Linie verbanden Wegenetze römische Siedlungen wie Mainz, Straßburg und Regensburg, begüterte Kinder besuchten Klosterschulen.

Am Ende des Reiches 1806 steht Deutschland an der Schwelle zur Moderne. Dampfmaschinen revolutionieren die Industriearbeit, in Essen wird Friedrich Krupp bald seine erste Gussstahlfabrik eröffnen. Wenn auch die Leibeigenschaft noch nicht überall abgeschafft ist, neigt sich das Feudalsystem dem Ende zu. Viele Deutsche begeistern sich bereits für Volk und Vaterland.

Das Alte Reich dagegen wird belächelt. Vielen erscheint es marode, aus der Zeit gefallen. Eine Zumutung. Der populäre Berliner Geschichtsprofessor Heinrich von Treitschke rechtfertigt den Untergang mit dem »Durcheinander verrotteter Reichsformen und unfertiger Territorien«. Seine Worte spiegeln die nationalstaatlich geprägte Geringschätzung des Alten Reiches mit seinen zeitweise 300 Territorien. Die Sichtweise ist bis heute verbreitet.

Unter Historikern wird das Heilige Römische Reich inzwischen wesentlich positiver gesehen, vor allem die relativ friedliche Blütephase nach dem Westfälischen Frieden 1648. Seine föderalen Strukturen und Ausgleichsmechanismen, die konfessionelle Vielfalt und die kulturelle Diversität, die sich damals zeigten, gelten Forschern wie Peter Claus Hartmann gar als Vorbild für Europa.

Sicher, deutsche Defizite gab es einige: Unsichere Grenzen etwa – dauernd fiel dem Reich an den Rändern etwas ab. Auch fehlte eine Hauptstadt, in der sich eine zentrale Macht entfalten konnte. Wenn es eine Konstante gab, dann den Konflikt: Die Kaiser stritten mit den Päpsten, die Könige rangen mit den Fürsten, die erstarkenden Städte wehrten sich gegen die Landesherren, und schließlich hackten sich Katholiken und Protestanten im Ringen um den wahren Glauben die Köpfe ab.

Dennoch: Die 844 Jahre des Alten Reichs prägen dieses Land bis heute: Dass selbst die kleinsten Residenzstädte Theater hatten, die bis heute existieren, ist ein Erbe der viel gescholtenen Kleinstaaterei. Die Mentalität, alles zu verrechtlichen, drückt nicht unbedingt Untertanengeist aus, sondern auch Vertrauen in die Justiz. Das Reichskammergericht von 1495 scheint diese Neigung geprägt zu haben: Dort verklagten selbst Bauern ihre fürstlichen Landesherren. Während Zentralmächte wie England und Frankreich politische und religiöse Abweichungen schnell ersticken konnten, genügte einem Verfemten wie Friedrich Schiller 1782 die Flucht aus dem Herzogtum Württemberg ins liberalere kurpfälzische Mannheim, um weiter dichten zu können. Verschiedenheit hat Chancen eröffnet.

Die politische Zersplitterung der angeblich verspäteten Nation, so der Kunsthistoriker Neil MacGregor, sei tatsächlich eine Stärke gewesen. Der Brite ist seit Kurzem als Gründungsintendant des Humboldt-Forums im Berliner Stadtschloss Chef eines kulturpolitischen Vorzeigeprojekts. Die Ordnung des

Alten Reichs hält er für einen »Sieg der kreativen Fragmentierung«.

Schon Otto I. hat die Zersplitterung zu nutzen gewusst. Sein Heer war ein bunter Haufen aus Sachsen, Bayern, Schwaben, Franken und Böhmen. Doch auf einer Schotterebene südlich von Augsburg besiegte diese Truppe die immer wieder ins Reich einfallenden Ungarn im August 955 dermaßen, dass die sich nicht wieder blicken ließen. »Vater des Vaterlandes« soll Otto damals genannt worden sein.

Aber war diese Schlacht am Lechfeld tatsächlich die Geburtsstunde der deutschen Nation, zu der Generationen von Historikern das Ereignis stilisierten? Stehen heute tatsächlich »1000 Jahre Deutschland« auf dem Spiel, wie AfD-Politiker gern mal behaupten? Waren die Menschen damals als monolithischer germanischer Block unterwegs, mit einem Volk, einem Reich und einem Führer?

Diese Sicht scheint gerade wieder an Boden zu gewinnen. In ihr mischt sich die Angst vor Überfremdung mit einer rückwärtsgewandten Sehnsucht nach einem urdeutschen Volk und christlich-abendländischen Werten. Eine absurde Sicht, wie der Mittelalter-Historiker Johannes Fried findet. Das Christentum sei seinem Ursprung nach so deutsch wie der Islam, sagt Fried, »beide Religionen sind aus dem Nahen Osten nach Europa eingewandert«.

Kein Sachse, Franke oder Friese hätte zudem auf die Frage nach seinem Heimatland damals »Deutschland« gesagt. Man war in seinen Stämmen verwurzelt, die ihrerseits zusammengewürfelte Haufen waren. Diese Stämme, die mit den deutschen Kaisern über die Alpen zogen, konnten sich untereinander zwar gerade so verstehen, eine nationale Einheit bildeten sie aber nur aus der Sicht des Auslands. Der italienische Mönch Benedikt von S. Andrea hielt sie einfach für Barbaren: »Schrecklich war ihr Anblick, krumm ihr Gang«, notierte er – in der

Schlacht allerdings »standen sie wie Eisen«. Die germanischen Dialekte bezeichneten die Italiener, so halten es vatikanische Quellen auf Latein fest, als »theodisce« Sprache. Das bedeutete »Volkssprache«. Aus »theodisc« wurde später »tiutsch« und dann »deutsch«.

Obwohl die gemeinsamen Italienzüge für die Ethnogenese der Deutschen sehr wichtig waren, begannen die Menschen erst ganz allmählich, sich mit diesem Namen zu identifizieren. »Die Deutschen«, sagt Fried, »sind in ihre nationale Identität hineingeschlittert.« Von Deutschtum konnte damals keine Rede sein, und das Reich war sowieso lange nur eine Sache der herrschenden Eliten.

Neben der Monarchie war die Kirche wichtigste Klammer dieses Reichs. Da Otto und seine Nachfolger dauernd ihr Land durchritten und mitunter über Jahre mit ihrem Tross südlich der Alpen feststeckten, mussten sie es zeitweise mit Briefen und Boten regieren. Auf ihre Kirchenfürsten daheim war allerdings Verlass. Die Herrscher kleideten Bischöfe und Reichsäbte schließlich selbst ein – Investitur wurde diese Personalpolitik mittels Ornatsübergabe genannt.

Die Macht der deutschen Herrscher war den Päpsten bald ein Dorn im Auge. Der Streit um die Investitur, das Recht, die Bischöfe ein- und abzusetzen, gipfelte 1076 in der Exkommunikation Heinrichs IV. Papst Gregor VII. stutzte den Salier-König zurecht und riet ihm, sich auf die Region zu beschränken, in der »Teutonici« lebten. Es folgten Heinrichs winterliche Odyssee über die Alpen, die Buße in der Apenninenburg Canossa und 1122 das Ende des Investiturstreits zugunsten der Päpste.

Sehr viel weiter reichend als die bekannte Büßersymbolik war jedoch der Effekt im Reich: Die Kirche entzog sich fortan der Instrumentalisierung durch den Kaiser und baute ihre Güter und Länder zu politischen Herrschaftszentren aus, einmalig in Europa. Neben Hochstiften und kleinen Reichsabteien entstan-

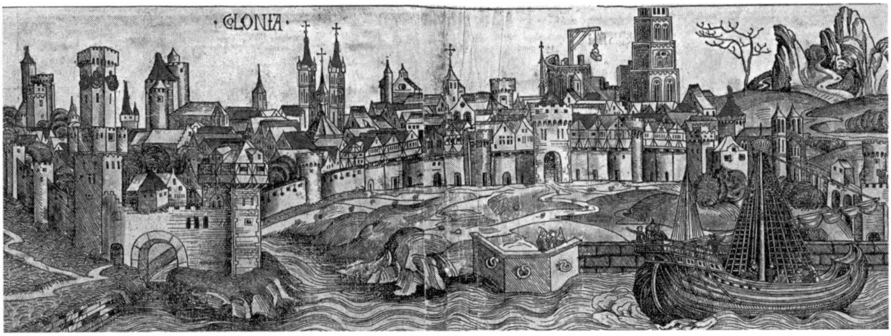

Ansicht von Köln aus der Schedel'schen Weltchronik (1493)

den Konzerne Gottes: Die Kirchenprovinz der Mainzer Erzbischöfe etwa reichte quer durchs Reich – von den Alpen bis zur Elbe. Schon unter Otto war der Mainzer Erzbischof gleichzeitig Oberherr der höfischen Geistlichkeit. Während Kaiser wie Barbarossa Weltpolitik machten und mit ihrem mobilen Schlachthof im Namen des Christentums in die Ferne vorrückten, hielt die kirchliche Verwaltung das Reich zusammen.

Dieses Reich war ein Lehnsverband, in dem der Herrscher Posten und Länder an seine wichtigsten Vasallen (etwa Fürsten) vergab. Der soziale Kitt waren Treueeide zwischen Fürst und Kaiser, Ritter und Landesherr, Bauer und Grundbesitzer. Doch innerhalb der Elite schwand die Treue oft ausgerechnet vor der nächsten Königskür. Anders als etwa Frankreich war das Reich keine Erbmonarchie; der Kaiser war in seiner Macht beschränkt und auf den Konsens der Großen im Land angewiesen. Die ältesten Söhne eines Dynasten hatten zwar die besten Chancen auf den Thron, aber eben keine Garantie. Die Wahl ließen sich die Fürsten bezahlen, auch mit sogenannten Regalien, exklusiven Königsrechten wie der Münzprägung oder dem Silberabbau. Die erzwungene Großzügigkeit der Herrscher zeigte Wirkung: Im späten Mittelalter hatten die deutschen Könige kaum mehr Einkünfte, ihre Regalien waren quasi ausverkauft, die Gesetzgebung war meist an die Landesherren delegiert.

Gegen diese Machtfülle von Adel und Klerus und den Druck durch allerlei Abgaben wie Zehnte regte sich im Volk Widerspruch. Bereits um 1200 schalt der Dichter Walther von der Vogelweide in einem frühnationalen Vers die kirchliche Kreuzzugssteuer, die »uns Tiutschen« auferlegt worden war. Kurz zuvor hatte ein Chronist das Geschacher um die Königswahl kritisiert: Der Adel scheue sich nicht, »Eide zu brechen, noch den Frieden zu verletzen und jegliches Recht zu verwirren«. Die Wahl schien bald zu einem unkalkulierbaren Risiko zu werden. Zeitweise gab es über hundert Reichsfürsten, die mitreden konnten. Gegen entsprechende Entlohnung wählten sie sogar Gegenkönige.

Karl IV., ein Luxemburger, vereinbarte schließlich 1356 mit den wichtigsten Reichsfürsten eine Krönungsordnung. Sie wurde in einer Pergamenturkunde mit goldenem Siegel (lateinisch »bulla«) festgehalten: Künftig sollten nur sieben Kurfürsten den König in der Reichsstadt Frankfurt küren (wählen). Zudem sollten die Kinder der weltlichen Kurfürsten nicht nur in Latein und in der deutschen Sprache geschult werden, sondern auch in Italienisch und Slawisch. Das Reich war ja ein Vielvölkerstaat.

Die 31 Kapitel dieses frühen Grundgesetzes spiegeln die Ehrfurcht des Monarchen vor den mächtigen Landesherren, die als »Säulen« des Reichs bezeichnet werden. Das Imperium glich nun einem exklusiven Fürstenklub, bis weit ins 15. Jahrhundert blieb es ein »Interessengeflecht führender Familien«, so der Historiker Peter Moraw.

Formal zählten zum Reich die auf den Reichstagen versammelten Reichsstände, also Adel und Geistlichkeit und bald auch die freien und Reichsstädte. Das einfache Volk blieb außen vor. Je pompöser die Symbolik des Reichs bei Krönungen und teils

Das Reichskammergericht in Wetzlar (Kupferstich um 1735)

monatelangen Reichstagen wirkte, desto komplizierter und uneinheitlicher war sein Innenleben. Zeitweise kursierten dort rund 500 Währungen. Es gab Hunderte reichsunmittelbare Ritter, die mit ihren Miniterritorien nur dem Kaiser unterstellt waren. Wer von Magdeburg bis Hamburg auf der Elbe fuhr, musste bis zu 16-mal anlegen, um Zoll zu entrichten.

Doch nicht nur innerlich, auch äußerlich wirkte das Gebilde etwas ungeordnet. So sehr diverse Atlanten deutscher Kartografen es auch suggerieren – klare, dauerhafte Grenzen hatte das Reich nie. An seinen Rändern franste es zusehends aus: In Norditalien etwa gab es Städte wie Parma, die in einer Lehnsbeziehung zum Kaiser standen, aber auf Reichstagen nicht vertreten waren. Ins starke Mailand konnte der Kaiser schon im 11. Jahrhundert kaum hineinregieren.

Die Schweizer Eidgenossenschaft entzog sich 1499, nach dem Krieg gegen die Habsburger, den Reichsinstitutionen, später auch die Niederlande. Burgund und Lothringen im Westen waren immer wacklig. Im hohen Norden, wo jahrhundertelang kaum ein Herrscher vorbeikam, gab es Territorien wie Holstein, die zum Reich gehörten, obwohl sie vom dänischen König beherrscht wurden. Und der böhmische König im Osten wählte als Kurfürst zwar den deutschen Herrscher, war jedoch in seinem Land souverän und nicht dem Reich unterworfen.

Im 14./15. Jahrhundert verändert sich die deutsche Gesellschaft im Zeitraffer. Der Buchdruck wird erfunden, Bankhäuser entstehen, Städte blühen auf und verbünden sich wie in der Hanse. Die Kaiser lösen sich vom Papst, notgedrungen: Da sie wegen heftigen Widerstands in Norditalien nur mühsam oder gar nicht mehr bis nach Rom kommen, büßen sie auch an europäischem Rang ein. Andererseits emanzipieren sie sich von Rom: Maximilian I. aus dem Hause der Habsburger, die mit kurzer Unterbrechung bis 1806 regieren, nennt sich 1508 als Erster »Erwählter Römischer Kaiser«. Krönungen nehmen in Vertretung des Papstes bald nur noch die drei erzbischöflichen Kurfürsten vor.

Früh-Humanisten wie Ulrich von Hutten werden populär. Sie sorgen für ein neues »Wir«-Gefühl und stellen unter Berufung auf Tacitus' Schrift »Germania« die Tugend der Germanen der römischen Dekadenz entgegen. Gleichzeitig wirkt das Reich tief mittelalterlich: Die katholische Inquisition verfolgt vermeintliche Ketzer, Tausende Frauen werden als Hexen verbrannt, was auch Martin Luther für gerecht hält – sie könnten schließlich »ein Kind verzaubern«.

Im Reich sind auch noch ritterliche Fehden üblich. Der verstärkte Festungsbau und die neue Artillerietechnik machen Reiter in schwerer Eisenmontur allerdings zusehends überflüssig. Letzte Ritter wie Franz von Sickingen und seine Truppen werden zwar zeitweise sogar von Königen umworben, ihre Wegelagerei stört den Handel aber so sehr, dass diese Selbstjustiz durch den »Ewigen Landfrieden« verboten wird. Neben dem neuen Reichskammergericht ist dieses Friedensdekret das wichtigste Ergebnis des Wormser Reichstags von 1495.

Monatelang hatten dort die Reichsstände getagt – und der Stadt eine Menge Schulden hinterlassen. 7000 Einwohner mussten die gleiche Anzahl Delegierte unterbringen. »Es geht hier ganz auf Roemisch zu«, schrieb ein Chronist über die Zustände in Worms, »mit Morden, Stehlen und schoene Frauen sitzen alle Gassen voll.«

Der Landfriede, so die Historikerin Barbara Stollberg-Rilinger, sei ein früher »Schritt zur Etablierung eines Gewaltmonopols« gewesen. Das lag zwar bei den Landesherren, doch deren Gewalt begrenzte das neue Reichskammergericht als höchste Appellationsinstanz. Dessen Urteil mussten auch die Landesherren fürchten. »In einer Ständegesellschaft, die auf Ungleichheit beruht, war dies ungeheuerlich«, sagt die Historikerin Anette Baumann. Erstmals sprachen dort ausgebildete Juristen Recht, die Schöffen wurden nach ständischem Schlüssel besetzt.

Sicher, manche Verfahren wurden »auf die lange Bank« geschoben und dauerten über hundert Jahre. Die meisten waren aber in drei bis sieben Jahren entschieden. Allein das Prozessieren, so Baumann, war ein Beitrag zum inneren Frieden. Dabei halfen auch die neuen Reichskreise, eine Art Mittelinstanz zwischen Kaiser, Reichstag und Ständen, die der Zersplitterung im Land entgegenwirkten. Die zehn Kreise stellten jeweils Militär für die Wahrung des Landfriedens und später für die Verteidigung nach außen.

Das damals im Innern aufkeimende Gemeinschaftsgefühl war, typisch deutsch, auch Feindmarkierung. Humanisten wie Hutten riefen das deutsche Volk auf, die Macht Roms zu brechen oder sich gegen vorrückende Türken zu wehren. Doch im aufkommenden Streit von Reformation und Gegenreformation erlosch das neue »Wir«-Gefühl bald wieder.

Und dann beginnt es zu brodeln: Die Kritik des Augustinermönchs Martin Luther an Papst und Kirche zerreißt das Reich. Sprachlich allerdings eint er es. Er habe dem »Volk aufs Maul geschaut«, so Luther, und die Bibel auf »Deudsch« übersetzt. Damit ist sie der Deutungsmacht der lateinisch sprechenden Elite entzogen – ein Meilenstein auf dem Weg zu einer kulturellen Identität. Dank des neuen Buchdrucks wird die Luther-Bibel ein Bestseller, bis zu seinem Tod 1546 wird sie mehr als 200 000-mal verkauft.

Luther selbst ist innerhalb kürzester Zeit im ganzen Reich ein Begriff, auch dank seines Propagandamalers Lucas Cranach. Gegen den in Mechelen und Brüssel aufgewachsenen Kaiser Karl V., der nur gebrochen Deutsch spricht, setzen die Reichsstände 1521 sogar Luthers Anhörung im Rahmen des Reichstags durch. Doch der Kaiser bleibt hart. Bald schon verbietet er allen Reichsgliedern den Kontakt mit dem Mönch. Die protestantischen Gegner formieren sich im Schmalkaldischen Bund. Die Bauern, die die Hauptlast der Feudalgesellschaft tragen, rebellieren: Sie fordern die Reduzierung der Frondienste, die Abschaffung der Leibeigenschaft, die freie Jagd und die Pfarrerwahl.

Doch dieser revolutionäre Moment, die kurze aufständische Phase von 1524 bis 1526, jagte vielen Deutschen und auch

Luther großen Schrecken ein. Anders als manche Früh-Humanisten hatte er mit einer vereinten Nation nichts im Sinn, mit den aufständischen Bauern schon gar nichts. Luther hätte die »mörderischen und räuberischen Rotten« am liebsten wie »einen tollen Hund« erschlagen. Der protestantische Nationalheld – hier kam auch seine Obrigkeitshörigkeit durch – wollte an der staatlichen Ordnung schließlich nicht rütteln. Auch diese unterschwellige Gehorsamkeit vieler Lutheraner trug wohl dazu bei, dass sich katholisch und protestantisch geprägte Reichsstände 1555 im Augsburger Religionsfrieden zusammenrauften – für Religionskrieger, die die Menschen seit Jahrhunderten waren, ein großer Schritt. Die Untertanen allerdings hatten noch keine Wahl und mussten sich der Religion ihres Landesherrn anschließen oder auswandern.

Dies änderte sich erst 1648. Die Stände verpflichteten sich damals, »mit Nachsicht« zu dulden, wenn Untertanen die Konfession wechselten oder ihren teils sehr wechselwilligen Landesherren eben nicht folgten. Das Reich galt auch im Ausland bald als Ort der Toleranz.

Die Deutschen selbst waren damals vor allem müde und ausgelaugt: Der Dreißigjährige Krieg (1618 bis 1648) hatte weite Landstriche verwüstet. Wohl ein Drittel der 20 Millionen Bewohner war ums Leben gekommen. Das Reich war Schlachtfeld europäischer Potentaten gewesen, die absurde Bündnisse geschlossen hatten: Das katholische Frankreich etwa, das sich von der Habsburger-Herrschaft in Spanien bedroht fühlte, paktierte mit dem protestantischen Schweden gegen den katholischen Habsburger auf dem Kaiserthron.

Als das Schlachten ein Ende hat, blüht das Reich auf. Dichter und Denker finden fürstliche Mäzene, durch die Fragmentierung des Landes ergeben sich etliche kreative Nischen. Doch gerade in der Phase, als machtpolitisch mal die Luft angehalten wird, macht eine neue Dynastie auf sich aufmerksam, deren Stechschrittmentalität Deutschland lange prägen wird: die Hohenzollern. Den kargen, entvölkerten Sandstaat Brandenburg fusionieren sie mit dem Herzogtum Preußen, dem einstigen Kerngebiet der Deutschordensritter um Danzig und Königsberg. Ihr neuer Staat Preußen ist ein Kunstgebilde: mal gehört das Beuteland Polen dazu, mal wieder nicht, dann Teile Sachsens oder Stücke des Rheinlands.

Je labiler das Reich scheint, desto größenwahnsinniger werden die Preußen: Bald machen die habsburgischen Kaiser die Regionalfürsten im Norden sogar zu Königen in Preußen, das nicht zum Reich gehört. Bereits 1740 fällt der hochgerüstete Friedrich II. in Habsburgs reichster Provinz Schlesien ein. Nach mehreren Kriegen muss die österreichische Dynastie ihre Macht im Reich mit dem Aufsteiger teilen. Ein Jahrhundert später werden die Preußen die Habsburger bei Königgrätz besiegen, dann 1871 selbst den Kaiser stellen und Österreich zum Ausland machen.

Dazwischen liegt 1806 – ziemlich unspektakulär – das Ende des Reichs. Zuvor schon hatten sich die Fürsten im Süden und im Westen losgesagt und sich zum Rheinbund unter Führung Napoleons zusammengeschlossen. Das Reich ist eine bedeutungslose Hülle geworden. Die Trauer über das Ende des Gebildes hält sich in Grenzen. Schon bald allerdings macht sich im 1815 gegründeten Deutschen Bund eine skurrile Sehnsucht breit, die zwischen alter Kaiser-Manie und neuem Nationalstaatsdünkel oszilliert.

Noch zweimal wird ein deutsches Reich Europa erschüttern, 1871 und 1933. In beiden Fällen dient es der Expansion und Unterdrückung. Die Hohenzollern versuchen sich als koloniale Herrscher und Weltkrieger, die Nationalsozialisten verknüpfen ihren Rasse- und Eroberungswahn (»Unternehmen Barbarossa«, SS-Division »Das Reich«) mit vermeintlich großdeutscher Herrlichkeit.

Deutsch war auch das, aber es ist mehr: Das Land ist ein Produkt der Vielfalt, ein Ergebnis aus Zuwanderung, Integration, gemeinsamer Sprache und der Prägung durch die Nachbarn: Unseren Namen haben wir von den Italienern, die Demokratie von den Franzosen, und bei der Abwehr gegen die Osmanen waren 1683 im entscheidenden Moment Polen an deutscher Seite.

»KULTURELLES KRAFTWERK«

Gründlich und mit großer Neugier hat sich der Engländer Simon Winder Deutschland und seine Geschichte erschlossen – Städte und Schlösser, Dörfer und Provinzmuseen. Ansichten eines eigenwilligen Liebhabers.

Das Gespräch führte NILS KLAWITTER.

SPIEGEL: Lange kam kaum ein Engländer freiwillig nach Deutschland, einmal abgesehen von Leuten, die aus beruflichen Gründen anreisen mussten, und Fußballfans. Sie dagegen können gar nicht genug bekommen von diesem Land und pilgern seit Jahren von Kaiserpfalz zu Kaiserpfalz. Was fasziniert Sie so?
Winder: Als ich Schüler war, verbrachten wir den Familienurlaub oft in Frankreich, das wurde dann irgendwann langweilig. Deutschland dagegen erschien mir aufregender, aber wir mieden Ausflüge dorthin, besuchten es selbst vom Elsass aus kaum. Es war eine Art »verbotenes Land«.

SPIEGEL: Warum?
Winder: Das lag wohl am Erbe des Zweiten Weltkriegs. Ein einziges Mal war ich mit den Eltern in Baden-Baden, sie fühlten sich sichtlich unwohl. Als ich zu Hause Wagner hörte, forderte mein Großvater mich auf, das auszumachen. Der sei schließlich

Hitlers Komponist gewesen, er konnte Wagner nicht ertragen. Ich dagegen liebte die Musik.

SPIEGEL: Auch aus Provokation?
Winder: Nein, ich mochte diesen bombastischen Stil wirklich, aber ich musste den Plattenspieler ausmachen, wenn mein Opa in der Nähe war. Das Gute war, dass ich dadurch anfing, neu über Deutschland nachzudenken. Meine Besuche häuften sich, und ich merkte, wie ähnlich sich Deutschland und England waren: viel Lokalhistorie, ähnlich schlechtes Essen. Ich allerdings lebte auf einer Insel, auf der historisch gesehen in den vergangenen 500 Jahren bemerkenswert wenig passiert war, von unseren Übergriffen auf Indien etwa mal abgesehen. Deutschland hatte da deutlich mehr zu bieten. Und damit meine ich nicht nur Dinge wie das Wella-Haarpflegemuseum in Darmstadt.

SPIEGEL: Sondern?
Winder: Es gibt Dutzende kleine Städte, die ab vom Schuss liegen und dennoch über eigene Theater, Konzert- und Kunsthallen verfügen. Nehmen Sie etwa Quedlinburg: Von vielen mag das pittoreske doch ziemlich verschlafene Örtchen im Harz als Provinz belächelt werden, doch unter den Ottonen war die Stadt das Scharnier des Reiches. Quedlinburg ist fantastisch!

SPIEGEL: Viele Historiker haben sich den Kopf darüber zerbrochen, wer die Deutschen seien, was ist Ihre Vermutung?
Winder: Die Deutschen sind ein Gemisch, entstanden aus verschiedenen Völkern. Lange Zeit empfanden sich die Menschen hier ja nicht als deutsch, sie sahen sich als Franken oder Bayern. Sicher, das Reich bildete einen Rahmen, aber darin lebten die verschiedenen Stämme, teils ganz unterschiedliche Menschenschläge …

SPIEGEL: ... die dann aber irgendwann zusammen mit dem Kaiser gegen die Slawen oder nach Italien zogen. Es begann ein Integrationsprozess, der uns heute schwerzufallen scheint ...
Winder: ... sehr schwer. Die Integration muslimischer Kriegsflüchtlinge scheint lange Zeit zu brauchen. Allerdings war Europa immer ein Schauplatz der Emigration und Immigration, das war normal. Zu uns kamen Inder und Pakistaner, nach Deutschland die Türken, das haben wir gewollt. Wir haben die Gesetze für Gastarbeiter verändert und ihnen den britischen Wirtschaftsboom zu verdanken. Die Zeit zurückdrehen und alle zurückschicken können wir jetzt nicht mehr – es wäre so, als ob man sich einen Arm amputierte.

SPIEGEL: Zurück zum Reich. Mit dem symbolisch aufgeladenen Kaisertitel haben die Herrscher versucht, an die Römer und ihr Imperium anzuknüpfen. Woher kam diese »Romania«, wie Sie es nennen?
Winder: Die frühen fränkisch-germanischen Warlords waren von teils großartigen römischen Bauten umgeben. Schauen Sie sich nur Trier an, die Thermen, das Amphitheater, da ist römische Tradition bis heute greifbar.

SPIEGEL: Entwickelten die deutschen Herrscher also eine Art kulturellen Komplex?
Winder: Scheint so, denn die Bauten wurden meist nicht genutzt und verkamen. An Rituale wie etwa die Krönung in Rom knüpfte man dagegen an. Intellektuell führten vor allem die Mönche dann die römisch-lateinische Tradition fort, allein durch die Sprache. Otto der Große etwa sandte einen Botschafter nach Andalusien zu den damals muslimischen Herrschern Iberiens – die redeten dort dann Latein miteinander. Karl der Große wurde sogar in einem römischen Sarkophag bestattet.

SPIEGEL: Das mutet fast friedlich an. Die brutale Christianisierung des Ostens, die Feldzüge zur Ausdehnung des Reiches – so etwas war offenbar aber auch nötig, um als Herrscher akzeptiert zu werden?
Winder: Sicher, obwohl es lange erst mal darum ging, das Land zu schützen, vor den Ungarn oder den Wikingern. Dann aber gelang es den Ottonen, die unterschiedlichen Stämme in einem Heer zu bündeln – und man konnte expandieren. Zu einer Kernkompetenz der Ottonen wurde es dann, tote, ungläubige Slawen zu stapeln.

SPIEGEL: Ein Kritiker schrieb einmal, in Ihren Büchern schafften Sie Unmögliches, nämlich zu zeigen, dass Deutschland ebenso witzig sein kann wie Italien oder Frankreich. Was, um Himmels willen, ist so lustig hier?
Winder: Meist geht es da um unfreiwillige historische Komik, um kleine Adlige etwa und ihren Drang, sich auf riesigen Gemälden wie Sonnenkönige der Nachwelt zu überliefern, ausgestattet mit denselben grotesken Perücken, die auch Ludwig XIV. trug. Die kleine Reichsabtei Prüm schaffte es, von Invasoren aller Art verschont zu werden, weil sie besondere Reliquien bewahrte: Die vermeintlichen Sandalen von Jesus – oder besser gesagt einige zerfledderte Teile davon. Solche aparten Orte und Regionen, diese Verschiedenheit und Kleinteiligkeit, die Historiker wie der Preußen-Verherrlicher Heinrich von Treitschke hassten, dieser Triumph des Lokalen – der lässt mich oft schmunzeln, und er ist ein herrliches Korrektiv zum späteren nationalen Größenwahn.

SPIEGEL: Der territoriale Flickenteppich wirkt allein schon wie ein Witz.
Winder: Eben. Es gab lange ja kein deutsches Zentrum, keine Hauptstadt wie Paris oder London. Doch dieses angebliche

Defizit war auch eine Stärke, es hat Deutschland zu einem kulturellen Kraftwerk gemacht. Ich gehe oft durch sehr kleine Städte und höre von der Straße, wie Leute daheim Musik machen. Das gibt es bei uns so nicht. Für mich ist das Ausdruck einer Tradition: Man brauchte nicht in Berlin zu sein, um etwas auf die Beine zu stellen, etwas zu werden.

SPIEGEL: Wäre dennoch eine deutsche Hauptstadt denkbar gewesen, die Reichstags-Metropole Regensburg etwa oder Speyer?
Winder: Ich glaube nicht, denn die deutschen Könige mussten ja dauernd unterwegs sein. Im Westen gab es steten Streit mit den Franzosen, im Osten mit den Osmanen. Mindestens so wichtig war es aber, nach innen zu wirken: Dort hatten sich die Fürsten regelrechte Reiche geschaffen, und viele Städte wurden einflussreiche Lokalmächte. Diese Gemengelage zu managen und Kontrahenten von Kriegen abzuhalten, das war die Aufgabe des deutschen Königs. Dazu musste er reisen und konnte sich nicht in einem Palast ausruhen.

SPIEGEL: Die mächtigen Fürsten galten als Säulen der Monarchie. War das Reich womöglich nur Synonym für die Herrschaft einer kleinen Adelsclique mit dem König als Maskottchen?
Winder: Das glaube ich nicht. Mitunter mag die Königsmacht subtil gewesen sein, existent war sie fast immer. Der König war ja das Ergebnis einer Wahl – und die wurde in der Regel von den Fürsten akzeptiert, die zudem wichtige Hofämter innehatten. Bis zum 18. Jahrhundert hat keiner von ihnen versucht, sich ins Königsamt zu putschen. Das änderte sich erst mit den Preußen.

SPIEGEL: Es fällt auf, dass die Deutschen sich immer wieder ihrer Grenzen versichern mussten, warum?

Winder: Schauen Sie sich nur mal das Territorium der Grafen von Württemberg an, das sieht aus wie nach einem Unfall. Überall im Südwesten liegen deren Besitztümer verstreut, hier ein paar Fetzen Land, da eine halb eingefallene Kirche, teils sogar Enklaven in Frankreich. Da war es wichtig, genau zu wissen, wo einem was gehört. Kaum verwunderlich, dass viele gute Landkartenzeichner Deutsche waren. Ein herrliches Flickenteppich-Beispiel ist später auch der Bau der preußischen Marinebasis in Wilhelmshaven, das war Mitte des 19. Jahrhunderts. Wegen Querelen mit dem König von Hannover ließ der die Preußen nicht durch sein Territorium. Schiffe mussten Baumaterial deswegen von Stettin über die dänische Ostsee fahren. Absurd, zumal sich die Preußen, als der Hafen fast fertig war, Hannover sowieso einverleibten.

SPIEGEL: Die wahren Helden Deutschlands sind für Sie die freien Reichsstädte, warum?
Winder: Sie waren keiner Herrschaft unterworfen, außer der des Kaisers. Lübeck etwa gehörte weltweit zu den größten Handelszentren – und da wurde beileibe nicht nur Fisch verkauft. Diese Orte waren Trainingszentren der Toleranz, in ihnen trafen Menschen verschiedener Religionen aufeinander. Mit den Zünften entstanden dort erste Berufsvertretungen. Nicht umsonst heißt es bis heute: »Stadtluft macht frei.«

SPIEGEL: Für viele Deutsche genießt Martin Luther bis heute Heldenstatus. Könnte es sein, dass der Theologieprofessor aus Wittenberg, der viel in Adelskreisen verkehrte und die zu seiner Zeit revoltierenden Bauern hasste, eher ein Reformer als ein Revolutionär war?
Winder: Ich glaube schon, dass Luther zu seiner Zeit revolutionär war, er ist Risiken eingegangen, die sein Leben bedrohten. Die Bauern mögen noch radikaler gewesen sein, und sie wurden

dafür ja auch geliebt, etwa von der DDR-Geschichtsschreibung, die mit ihnen frühes Klassenbewusstsein belegen wollte. Die Bauernkriege und andere Umtriebe wurden aber wohl historisch überbeansprucht. Da waren ja viele Verrückte dabei, wie etwa die Wiedertäufer. Die hatten zeitweise ja sogar die Stadt Münster besetzt. Das war allerdings keine soziale Revolution, sondern die wollten sich auf das nahende Ende der Welt vorbereiten.

SPIEGEL: Kaiser Karl V. war eine Art Gegenpart zu Luther. Sie beschreiben ihn sogar als frühen Hitler, darauf kann nur ein Engländer kommen.
Winder: Wirklich? Karl kämpfte gegen alles und jeden. Er dachte in Großmachtkategorien, ihn beschäftigte Spanien und die neue Welt, das fand er weit aufregender als die Reformation. Luther und er standen sich beim Reichstag in Worms 1521 ja gegenüber. Karl hat aber offenbar nicht wirklich verstanden, was Luther forderte. Er war von Katholiken umgeben und hat das Reich dann in die Schmalkaldischen Religionskriege gestürzt.

SPIEGEL: Aber den Hitler nehmen Sie zurück?
Winder: Ich weiß, da sind die Deutschen empfindlich. Immerhin frönte Karl bereits dem Personenkult, nehmen Sie nur die Art, wie er sich von Tizian porträtieren ließ, einem frühmodernen Propagandamaler. Die Bilder haben sein Ansehen nachhaltig geprägt. Gut, Luther hatte Cranach, der hat auch toll gemalt, aber traditioneller – und er war eine protestantische Ausnahme. Die meisten Künstler waren nun mal Klienten der katholischen Kirche. Die hatte das meiste Geld und legte weiter viel Wert auf Dekoration und visuelle Symbolik.

SPIEGEL: Die konfessionelle Auseinandersetzung im Reich schwelte – wenn sie nicht offen ausbrach – über Jahrhunderte. War das deutsche Gründlichkeit?

Winder: Wahrscheinlich. Deutschland trug den Konflikt aber auch stellvertretend für andere europäische Länder aus, die die Protestanten einfach fortjagten. Und man vergisst oft die langen Friedensphasen. Die Einsicht, dass Katholiken wie Protestanten zum politischen und religiösen Leben gehören, hatte zwar 30 Jahre Krieg gebraucht, aber dann war auch erstmal Ruhe. Danach prosperierte Deutschland und galt als Hort der Liberalität. Als Zufluchtsort Europas. Unterschwellig brach der Konflikt natürlich immer mal wieder auf, das zeigte sich nicht zuletzt im preußisch-österreichischen Dualismus des 18. und 19. Jahrhunderts. Viele aus dem Hause Hohenzollern waren fest davon überzeugt, dass nur Protestanten echte Deutsche sein könnten.

SPIEGEL: An seinem Ende, 1806, schien das Reich nur noch eine unbedeutende Hülle, der Untergang unvermeidlich. Viele trauerten dem Gebilde dennoch nach und schlossen es in ihre Gebete ein. Woher kam dieser Zwiespalt?
Winder: Da prallte Nostalgie auf Ohnmacht: Napoleons Stärke hatte den Deutschen ja die Schwäche des Reichs vor Augen geführt. Auch deswegen wurden die Rufe nach einem Nationalstaat lauter, was allerdings in ganz Europa in Mode kam. Es entstand diese absurde Idee von einem Wettlauf der Nationen, was mich als Sporthasser immer besonders auf die Palme bringt. Wo bitte ist denn da ein unabhängiger Richter? Und was soll der bewerten, etwa, wer die meisten Kolonien hat? Geschichte ist kein Rennen zwischen Nationen und auch kein Videospiel.

SPIEGEL: Gibt es eine Art Erbe des Reichs?
Winder: Es ist jedenfalls nicht die Verrottung, die populäre Historiker wie Treitschke ihm nachgesagt haben. Das Reich war vielmehr ein früher und erfolgreicher Föderalismus. Mit dessen Abwertung und den nationalen Obsessionen, die damals viele europäische Historiker pflegten, lagen sie komplett daneben.

Die Tragödie war bloß, dass Europa erst durch den furchtbaren Teufelskreis von 1871 bis 1945 gehen musste, um das zu erkennen.

SPIEGEL: Was ist für Sie der deutscheste Ort?
Winder: Lübeck, eine stolze, unabhängige Kaufmannstadt mit Sinn für Musik.

SPIEGEL: Institution?
Winder: Gewandhausorchester Leipzig.

SPIEGEL: Person?
Winder: Albrecht Dürer.

SPIEGEL: Für einen Briten eine sehr friedfertige Wahl.
Winder: Selbst wir können uns ändern.

SPIEGEL: Herr Winder, wir danken Ihnen für dieses Gespräch.

Simon Winder, geboren 1963 in London, ist von Deutschland fasziniert, seitdem er merkte, wie es seinen Großvater abstieß. Seine Spurensuche zwischen frühem Germanenkult und dem Beginn der NS-Zeit beschrieb er 2010 in dem Buch »Germany, oh Germany«, das hochgelobt wurde.
Er ist Cheflektor des Londoner Penguin Verlags.

KAPITEL I

EIN REICH ENTSTEHT

REVOLUTION VON OBEN

Als König führte Otto I. das spätere Reich der Deutschen und beherrschte schließlich auch Italien. Vom Papst zum Kaiser gekrönt, sah er sich als Schutzherr der Christenheit und Einiger Europas.

Von UWE KLUSSMANN

Dass der künftige Herrscher große Ambitionen hatte, zeigte er schon mit 23 Jahren. Da erschien Otto, Sohn des verstorbenen Sachsenherzogs Heinrich I., vor der Aachener Pfalzkapelle, um die Nachfolge seines Vaters als König des ostfränkischen Reiches anzutreten. Dort huldigten ihm Herzöge und Fürsten aus Bayern, Sachsen, Franken und Schwaben sowie Lothringen.

In dem wuchtigen Kirchenbau wartete der hohe Klerus auf den Königssohn. Otto beeindruckte durch einen schnellen Schritt und ausdrucksvolle Augen, und er verstand es, sich zu inszenieren. Der Erzbischof von Mainz überreichte ihm das Schwert mit Schwertgurt, Armspangen und Mantel, dazu Zepter und Stab. Gemeinsam mit dem Erzbischof von Köln setzte der hohe Geistliche ihm die Krone auf, salbte ihn und führte ihn zum Thron Karls des Großen, der als erster westeuropäischer Herrscher seit dem Ende der Antike die Kaiserwürde erlangt hatte.

Es war eine Zeremonie von hohem symbolischen Wert. Indem er sich salben und krönen ließ, unterschied sich der junge König von seinem Vater, der auf diese Rituale verzichtet hatte. Vielleicht fühlten sich die Großen des Ostfrankenreiches zurückgesetzt. Dass die Fürsten gewisse Vorbehalte gegen ihn hegten, darauf deutet, dass seine Wahl erst fünf Wochen nach dem Tode Heinrichs stattgefunden hatte.

Der junge König stand für ein Reich, das mehr war als nur eine Summe von Herzogtümern. Er war inspiriert von der Idee des römischen Imperiums. Von Deutschland war noch keine Rede, von der später gerühmten deutschen Ordnung erst recht nicht. Die etwa vier Millionen Bewohner der Gegend zwischen Rhein und Oder, zwischen Nordsee und Alpen hatten keine Vorstellung von Staatlichkeit. Sie waren Analphabeten, überwiegend Bauern, viele von ihnen unfrei, also abhängig von einem Grundherrn. Für ihre Feudalherren mussten sie auf kargen Getreidefeldern von Ochsen gezogene Holzpflüge schieben. Sie kannten weder allgemeine Gesetzgebung noch Verwaltung, auch konnten sie keine unabhängigen Gerichte anrufen. Nicht einmal der innere Friede in ihrem Land war gesichert. Bald nach Ottos Königskrönung ähnelten die Verhältnisse in Deutschland dem, was man heute einen »failed state« nennt, einen gescheiterten Staat.

Denn der Machtanspruch des neuen Königs stieß auf Widerspruch bei Fürsten und selbst in seiner Familie. Anders als sein Vater, der Schwurfreundschaften auf Gegenseitigkeit mit Fürsten seines Reiches geschlossen hatte, begnügte sich Otto mit einem Treueeid und überließ es den regionalen Herrschern, ihre Angelegenheiten weitgehend selbst zu regeln.

Otto sah die anderen Fürsten als Gefolgsleute, nicht als Gleichberechtigte. Das führte 937 zur Rebellion. Herzog Eberhard von Franken und Thankmar, Ottos älterer Halbbruder, organisierten anfangs den Aufruhr. Später kamen Herzog Giselbert von Lothringen und mit Heinrich auch der jüngere Bruder Ottos hinzu. Heinrich und Thankmar sahen sich um Erbansprüche gebracht. Die Machtverhältnisse im europäischen Kerngebiet waren noch

ungefestigt, seit das fränkische Imperium Karls des Großen zerfallen war.

Otto beherrschte das ostfränkische Reich, dessen größter Nachbar das Westfrankenreich war, aus dem bald Frankreich hervorgehen sollte. Lothringen gehörte seit 925 zum Ostfrankenreich. Der heutige Südosten Frankreichs und ein Großteil der späteren Schweiz waren als Königreich Burgund selbstständig. Ein eigenes Königreich war auch der Norden Italiens, während die Südspitze des Landes von den byzantinischen Kaisern kontrolliert wurde, die auch weite Gebiete des heutigen Griechenlands und Bulgariens sowie den Großteil der jetzigen Türkei beherrschten. Polens geschriebene Geschichte begann gerade erst als Herzogtum mit dem Fürstengeschlecht der Piasten. Herzog Mieszko I. ließ sich 966 taufen und verwandelte das Land an Warthe und Weichsel in einen Vorposten des Christentums.

Im ostfränkischen Reich führte der Aufstand gegen Otto zu einem Stammes- und Bruderkrieg. Der Monarch marschierte mit einem Heer nach Bayern ein, während die Rebellen Gebiete Verbündeter plünderten. Am 2. Oktober 939 kam es in Andernach am Rhein zum entscheidenden Gefecht. Beim Versuch, über den Fluss zu setzen, wurden die Aufständischen von Getreuen Ottos überrascht. Die warteten, bis das Gros der gegnerischen Truppen den Rhein überquert hatte. Dann schlugen sie zu. Eberhard von Franken fiel im Kampf, Giselbert von Lothringen ertrank bei dem Versuch, das andere Ufer des Rheins zu erreichen.

Otto deutete den Sieg wohl als Zeichen Gottes. Er besaß, wie sein Biograf Johannes Laudage schreibt, einen »fast magischen Glauben«, unter höherem Schutz zu stehen. Doch zwei Jahre später zeigte sich erneut, dass Otto sich auf die Fürsten nicht verlassen konnte. Sein Bruder Heinrich plante für das Osterfest 941 auf der Pfalz Quedlinburg ein Mordkomplott: Statt friedlich die Auferstehung Christi zu feiern, wollten die Aufrührer den Untergang des Königs. Doch der hatte sich inzwischen Späher zugelegt. Otto ließ die Putschisten verhaften und die meisten von ihnen hinrichten. Dass er aber auch Milde walten lassen konnte, zeigte er, als er Heinrich auf die Pfalz Ingelheim verbannte.

In den Jahren der inneren Kämpfe hatte Otto eine Frau an seiner Seite, die aus England stammte, Edgitha. Die Braut aus dem angelsächsischen Königshaus Wessex hatte Vater Heinrich dem 17-jährigen Sohn als 19-Jährige über die Nordsee bringen lassen. Die Hochzeit fand wahrscheinlich im Herbst 929 statt.

Offenkundig wollte Heinrich die sinnliche Energie seines Sohnes in politisch nützliche Bahnen lenken. Denn der junge Otto hatte schon eine Häuptlingstochter aus einem Stamm der Elbslawen geschwängert. Die gebar einen Sohn, der dem Vater später als Erzbischof Wilhelm von Mainz und als Erzkanzler treue

Dienste leistete. Die Begegnung mit der jungen Frau hatte früh Ottos Interesse für die slawische Welt geweckt: Er sprach auch die Sprache der Elbslawen.

Wie sehr seine Gemahlin Edgitha darunter litt, Königin eines Reiches zu sein, das zeitweise einem blutigen Tollhaus glich, ist nicht überliefert. Die Eheleute unterhielten sich auf Altfranzösisch, damals die bevorzugte Sprache westeuropäischer Höfe. Die Chronistin Roswitha von Gandersheim aus dem gleichnamigen Stift beschrieb Edgitha als »von reiner und edler Stirn, anmutigem Wesen und wahrhaft königlicher Gestalt«. Die Königin engagierte sich für Klöster und wirkte an der Ausfertigung von Urkunden mit.

Nachdem sie den Sohn Liudolf und die Tochter Liudgard zur Welt gebracht hatte, starb sie bereits mit knapp 36 Jahren. Wie viel sie Otto bedeutet hatte, zeigt ein Chronist, der vom »Wehklagen des Königs« bei ihrer Beerdigung in Magdeburg berichtete. Der Herrscher verfügte, ihn eines Tages neben Edgitha zu bestatten. König Otto war mit 33 Jahren Witwer und muss früh die Einsamkeit der Macht empfunden haben.

Dass Konflikte zwischen rivalisierenden Fürsten die Reichsgewalt schwächten, sollte Otto noch lange das Leben schwer machen. Nicht einmal auf seinen ältesten legitimen Sohn Liudolf war Verlass. Als 23-Jähriger zettelte der Prinz 953 eine bewaffnete Rebellion an. Liudolf fürchtete damals um seine Rechte als Thronfolger, denn sein Vater hatte 951 die italienische Königin Adelheid geheiratet, die einen Sohn gebar.

Gemeinsam mit dem lothringischen Herzog Konrad dem Roten versuchte Liudolf, den Herzog von Bayern, Ottos Bruder Heinrich, zu stürzen, der mittlerweile dem König gegenüber loyal war. Liudolf und Konrad besetzten Mainz, das Otto daraufhin zwei Monate lang belagerte. Aus Mainz setzte sich Liudolf nach Regensburg ab. Der Aufstand weitete sich aus. Der König musste Ende 953 die Belagerung von Regensburg abbrechen, aber weil eine äußere Bedrohung die Lage dramatisch veränderte, konnte er sich halten. Die Ungarn mit ihren berittenen Bogenschützen stürmten ab 954 nach Westen und drangen nach Bayern ein.

Dass Liudolf versuchte, sich durch Geschenke an die Invasoren von Plünderungen freizukaufen, diskreditierte ihn. Er verlor Anhänger. Der Königssohn warf sich seinem Vater im heutigen thüringischen Blankenhain zu Füßen. Otto, der dort zur Jagd weilte, verzieh ihm. Auch Konrad der Rote unterwarf sich dem König.

Mit vereinten Kräften wehrte sich das Reich gegen die ungarische Bedrohung. Deren sattelfeste Reiter aus der Steppe waren der Schrecken ihrer Zeit. Über die Brutalität der Horden kursierten Gruselgeschichten. Schon zeichnete sich die Gefahr ab, dass sie tief in die Mitte Europas vordrangen.

Auf dem Lechfeld bei Augsburg kam es am 10. August 955 zur entscheidenden Schlacht. Unter Ottos Führung zogen auch seine ehemaligen Kontrahenten gegen den Feind. Konrad der Rote fiel im Kampf. Der Pfeil eines Ungarn durchschlug seinen Hals. Doch die Wunderwaffe der Ungarn, Reflexbögen aus Horn mit elastischen Tiersehnen, war nicht wasserfest. So wurde ein Wolkenbruch den Invasoren zum Verhängnis. Ottos Truppen kesselten die Ungarn ein und schlugen sie vernichtend.

Eine mythische Bedeutung schrieben Zeitgenossen der »Heiligen Lanze« zu, die Otto während der Schlacht bei sich trug. In der Waffe war angeblich ein Nagel vom Kreuz Christi verarbeitet worden; heute ist sie in der Schatzkammer der Wiener Hofburg zu sehen.

Nach dem großen Sieg war die Südostflanke des Königreichs gesichert. Nationalistische Historiker verklärten die Schlacht auf dem Lechfeld später zu einer Art Geburtsstunde der deutschen Nation. Doch diesen Begriff kannten Ottos Zeitgenossen noch nicht, auch wenn sie ihren Herrscher in lateinischer Tradition als »Vater des Vaterlandes« rühmten.

Nicht der Schutz eines Volkes sondern die Verteidigung des Christentums war Ottos Ziel. Wie er seine Rolle sah, formulierte er später in einem Brief an sächsische Fürsten: »Wir glauben, dass die Mehrung der Verehrung Gottes gleichbedeutend ist mit Heil und Bestand unserer Königs- und Kaiserherrschaft.« Nach seinem Triumph wurde Otto mehr und mehr als Imperator gerühmt. Die Dynamik seiner Macht drängte nach einer kaiserlichen Stellung.

Sein Selbstverständnis als erster Mann des Christentums prägte auch die Auseinandersetzung mit slawischen Stämmen, die östlich von Hamburg und Magdeburg lebten. Zu ihnen hatte Otto ein ähnliches Verhältnis wie Karl der Große ein Jahrhundert zuvor gegenüber den Sachsen: Er wollte die heidnischen Bauern christianisieren und in sein Reich integrieren. Otto machte dem mächtigsten Slawenführer Stoignew, dessen Kerngebiet in Mecklenburg-Vorpommern lag, zunächst ein Bündnisangebot.

Als dieser ablehnte, griff der König zu Gewalt. In der Schlacht an der Raxa, am Fluss Recknitz in Mecklenburg, unterlagen die Slawen 955. Otto ließ Stoignew köpfen oder köpfte ihn selbst. Den Schädel ließ er auf dem Schlachtfeld ausstellen.

Ab 963 unterwarf Ottos Gefolgsmann Markgraf Gero die Lausitz. Dabei setzte er mal auf Verhandlungen, mal auf militärische Strafaktionen. Nach und nach wurde das heutige Brandenburg mit einem Netz von Kirchen durchzogen.

968 gründete Otto das Erzbistum Magdeburg, vor allem zur Christianisierung der Menschen im Osten. Je mehr Slawen Christen wurden, desto mehr kam es zu einer ethnischen Synthese. Die späteren Deutschen entstanden auch aus der Verbindung zwischen Slawen und den Nachfahren germanischer Stämme. Doch ihren Widerstand setzten einige Elbslawen noch

lange fort. Das hat Folgen bis in unsere Tage: Die Sorben in der Lausitz bewahren bis heute ihre Tradition als kleinstes slawisches Volk.

Ottos Ostpolitik folgte auch geopolitischer Logik. Die Eingliederung der Slawengebiete links der Oder erleichterte die Anbindung Böhmens. So wurde sein Reich zur dominierenden Macht in der Mitte Europas. Der böhmische Fürst Boleslaw I. huldigte bereits seit 950 dem ostfränkischen König. Der war damals mit Truppen in die Region eingerückt. Böhmen wurde als eine Art Protektorat des Reiches zu Hof- und Heeresdienst verpflichtet.

Der Bund mit Böhmen wiederum ermöglichte es Otto, den Ehrgeiz der Polen zu zügeln. Mit seiner Billigung dehnte Boleslaw I. seine Macht bis nach Krakau aus. Polens Herzog Mieszko I. beschränkte sich auf Realpolitik. Ab 963 zahlte er Otto Tribut, bemühte sich um eine freundschaftliche Beziehung zum Reich und heiratete schließlich eine Sächsin.

Um Stabilität im Innern zu schaffen, entschloss sich Otto zu einem nachhaltigen Umbau seines politischen Systems. Er stattete die Kirche mit gewaltigen Gütern aus und gab den Kirchenoberen Zoll-, Münz- und Marktrechte. Reichsäbte und Reichsbischöfe stellte er in den Dienst der Monarchie. Es war eine Art Revolution von oben, die ein starkes Gegengewicht zu den weltlichen Feudalfürsten formte. Zu den Kirchenführern, die nun Stützen seiner Macht wurden, gehörten sein jüngster Bruder Brun, Erzbischof von Köln, und sein Vetter Dietrich, Bischof im lothringischen Metz. Dass mit geistlichen Ämtern große weltliche Macht verbunden war, wurde zu einem Charakteristikum des Reiches.

Die enorme historische Bedeutung Ottos hat noch einen weiteren Grund: Wie schon Karl der Große nahm auch er Italien fest in den Blick. Das Land war vergleichsweise reich und wirtschaftlich fortgeschritten. Und Rom war das Zentrum der christlichen Welt.

Im Jahr 960 rief Papst Johannes XII. Otto um Hilfe gegen den italienischen König Berengar an. Der Kirchenführer war umstritten, was nicht nur an seinem Alter von erst 23 Jahren lag. Johannes XII. galt als bildungsfern und erging sich in Vulgärsprache. Huren waren ihm angeblich vertrauter als die Heilige Schrift. Doch Otto ging es um Macht, nicht um Moral. Die Kirche benutze er als Werkzeug des Imperiums, wie der Schweizer Historiker Jacob Burckhardt in seinen »Weltgeschichtlichen Betrachtungen« analysierte. Als Brückenbauer weltlicher Macht war ihm daher auch ein dubioser Pontifex recht. Im August 961 zog Otto mit seinen Truppen über den Brennerpass nach Italien und erklärte Berengar für abgesetzt.

Am 2. Februar 962, zu Mariae Lichtmess, setzte Johannes XII. Otto in der Peterskirche die achteckige Kaiserkrone auf. Auch sie wird heute in der Wiener Schatzkammer verwahrt. Geschmückt mit einem »wunderbaren Ornat«, so ein Zeitzeuge, empfing Otto das »Zeichen der Herrlichkeit«. Ottos Ehefrau Adelheid wurde bei der Zeremonie zur Kaiserin erhoben.

Doch der Papst, dem das Lotterleben mehr lag als die Liturgie, war auch politisch unsolide. Zwar schwor Johannes XII. dem Kaiser einen Treueid. Doch er brach ihn bereits im folgenden Jahr. Der Papst verbündete sich mit dem Sohn des von Otto abgesetzten Königs Berengar. Daraufhin marschierte Otto in Rom ein, Johannes XII. floh. Dann entschloss sich der Kaiser zu einem beispiellosen Schritt: Er berief im Dezember 963 eine Synode nach Rom. Die Versammlung saß über den bisherigen Papst zu Gericht und setzte einen neuen ein, Leo VIII. Damit begannen jahrhundertelange Kämpfe zwischen Kaisertum und Papstmacht.

Otto hatte nun sein sechstes Lebensjahrzehnt erreicht, und er dachte über seine Zeit hinaus. Seinen Sohn Otto aus der Ehe mit Adelheid ließ er zum Mitkaiser krönen, um sein Erbe zu ordnen und das Kaisertum als Institution zu sichern. Denn diese Macht stützte sich auf den Mythos eines universellen Herrschaftsanspruchs und nicht auf einen festen Verwaltungsapparat. Ottos Reich hatte keine Hauptstadt. Der Königshof »entbehrte selbst im Winter einer festen Residenz« (Johannes Laudage).

Der Kaiser zog zu Pferde und bei jedem Wetter von Pfalz zu Pfalz, überwiegend zwischen Aachen, Magdeburg und Worms. Das durchschnittliche Reisetempo seines Trosses schwankte zwischen 15 und 30 Kilometern pro Tag. Eine Vorliebe hatte Otto für Quedlinburg am bewaldeten Nordharz. Dort hielt er sich 17 Mal auf, allein zehn Mal zu Ostern.

Der König reiste mit großem Gefolge. Dazu gehörten Ehrenreiter und die schreibkundigen Hofkaplane, tätig in Gottesdiensten und als Notare beim Ausstellen von Urkunden. Zum Herrschertross zählten auch Zeltmeister, Köche, Bäcker und Heilkundige. Das königliche Gefolge war für seinen gesegneten Appetit gefürchtet. Reichlich Bier und Wein, Käse und Schinken mussten die Gastgeber bereitstellen, auch Hühner, Ferkel, Fische und Eier.

Sechs Jahre lang, von 966 bis 972, hielt sich Otto ausschließlich in Italien auf, dem Sachsen gefiel der sonnige Süden. Dort setzte er sich mit dem Kaiserreich von Byzanz auseinander, das die Südspitze Italiens in Apulien und Kalabrien beherrschte. Ottos Truppen drangen nach Apulien vor. Die bedeutende und stark befestigte Stadt Bari konnten sie aber nicht einnehmen.

Der Kaiser zog nun eine diplomatische Offerte einer militärischen Offensive vor. Er entsandte den Byzanz-Experten, Historiker, Diplomaten und Bischof Liudprand von Cremona im Juni 968 nach Konstantinopel. Liudprand überbrachte eine diskrete Botschaft: Otto suche für seinen knapp 13-jährigen Sohn eine byzantinische Prinzessin als Gattin. Aber das Vorhaben scheiterte am Streit beider Mächte um Süditalien. Hinzu kam, dass der byzantinische Kaiser Nikephoros II. Otto nicht als Kaiser anerkennen wollte.

Doch im Dezember des folgenden Jahres wurde Nikephoros durch den armenischen General Johannes Tzimiskes ermordet, der sich zum Kaiser aufschwang. Beim Putsch hatte ihm die Kaiserin geholfen, die anscheinend nichts dagegen hatte, Witwe zu werden.

Für Otto erwies sich die byzantinische Bluttat als Glücksfall. Der Putschist Tzimiskes willigte 971 ein, dem inzwischen 16-jährigen Otto II. eine byzantinische Prinzessin zur Frau zu geben. Die war zwar nicht »im Purpur geboren«, sondern nur eine angeheiratete Nichte des Herrschers. Das verstimmte einige Fürsten. Doch Otto setzte auf Geostrategie statt auf Standesdünkel. Und er hatte keine Einwände gegen eine armenische Schwiegertochter. Im April 972 ließ der Kaiser seinen Sohn in Rom durch den Papst mit Theophanu trauen.

Otto hatte erreicht, dass ihn die Byzantiner als Kaiser anerkannten. Byzanz war die vorherrschende Macht im östlichen Mittelmeerraum. Seine Hauptstadt Konstantinopel, das alte Ostrom, war die modernste und prächtigste Stadt ihrer Zeit. Der dortige Kaiser regierte sein Reich aus einem gewaltigen Areal von Palästen. Aus Sicht der Byzantiner, die sich selbst auf Griechisch »Rhomaioi«, Römer, nannten, mussten die Ottonen wie arme Verwandte erscheinen.

Auch um die Freundschaft eines weiteren Reiches im Osten, das enge Beziehungen zu Byzanz pflegte, bemühte sich Otto. Die Kiewer Rus, seit 945 geführt von der Fürstin Olga, beherrschte das größte Flächenreich Europas. Die von Ostslawen bewohnte »Rus«, Vorläufer Russlands, reichte von der Mitte der jetzigen Ukraine bis zum Finnischen Meerbusen.

Otto empfing bereits um 960 eine Delegation der Fürstin Olga. Sie bat den König um die Entsendung eines Bischofs. Da sie christlich getauft war, sich aber nicht an den Papst wandte, folgert der russische Historiker Michail Swerdlow, Olga habe eine politische Annäherung an das Reich in der Mitte Europas gesucht.

Beide Mächte hatten ein Interesse, die Expansion Polens zu bremsen. Otto war damit der erste Politiker des künftigen Deutschland, der sich um einen Dialog mit den Russen bemühte. Dabei spielte auch der Handel mit der Kiewer Rus eine Rolle.

Wie sehr Otto bereits in europäischen Maßstäben dachte, bewies er am 23. März 973, zu Ostern in Quedlinburg. Da empfing er zu einem Hoftag die Herrscher Dänemarks und Böhmens, einen Polenherzog sowie Abgesandte Ungarns und Bulgariens, Männer aus Byzanz, Rom, Unteritalien und Spanien. In der Stadt am Nordharz traf sich, wie der Chronist Widukind von Corvey schrieb, »eine Vielfalt verschiedener Völker«. Der Hoftag beschloss die Gründung des Bistums Prag, mit dem Sachsen Thietmar als Bischof. Die Teilnehmer einigten sich auf Latein als gemeinsame Sprache. Dass Otto auf Versöhnung gegenüber Nachbarvölkern gestimmt war, zeigte sich darin, dass er 18 Jahre nach der Lechfeld-Schlacht die zum Christentum bekehrten Ungarn im Kreis der Europäer akzeptierte.

Otto befand sich auf dem Gipfel seiner Macht. Sein Reich wurde als kontinentale Ordnungsmacht anerkannt. Auf dem Hoftag in Quedlinburg versammelte er Vertreter eines von christlichen Völkern geprägten Kontinents. Den späteren Begriff von Europa gab es zwar noch nicht, man könnte aber sagen, dass am Nordharz das erste Gipfeltreffen europäischer Länder stattfand.

Inzwischen herrschte Otto bereits 37 Jahre. Es war einsam geworden um den Sechzigjährigen. Viele seiner Vertrauten waren gestorben, auch seine Brüder Heinrich und Brun. Selbst seine Kinder Wilhelm, Liudolf und Liudgard lebten nicht mehr.

Christi Himmelfahrt 973 feierte der Kaiser in Merseburg, dann zog er weiter nach Memleben, wo 936 sein Vater Heinrich gestorben war. Am Dienstag vor Pfingsten, so Widukind von Corvey, begann Otto nach dem kirchlichen Abendgebet »zu fiebern und sich matt zu fühlen«. Dann bat er um die Sakramente und starb in einem Sessel, in den ihn umstehende Fürsten gesetzt hatten. So endete das Leben eines Herrschers, der, so sein Biograf Laudage, »zu den faszinierendsten, ungewöhnlichsten und tatkräftigsten Menschen einer versunkenen Welt gehört«.

FRAUEN AN DER MACHT

Noch als Kind wurde Ottos Tochter Mathilde Äbtissin in Quedlinburg. Später regierte sie mit ihrer Mutter und ihrer Schwägerin das Reich.

Von UWE KLUSSMANN

Kann eine Elfjährige ein Kloster-Stift leiten? Vor mehr als einem Jahrtausend haben Zeitgenossen diese Frage bejaht. Die erste Äbtissin der frommen Frauen auf dem Burgberg in Quedlinburg war die elf Jahre alte Mathilde.

Das Mädchen brachte natürlich gewisse Voraussetzungen mit. Mathilde war hochintelligent, bildungshungrig und die Tochter des Kaisers. Hinzu kam: Die Erzbischöfe und Bischöfe des Reiches, welche die Äbtissin weihten, hatten aus der Hand des Herrschers Macht und Güter erhalten. Dem Kaiserpaar Otto und Adelheid nun den Wunsch abzuschlagen, die Tochter zur Kloster-Chefin zu ernennen, das empfahl sich nicht. Also wurde Mathilde auf dem Hoftag an Ostern 966 feierlich in ihr Amt eingeführt.

Quedlinburg war ein Zentrum des Reiches. 936 war das dortige Stift gegründet und von Otto beurkundet worden. Es diente der Versorgung von Witwen und unverheirateten Frauen – dementsprechend viel Raum nahmen dort das Studium biblischer Texte und das Kunsthandwerk ein. Das Damenstift wurde durch Schenkungen immer wohlhabender. Allein Otto I. überschrieb ihm mehrere Dutzend Orte, darunter Soltau.

Als Mathilde 13 Jahre alt war, erhielt sie eine Nachricht, die sie erschüttert haben muss: Ihre Großmutter, die gleichnamige Königin Mathilde, war gestorben. Nun war die junge Äbtissin die einzige Repräsentantin des Kaiserhauses nördlich der Alpen. Ihr Vater Otto hielt sich gerade mal wieder länger in Italien auf; vier Jahre war der Kaiser noch abwesend. Und bald nach seiner Rückkehr im Jahr 973 starb er.

Auf den Thron folgte Mathildes fast gleichaltriger Bruder Otto II., den sie schon nach dem Tod ihrer Großmutter beraten hatte. Mit Mitte 20 hatte sie dann aber offenbar genug vom feuchtkalten Klima des Nordharzes – das Reich war groß und bot schließlich noch angenehmere Plätze. Gemeinsam mit ihrer Mutter Adelheid, die sich mit dem gekrönten Sohn zerstritten hatte, zog Mathilde nach Italien. Im Dezember 980 vertrug sich die Familie wieder und feierte das nächste Osterfest gemeinsam in Rom.

Der Süden muss für die vornehme Sächsin eine Wohltat gewesen sein, dort trafen sie jedoch mehrere Schicksalsschläge. Der Feldzug ihres Bruders gegen die Sarazenen endete im Juli 982 in einer Katastrophe. In der Schlacht am Kap Colonna an der Südspitze Italiens unterlag das Heer Ottos II. den Truppen des sizilianischen Emirs Abu al-Qasim. Der Kaiser konnte zwar fliehen, ein byzantinisches Schiff nahm ihn auf. Aber als er zurückkehrte, soll der Herrscher nur noch ein Schatten seiner selbst gewesen sein.

Im Jahr darauf begann östlich der Elbe ein Aufstand der Slawen. Obwohl Mathilde in Italien weilte, werden auch diese Nachrichten ihr zugesetzt haben. Die Slawen standen zeitweise bloß 130 Kilometer vor ihrer Quedlinburger Heimat und konnten nur mit Mühe zurückgedrängt werden.

Im Dezember 983 starb dann ihr Bruder an den Folgen von Malaria und einer Durchfallerkrankung. Otto II. wurde nur 28 Jahre alt. Der junge Kaiser hatte einen Teil seines Vermögens der Schwester vermacht. Nach seinem Tod rückte Mathilde in ein mächtiges Frauen-Trio auf: Ihre Mutter Adelheid, ihre

Schwägerin Theophanu und sie regierten faktisch das Reich – vorerst von Pavia aus. Jenseits der Alpen saß jetzt zwar der rechtmäßige Erbe auf dem Thron, doch der Junge war erst drei Jahre alt, als er 983 in Aachen gekrönt worden war. Ob die Fürsten Otto III. und sein weibliches Beraterteam anerkennen würden, war unklar. Die drei zogen daher im Frühjahr 984 nach Deutschland. Die Quedlinburger empfingen sie begeistert. Mathilde war nicht vergessen, und offenkundig unterstützten auch viele Männer die weibliche Führungsriege.

Die drei Damen kümmerten sich um den jungen König. Die Regierungsgeschäfte führte seine armenische Mutter Theophanu, die allerdings 991 starb. Fünf Jahre später wurde Otto III. in Rom zum Kaiser gekrönt.

Auch danach blieb seine Tante ihm eine wichtige Gehilfin. Sie war ihm wohl auch so etwas wie eine zweite Mutter. Mathilde schien ein Angelpunkt der Familie zu sein, ihr politischer Einfluss speiste sich aus dem Vertrauen ihrer Verwandten. In überlieferten Schriften heißt sie »domina imperialis«, Herrin des Reiches, und sogar »augusta«, Erhabene – so waren einst die Ehefrauen römischer Herrscher tituliert worden. Vor seinem Italienzug 997 ernannte Otto III. sie zur Statthalterin. In Derneburg und Magdeburg hielt Mathilde Fürstentage ab. Dass ihr Prestige noch einmal gewachsen war, bekam auch Quedlinburg zu spüren: Die Stiftskirche wurde erweitert und vom Halberstädter Bischof Arnulf geweiht.

Im Februar 999 starb Mathilde im Alter von 44 Jahren. Beigesetzt wurde sie in einem Sarkophag in der Stiftskirche in Quedlinburg. Dort, wo auch ihr Großvater König Heinrich und ihre Großmutter Mathilde begraben waren.

Für den Kaiser, so die Historikerin Mathilde Uhrlirz, bedeutete der Tod seiner Tante »einen unersetzlichen Verlust«. Otto III. überlebte seine wichtigste Ratgeberin nur um drei Jahre. Er starb im Alter von 21 Jahren, wahrscheinlich an Malaria.

DIE SCHICKSALSKIRCHE

Der Magdeburger Dom spiegelt den Aufstieg und Fall des Reiches: Unter den Ottonen war der Prachtbau Symbol der brutalen Christianisierung des Ostens, 800 Jahre später diente er als Pferdestall.

Von ANDREAS WASSERMANN

Irgendetwas stimmt nicht mit dem thronenden Herrscherpaar. Die Beine sind zu kurz, die Perspektive wirkt verzerrt. Auch die antiken Säulen zwischen den Spitzbögen des Magdeburger Doms wirken komisch: Verglichen mit der sonst strengen Sandsteingotik sieht ihr rotes und grünes Vulkangestein geradezu aufgedonnert aus. Und dann dieses rote, leicht speckige Artefakt im Hauptschiff: Es scheint eher in eine römische Villa zu passen als in eine gotische Kirche, die rund 600 Kilometer nördlich der Alpen steht.

Mitunter erinnert der Dom an einen Secondhandladen für Sakralbauten-Zubehör: Einzelne Teile scheinen wahllos zusammengestoppelt, andere sind dort verbaut, wo sie ursprünglich nicht vorgesehen waren. Das rote Artefakt etwa, vermutlich ein antiker Springbrunnen, dient den Magdeburgern seit über tausend Jahren als Taufbecken.

An dem Trumm aus Rosenporphyr beginnt Rolf Schrader seine Dom-Führungen. »Hier fängt alles an«, sagt der ehrenamtliche Touristenführer, »mit der Taufe das Leben eines Menschen als Christ, mit diesem Taufbecken die Geschichte des Magdeburger Doms.«

Genau genommen ist es die Geschichte des Vorgängerbaus, durch die Schrader die Besucher führt. Otto I. ließ die Kathedrale in den 950er Jahren als steinernes Insignium seines Reiches errichten. Es erstreckte sich von der Nordsee bis Mittelitalien. Und ausgerechnet Magdeburg sollte sein Rom werden.

Von Ottos romanischer Kirche, mit vermutlich 90 Metern Länge damals eines der größten Bauwerke im Reich, sind nur noch wenige Reste vorhanden – ein paar Säulen, das Taufbecken und Teile der Fundamentmauern. Am Karfreitag des Jahres 1207 brannte die Kathedrale ab. Auf ihren Trümmern entstand dann der heutige Dom, dem Geschmack der Zeit entsprechend im gotischen Stil.

Wie kein anderes Gebäude spiegelt der Magdeburger Dom den Aufstieg und Fall des Reiches der Deutschen wider. Unter Otto ist der Bau Zeugnis der brutalen Christianisierung und Kolonialisierung des slawischen Ostens. Die unterworfenen Völker finanzieren erst den romanischen Dom, dann den gotischen Neubau im 13. Jahrhundert.

Während der Reformation plündern Luther-Anhänger die Kirche, schließlich wird der Dom 1567 protestantisch, wie Jahrzehnte zuvor bereits die Stadt. Im Dreißigjährigen Krieg übersteht der Bau 1631 als nahezu einziges Gebäude die fast vollständige Zerstörung Magdeburgs durch katholische Reichstruppen. Und als Napoleon zu Beginn des 19. Jahrhunderts das Heilige Römische Reich Deutscher Nation zerschlägt, siecht auch der Dom. Truppen des französischen Kaisers requirieren das Gotteshaus vorübergehend und nutzen es als Lazarett, Vorratslager und Pferdestall.

900 Jahre zuvor war Magdeburg ein rechtes Drecknest mit ein paar Hundert Einwohnern an der östlichen Peripherie des christlichen Abendlandes. Auf der anderen Elbseite lebten die

Heiden, slawische Stämme, von denen es hieß, sie würden Feldgeister anbeten und ihren Göttern auch schon mal Menschen opfern.

Doch gerade wegen der Grenzlage in der Diaspora fand Otto den Flecken recht attraktiv. Bereits sein Vater Heinrich I. hatte Magdeburg als Pfalz genutzt. Als König und Kaiser führte Otto den Ort an der Elbe zu ungeahnter Blüte. Magdeburg wurde ein quirliger Handelsplatz und Ausgangspunkt seiner Missions- und Eroberungszüge Richtung Osten.

Mit der Kriegsbeute finanzierte Otto bereits 937 die Gründung eines Benediktinerklosters in Magdeburg, die Keimzelle des späteren Doms. Schutzheiliger des Klosters und des frisch gekrönten Königs war der Heilige Mauritius, ein christlicher Legionär aus Ägypten im Dienste des römischen Kaisers Maximian. Mauritius war etwa um 300 hingerichtet worden, weil er sich weigerte, gegen Christen zu kämpfen. So zumindest hat es ein Bischof zwei Jahrhunderte später überliefert. Eine steinerne Statue des Heiligen Mauritius aus dem 13. Jahrhundert steht noch heute im Magdeburger Dom; das Gesicht ist schwarz, außergewöhnlich für die mittelalterliche Bildhauerei, die sonst nur weiße Heilige kannte.

Die Verehrung für Mauritius gehört zum Mythos der ottonischen Unbesiegbarkeit. Die Heilige Lanze, die Otto bei seinem historischen Sieg über die Ungarn 955 mit sich trug, wurde nach seinem Tod zur Legende: Bald hieß es, schon Mauritius habe den göttlichen Spieß verwendet, er wurde Teil der Reichsinsignien.

Auch als Kaiser blieb Otto der sächsischen Provinz treu. 23-mal besuchte er die Pfalz Magdeburg. In der Krypta der Klosterkirche bestattete er seine erste Ehefrau Edgitha, eine angelsächsische Prinzessin.

Schon vor Ottos Glanzzeit war das Magdeburger Gotteshaus sukzessive aufgerüstet worden. Doch erst nach der Kaiserkrönung 962 sollte seine Basilika ihre opulente Ausstattung bekommen. Tonnenweise ließ Otto aus Italien Relikte der römischen Antike herbeischaffen, überwiegend Säulen, Skulpturen und Reliefs aus Marmor und vulkanischem Porphyr. Die Klosterkirche sollte nach oberitalienischem Vorbild mit Beutekunst zu einer romanischen Basilika und Grabeskirche seines Königshauses umgebaut werden.

Wie dieser ottonische Dom aussah, lässt sich heute nur noch erahnen, Baupläne oder Aufzeichnungen aus jener Zeit sind nicht mehr vorhanden. Doch zeitgenössische Quellen rühmten den Sakralbau als »mira magnitudinis«, ein Wunder an Größe.

Nach seinem Tod 973 wurde Otto in seinem Dom beigesetzt, wohl in der Krypta neben Edgitha. Die ewige Ruhe fand der Imperator hier nicht. Neun Jahre später stürzte die Basilika ein; warum ist bis heute ungeklärt. Bereits wenige Jahre später entstand jedoch ein neuer romanischer Dom, etwas kleiner und südlich der ottonischen Ruine, dort, wo sich der heutige Dom erhebt. Otto und Edgitha wurden umgebettet, auch die Beutekunst aus der Antike fand wieder Verwendung.

Doch auch dieser Bau sollte das Mittelalter nicht überleben. Nachdem er 1207 in Flammen aufgegangen war, wollte ihn die Magdeburger Bürgerschaft originalgetreu wieder aufbauen, nicht so jedoch der Erzbischof. Albrecht hatte in Frankreich studiert und war von dem neuen Baustil der Gotik mit ihren himmelsstrebenden Bauten und leuchtenden Glasfenstern fasziniert. Dem Kirchenfürsten schwebte auch für Magdeburg eine Kathedrale wie Notre-Dame in Paris oder in Chartres vor.

Der selbstbewusste Kirchenmann schuf vollendete Tatsachen. Er ließ die Mauern, die das Feuer überlebt hatten, flugs abreißen. Lediglich die Krypta mit Otto, Edgitha und ein paar einbalsamierten Erzbischöfen blieb erhalten.

Die Finanzierung des ehrgeizigen Bauprojekts stellte den Erzbischof allerdings vor Probleme. Zu Hilfe kam ihm ausgerechnet Otto von Braunschweig, ein Welfe, der mit den Staufern um die Macht rang. Magdeburg war eigentlich staufertreu, doch Ottos Angebot, den Bau der gotischen Kathedrale mit 3000 Silbermark zu subventionieren, wollte Albrecht nicht ablehnen. Es war viel Geld, ein Wohnhaus war damals für 20 Silbermark zu haben. Im Gegenzug sicherte er dem Welfen in einem Geheimvertrag seine Unterstützung beim Kampf um die Krone zu.

Bereits 1209 wurden die Fundamente für den neuen Dom ausgehoben. Für den Geldgeber sollte sich der Deal weniger rechnen. Zwar wurde er als Otto IV. noch im selben Jahr zum deutschen König gekrönt und kurz darauf vom Papst zum Kaiser gesalbt. Doch lange blieb dem Welfen die Krone nicht. Magdeburgs Erzbischof Albrecht wechselte wie so manch anderer geschmierte Otto-Anhänger bald wieder die Seite und unterstützte nun den Staufer Friedrich II., der 1212 den Welfen erst als König und acht Jahre später als Kaiser beerbte.

In jenem Jahr, als Friedrich zum Herrscher übers Heilige Römische Reich wurde, gelang dem Magdeburger Erzbischof ein kleiner Coup. Auf einer Reise nach Burgund kam er in den Besitz zweier wertvoller Reliquien: Teile der Schädeldecke des Heiligen Mauritius, des Schutzpatrons des Magdeburger Doms, und ein Fingerknöchelchen der Heiligen Katharina. Als er diese Trophäen daheim in Magdeburg präsentierte, war die Freude so groß, dass die Magdeburger ihrem Bischof sogar die ungeliebte neumodische Dom-Gotik verziehen.

Mehr als 300 Jahre sollten dann die Bauarbeiten dauern. Immer wieder wurde umgeplant und erweitert. Jahrelang waren die Arbeiten am Dom unterbrochen, mal fehlte das Geld, mal die Bauarbeiter, weil sie ihrem Erzbischof Kriegsdienst leisten mussten. 1520 wurde der Dom geweiht. Magdeburg hatte ein imposantes Bauwerk, wie es in jener Zeit nur wenige in deutschen Landen zu bestaunen gab.

Im Gegensatz zu den romanischen Vorgängern hielt er allerlei stand: dem Bildersturm der Reformation etwa oder dem General Johann Graf von Tilly, der mit seinen kaiserlich-katholischen Truppen Magdeburg im Dreißigjährigen Krieg nahezu ausradierte und fast die gesamte Bevölkerung abschlachten ließ. Nur das Ende des Heiligen Römischen Reichs Deutscher Nation überstand auch der Dom nicht schadlos.

Als Preußen und Russen 1814 Napoleons Truppen aus Magdeburg vertrieben hatten, bot der Dom ein beklagenswertes Bild: Die Fenster waren zerschlagen, Altäre und Skulpturen beschädigt, das Hauptschiff verwüstet. Die Restaurierung sollte 204 000 Reichstaler kosten, doch die Summe war nicht vorhanden.

Wie schon Anfang des 13. Jahrhunderts beim Bau der Kathedrale sprang die weltliche Macht ein: Preußens König Friedrich Wilhelm III. griff in seine Privatschatulle und spendete 60 000 Reichstaler. Schließlich war der Dom nach dem Ende der Napoleonischen Kriege preußische Garnisonskirche.

MIT DER WURST DURCH DIE STADT

Die Zünfte brachen das hierarchische Herrschaftssystem des Mittelalters auf: Ihre Genossenschaften wurden erst verfolgt, eroberten dann aber erhebliche Macht.

Von CHRISTOPH GUNKEL

Bitter kalt war es im Winter 1349, und die führenden Patrizier der Stadt Speyer saßen in der Falle: eingesperrt in einer kleinen Kapelle, ohne Ofen, ohne warme Kleidung. Vertreter der Zünfte hatten sie dorthin gelockt. Jetzt stellten sie ihre Gefangenen, die in Speyer jahrelang die Politik gelenkt hatten, vor eine harte Wahl: Entweder sie würden ihre Macht im Stadtrat aufgeben – oder in der Kapelle verrecken.

Ein Chronist hielt fest, die Politiker seien gezwungen worden, auf alle Privilegien zu verzichten, die ihnen »von Königen und von Kaisern« mit »goldenen Bullen besiegelt« worden waren. Angesichts der »großen Gewalt« hätten sie eingelenkt. Kurz danach saßen im Stadtrat von Speyer nur noch Mitglieder der Zünfte. Die Bürger gaben sich eine Zunftverfassung, und Historiker sprachen später von einer »Zunftrevolution«, auch wenn das ein wenig irreführend ist. Denn im neuen Rat waren nicht allein Handwerker, sondern weiterhin Patrizier vertreten – nun aber organisiert in Zünften.

Überall im Reich spielten sich im 14. Jahrhundert solche innerstädtischen Kämpfe ab, bei der die Mittelschicht an die politische Macht drängte – und fast immer waren die Zünfte dabei führend. Längst waren die ursprünglich unpolitischen Genossenschaften nicht mehr allein wirtschaftlich und religiös geprägte Vereinigungen von Handwerkern. Sie hatten sich zu selbstbewussten Konkurrenten der Adelsgeschlechter entwickelt, die bisher die Stadtpolitik dominiert hatten.

Zwei Jahrzehnte nach den Vorfällen in Speyer rotteten sich auch in Augsburg die Handwerker zusammen. Ein Chronist hielt diesmal sogar Namen und Berufe der Rädelsführer fest: Es waren ein Weber, ein Bäcker, ein Salzfertiger, ein Fleischer, ein Bierschenk und ein Pelzhersteller, die im Oktober 1368 alle Stadttore besetzen ließen. Bewaffnete Handwerker zogen zum zentralen Perlachplatz, bewachten das Rathaus und patrouillierten nachts durch die Straßen. Anlass war eine Getränkesteuer, die sie als »Ungeld« beschimpften. Dazu kam eine allgemeine Unzufriedenheit mit der vermeintlichen Vetternwirtschaft des Rates.

Am Morgen danach trug der Weber Hans Weiß im Rathaus die Forderungen der Aufständischen vor – und stieß überraschend auf offene Ohren. Die Ratsherren übergaben den Handwerkern anstandslos die Symbole der Macht: die Schlüssel zur Stadtglocke und zum Stadtarchiv mit allen Urkunden, das Stadtbuch mit dem Stadtrecht sowie das Stadtsiegel. Schließlich schworen die Ratsherren, die neue Herrschaft der Zünfte solle »hundert Jahre und einen Tag« dauern und werde den »alten Neid und Hass zwischen Arm[en] und Reichen« beenden.

So einfach ließen sich die Patrizier nicht überall von der Macht drängen. Als kurz danach die Weber in Köln den Aufstand probten, kam es zu blutigen Straßenschlachten. Der Adel, die Kaufleute und auch viele mit dem Aufstand unzufriedene Handwerker schlugen die Rebellen schließlich in die Flucht. Die Stadt statuierte nun ein Exempel: 33 Aufständische wurden hingerichtet, Geflohene durften nie wieder nach Köln zurückkehren. Der Stadtrat zog das gesamte Vermögen der Weberzunft ein, ließ ihre Verkaufshäuser abreißen und zwang die Weber, ihre Rüstungen abzugeben. Das war auch eine symbolische Demütigung: Fortan waren sie schutzlos.

Dabei hatte mit den Webern mehr als zwei Jahrhunderte zuvor ausgerechnet in Köln der Aufstieg der Zünfte im Reich begonnen. 1149 hatten Vertreter des Kölner Erzbistums, des Burggrafen sowie des Adels den Bettdeckenwebern die Gründung einer Bruderschaft per Urkunde erlaubt. Vermutlich hatten die Bettdeckenweber das Wohlwollen der Stadt gewonnen, als sie sich bei der Trockenlegung des Leinenmarktes beteiligt hatten. Dort sollten sie fortan ihre Waren feilbieten und verpflichteten sich im Gegenzug zum Gehorsam.

Damit war ein neues Prinzip der städtischen Selbstverwaltung geboren: Handwerker durften sich zum Vorteil aller Standesgenossen zusammenschließen, sich eigene Statuten geben und gemeinsame Standards einführen. Schon die Kölner Urkunde spricht davon, dass künftige Weber der Zunft »nach deren Recht« angehören sollten – was auf ein bereits bestehendes Regelwerk schließen lässt. Außerdem wird gefordert, dass alle Weber der Gemeinschaft angehören müssen. Dieser Zwang zum Beitritt wurde eine der wichtigsten Machtstützen der Zünfte.

Ähnliche Abkommen mag es schon früher anderswo im Reich gegeben haben, aber die Kölner Urkunde ist nach Meinung vieler Historiker der erste eindeutige Beleg für die Entstehung einer Standesvertretung im Reich. Eine Urkunde der Mainzer Weber von 1099 etwa ist nachweislich gefälscht und entstand erst 1175. Hinzu kommen Quellen, etwa ein Privileg für Fischer aus Worms oder ein Begehren Würzburger Schuhmacher, bei denen umstritten ist, ob sich daraus schon die Existenz gewerblicher Zünfte ableiten lässt.

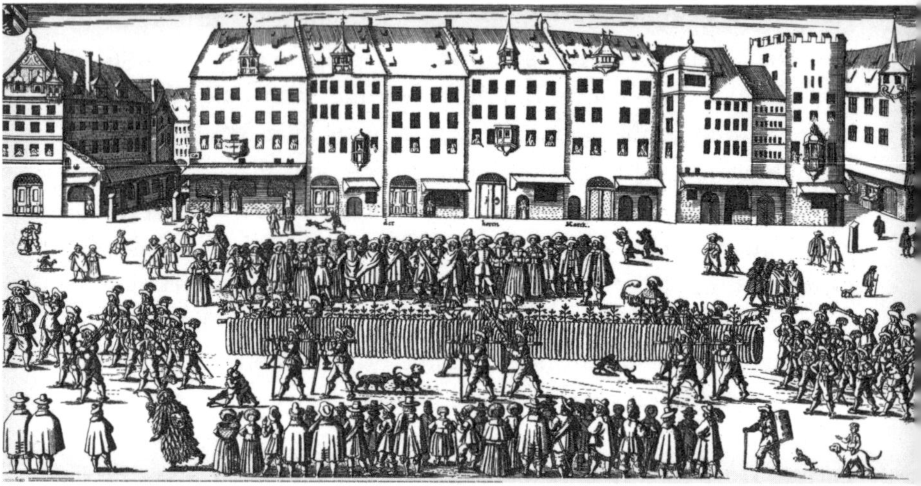

Die Nürnberger Metzgerzunft zieht im Februar 1658 mit einer 658 Ellen (400 Meter) langen Wurst durch die Stadt (zeitgenössischer Kupferstich)

So liegt vieles über den Beginn dieser machtvollen Organisationsform im Dunkeln. Sind heute Genossenschaften und Wirtschaftsverbände selbstverständlich, so standen die Zünfte damals für einen gesellschaftlichen Umsturz: Sie waren die ersten Solidargemeinschaften in einem sonst sehr hierarchischen Herrschaftssystem. Bis dahin hatten die Menschen in Abhängigkeit von ihrem Landesherrn gelebt, ob er nun Bischof, Graf oder König war. Der versorgte und schützte sie als Gegenleistung für ihre Arbeit. Die Zünfte brachen dieses System nun teilweise auf – und sollten damit jahrhundertelang das Wirtschaftsleben in den Städten prägen.

Sie kontrollierten und steigerten die Qualität vieler Produkte. Sie regulierten Angebot und Nachfrage, wohl auch auf Kosten der Ärmsten, die überteuerte Brot- und Fleischpreise beklagten. Und sie beschränkten mit der Zeit auch den Zugang zu ihren

Gemeinschaften, um eine Verarmung ihrer Mitglieder zu vermeiden. Mit all ihrer Macht verfolgten sie zugleich jene Handwerker, die sich ihnen nicht anschließen durften oder wollten – und illegal in versteckten Werkstätten produzierten. Bei der Jagd auf diese »Pfuscher«, »Stümper« und »Störer« kam es manchmal sogar zu Mord und Totschlag, und den Frauen der Verfolgten wurden die Kleider vom Leib gerissen.

Langfristig revolutionierten die Zünfte auch das soziale Leben in den Städten: Handwerkermeister bekleideten plötzlich Bürgermeisterposten. Meister angesehener Zünfte wie die der Krämer oder Goldschmiede heirateten in die Oberschicht ein. Der Baseler Bäcker Hans Sperrer besaß 1429 bei seinem Eintritt in die Zunft ein Vermögen von 50 Gulden – und vermehrte es innerhalb von 20 Jahren um das 16-fache. Gleichzeitig stieg er erfolgreich in den Getreidehandel ein und bestimmte als Ratsherr die Politik Basels.

Solche Biografien waren schon Zeitgenossen unheimlich. Manch einer hielt die Zünfte gar für finstere Verschwörer oder die heimlichen Herrscher im Reich. Ihre Karriere aber war keineswegs selbstverständlich, sondern zäh erkämpft. Möglich wurde sie durch den Boom der Städte im 12. Jahrhundert, angefacht vom Bevölkerungswachstum. Wer als Leibeigener auf dem Land gearbeitet hatte, konnte in der Stadt plötzlich ein freier Bürger werden. Der Handel nahm zu, der Bedarf an Werkzeugen und hochwertigen Produkten wuchs. Viele handwerklich begabte Bauern versuchten ihr Glück in der Stadt – einer für sie völlig neuen, lauten, unhygienischen Welt. Dort mussten sie sich plötzlich ohne den Schutz eines mächtigen Herrn beweisen – und fanden Hilfe und Orientierung bei den Zünften. Gesellen kamen für ihre Arbeit im Haus ihres Meisters unter, der sie verpflegte.

Bewerber mussten meist lediglich ein geringes Vermögen vorweisen und Gebühren in Form von Geld, Wachs und Wein entrichten. Der Wein wurde auf Festen getrunken, das Wachs für die Lichter etwa bei Beerdigungen von Mitgliedern und die zunfteigenen Altäre gebraucht. Das Geld schließlich floss zum Teil in eine Gemeinschaftskasse, aus der in Not geratene Genossen oder die Witwen einstiger Mitglieder versorgt wurden. Zum anderen Teil musste damit der jeweilige Stadtherr oder Stadtrat bezahlt werden.

Am wichtigsten aber war der tadellose Leumund der Neulinge, zu groß war die Angst, ein Handwerker könne die ganze Gemeinschaft in Verruf bringen. So verlangte beispielsweise eine Schusterzunft in Brandenburg, der Bewerber dürfe unter anderem nicht von »Schäfern, Schankwirten oder Spielleuten« abstammen. Danziger Gürtelmacher forderten einen schriftlichen Beleg, dass der Kandidat »aus einem rechten Ehebett von Vater und Mutter her geboren sei« – also auf keinen Fall unehelich war. Auch die mitversorgten Frauen der Handwerker mussten einen ehrenhaften Lebenswandel vorweisen: »Es soll eine unbescholtene, tüchtige Person sein«, forderten etwa die Schuster in Lüneburg, »sonst wollen wir sie nicht haben.«

Das alles widerspricht ein wenig heutigen Vorstellungen von vermeintlich uferlosen, »zünftigen« Gelagen der Handwerker. Zwar begründeten die Zünfte zahlreiche bunte Brauchtümer und veranstalteten üppige Volksfeste mit Messer- und Schwerttänzen und teils bizarren Umzügen. In Königsberg etwa schleppten 1583 mehr als 90 Fleischergesellen eine 434 Pfund schwere Riesenwurst durch die Stadt. Auf solchen Festen sangen bierselige Zunftburschen gern anzügliche Trinklieder oder spotteten derb über andere Handwerker.

Und doch war selbst die berüchtigte Geselligkeit streng reglementiert und von einer religiösen Piefigkeit durchzogen. So verlangten viele Zunftordnungen ein anständiges Auftreten in den Zunftstuben und verboten etwa unbekleidete Schenkel oder nackte Füße. Selbst für das Trinken gab es klare Regeln: Bier zu verschütten war vielerorts verboten, so durfte nicht mehr Bier auf dem Tisch vergossen werden, als man mit einer Hand abdecken konnte. Zudem war es verpönt, betrunken auf dem Tisch einzuschlafen.

Genauso akribisch kontrollierten die Handwerksmeister das Privatleben ihrer Lehrlinge. Meist durften sie nachts nicht außerhalb des Hauses ihres Meisters schlafen. Der Verkehr mit Prostituierten galt als unehrenhaft. Im 15. Jahrhundert prüfte ein überregionaler Schneiderbund im Rheintal halbjährlich, ob sich ein Geselle »unfromm oder unredlich« gegenüber Kunden oder »Frauen, Kindern oder Mädchen« im Haus des Meisters verhalten habe.

Trotz aller Regeln profitierten die Handwerker sehr unterschiedlich vom Zunftsystem. Zwar war das Ideal, sämtlichen Mitgliedern ähnliche Chancen zu bieten, keine hohle Phrase. So wurden schlechte und gute Stellplätze auf den Märkten getauscht oder ausgelost. Und doch gab es eklatante Einkommensunterschiede: Der reichste Glaser in Würzburg besaß im 16. Jahrhundert ein 2500-fach höheres Vermögen als der ärmste Glaser. Meist gab es in einer Zunft einzelne, sehr reiche Meister, während rund die Hälfte der Handwerker praktisch nichts besaß.

Das alles führte innerhalb der Zünfte zu Unmut. So beschwerte sich der Schneidergeselle Johannes Butzbach im 15. Jahrhundert über »herbe Worte und mitunter noch härtere Schläge« in seinem Meisterbetrieb. Er habe oft von vier Uhr morgens bis nachts um zwölf schuften müssen und sei durch diese »unmenschlichen Nachtwachen« schließlich »körperlich völlig heruntergebracht« gewesen. »Hunger und Durst« habe er »bis zum Äußersten« ertragen und sei dann auch noch genötigt worden, Wachs aus der Kirche zu stehlen.

Viele Gesellen hielten diesem Druck nicht stand, brachen ihre Lehre ab oder liefen fort. Manchmal aber organisierten sie sich untereinander. Sie streikten und boykottierten gezielt ungerechte Meister. Womöglich brachen die Zünfte nur nicht auseinander, weil sie immer wieder zusammenrücken mussten, um ihre Existenz gegenüber dem Adel zu verteidigen. Denn Patrizier und Könige beäugten die Genossenschaften stets misstrauisch. Sie ließen sie nur zu, weil sie Abgaben zahlten, in den Städten die Bürgerwehr stellten – und weil sie hofften, die Handwerker in einer zentralen Organisation besser kontrollieren zu können. Sobald sie merkten, dass dies misslang, gingen sie massiv gegen die Zünfte vor.

So reduzierte 1430 König Sigismund ihre Zahl in Konstanz auf zehn, »weil aus den Zünften und Trinkstuben viel Unheil gekommen ist«. Besonders zürnte der König den Gerbern und Leinenwebern, deren Eigenständigkeit er »künftig und für alle Zeit« beenden wollte. Zudem verbot Sigismund das Tragen eines eigenen Banners, um das militärische Selbstbewusstsein zu schwächen.

Chancenlos waren die Zünfte bis zum Ende des Reichs in der Handelsmetropole Nürnberg, in der König Karl IV. nach einem Zunftaufstand 1349 alle Berufsvertretungen verboten hatte. Der Stadtrat untersagte den Handwerkern fortan fast alles: Sie durften nicht einmal mehr zusammen speisen, selbst ein gemeinsamer Spazierweg war verdächtig.

In den meisten Städten aber waren die Zünfte zu dieser Zeit an der Macht beteiligt – und trafen mitunter erbarmungslose Entscheidungen. Als Folge der grassierenden Pest in Europa kam es ab 1348 überall im Reich zu Pogromen gegen die Juden, die als vermeintliche »Brunnenvergifter« für die Seuche verantwortlich gemacht wurden. Es waren die Zünfte, die in Basel darauf drängten, alle Juden ohne Gerichtsurteil auf einer Rheininsel zu verbrennen. Und auch in Straßburg und Erfurt gehörten sie zu den treibenden Kräften der Morde, von denen viele profitierten: die Städte und der König, die das Erbe der Juden unter sich aufteilten, sowie alle Adeligen und Ritter, die bei den Juden verschuldet gewesen waren.

So war es wohl nicht nur Zufall, dass innerhalb der Zünfte die Fleischer besonders energisch gegen die Juden wetterten. Jüdische Metzger waren für sie stets eine unliebsame Konkurrenz gewesen, weil sie jene Teile des rituell geschlachteten Fleisches, die sie nicht für ihre religiösen Feiern verwenden konnten, unter Marktpreis verscherbelten. Nun waren sie tot.

In Straßburg plagte einige Zunftmitglieder dann aber doch das Gewissen – und so spendeten sie ihren Anteil an dem Judenerbe lieber schnell der Kirche.

NÄCHTE IN ZUGIGEN BURGEN

Er war ständig unterwegs und legte in zwölf Jahren 26 000 Kilometer zurück – auf dem Pferd: Lothar III. war ein typischer Reisekaiser.

Von NILS KLAWITTER

Ein bisschen Entspannung an den Festtagen? Das konnte Lothar von Süpplingenburg, der neue König, vergessen. Es gab schon wieder Ärger, mit den Staufern, ausgerechnet zu Weihnachten 1125.

Die Brüder Friedrich und Konrad machten dem kurz zuvor gekrönten Lothar das Leben schwer. Das von ihnen verwaltete mittelrheinische Reichsgut betrachteten sie als ihr legitimes Erbe und rückten es nicht heraus. Lothar belegte Herzog Friedrich II. von Schwaben deswegen auf dem weihnachtlichen Hoftag in Straßburg mit der Reichsacht, die Kriegserklärung folgte einige Wochen darauf.

Und noch ein Zwist war in Sicht: Böhmenherzog Sobeslaw wollte die deutsche Lehnshoheit nicht anerkennen. Anfang Januar eilte Lothar deshalb mit seinem Tross von Straßburg über Goslar ins böhmische Kulm nördlich von Prag. Für die gut 800 Kilometer brauchte er 47 Tage. Die Reisegeschwindigkeit lag mit etwa 19 Kilometern pro Tag überdurchschnittlich hoch, wie der Historiker Oliver Hermann ermittelt hat.

Entlang des Rheins war das Wegenetz dank des infrastrukturellen Erbes der Römer zwar relativ engmaschig, die Straßen hatten allerdings arg gelitten: Oft waren etwa die Basaltsteine unter die Erde geraten oder für andere Zwecke herausgerissen worden. Nach Osten hin nahm die Qualität noch mal ab. Hier waren Reisende oft auf wenige alte Handelswege wie die Salzstraßen angewiesen. Man hangelte sich von Zollstation zu Zollstation.

Wie die meisten Könige des Mittelalters war Lothar dauernd unterwegs. Herrschen hieß, im Sattel zu sitzen, sichtbar zu sein, seine Macht zu beweisen. In den zwölf Jahren seiner Regentschaft legte er rund 26 000 Kilometer zurück, hat Lothar-Spezialist Hermann errechnet.

Mit ihrem quasi ambulanten, ortsunabhängigen Regieren folgten die deutschen Könige einer alten Tradition: Schon die Merowinger waren immer auf Achse und wechselten zwischen ihren Städten und Villen hin und her. Die Karolinger überzogen das Land dann mit Pfalzen. Diese Reichsraststätten nutzte auch Lothar, allerdings waren längst nicht alle so opulent ausgestattet wie etwa die in Aachen, wo sogar ein Thermalbad stand. Oft nächtigte der königliche Nomadentross auch in zugigen Burgen oder Abteien, in denen mitunter nicht mal die Verpflegung gesichert war.

War ein König gewählt, begab er sich traditionell auf einen Umritt seines Reiches, um die Besitznahme zu symbolisieren. Er ließ sich allerdings nicht in jeder Grenzstadt sehen, sondern steuerte erst mal die Kerngebiete an. Den Reiseverlauf bestimmten Land- und Wasserstraßen; Gebirge und Wälder wurden gemieden. Bei längeren Aufenthalten hielten die Herrscher Versammlungen oder Hoftage ab, mitunter wurde auch eine Hinrichtung beschlossen, wie 1129 in Elten am Rhein. Dort bereitete Lothar wohl einem gewissen Giselbert ein Ende, der über Jahre gegen die Utrechter Kirche vorgegangen sein soll.

Begonnen hatte Lothars Regnum relativ chaotisch – mit einem mehrtägigen Hoftag in Mainz Ende August 1125. Nachdem kurz

zuvor der letzte salische Kaiser Heinrich V. kinderlos gestorben war, zählte der damals schon 50-jährige Herzog von Sachsen zu den möglichen Nachfolgern. Lothar, der im Dom von Königslutter mit graumeliertem Bart an einen Vierungspfeiler gemalt wurde und im Gegensatz zu den gestählten Herrscher-Hünen seiner Zeit fast filigran wirkt, stammte von der Süpplingenburg östlich von Braunschweig. Er galt als kaiserfern. Bereits seine Großmutter hatte der sächsischen Opposition gegen die Salier angehört und war von den Dynasten zeitweise sogar inhaftiert worden.

Bessere Chancen auf den Thron hatte deshalb der staufische

Herzog Friedrich. Er war der nächste Verwandte des verstorbenen Kaisers und galt als Garant einer salisch-staufischen Kontinuität. Doch Friedrich, berichtet ein geistlicher Teilnehmer der Zeremonie, zeigte sich zu arrogant. Als der Mainzer Erzbischof ihn fragte, ob er den Ausgang der freien Wahl akzeptieren und dem gehorchen werde, den die Fürsten wählen, habe er »der Versammlung sein Antlitz« entzogen.

Nicht näher bekannte Laien sollen dann »Lothar soll König sein!« gerufen und den sich Sträubenden auf einen Schild gehoben haben. Nach einigem Hin und Her wurde der sächsische Herzog am 30. August 1125 gewählt. Möglich wurde dies offenbar auch durch eine Heiratsabsprache: Der Herzog von Bayern hatte nämlich statt für seinen staufischen Schwiegersohn für Lothar gestimmt – und konnte etwas später seinen eigenen Sohn Heinrich den Stolzen mit Lothars Tochter vermählen. Während der Zwist mit den Staufern noch fast zehn Jahre dauern sollte, traten Lothars Tochter und sein Schwiegersohn bald nach seiner Krönung sowohl die Nachfolge im bayerischen wie später auch im sächsischen Herzogtum an.

Der König hingegen begab sich auf seine Dauerreise. Oft hatte er dabei den Mainzer Erzbischof im Schlepptau, als Reichserzkanzler und zweiter Mann im Reich ein Garant seiner Macht.

Der erste Weg auf seinem Umritt führte ihn von Mainz nach Aachen, wo ihn der Kölner Erzbischof am 13. September 1125 krönte. Über Worms ritt Lothar dann quer durch staufisches Terrain nach Nürnberg und Regensburg. Weihnachten verbrachte er wie erwähnt in Straßburg, bevor er den ersten Umritt wohl Ende Januar 1126 in Goslar beschloss, wo ihm ostsächsische Herrschaftsträger huldigten.

Neben dem Staufer-Streit beschäftigten Lothar noch zwei andere große Themen: das Verhältnis zum Papst und die ewig umstrittene Frage, wer die Bischöfe einsetzen durfte (Investiturrecht). Wichtig erschien es ihm zudem, die Machtverhältnisse mit den Nachbarn im Osten und Norden zu klären – 1131 zog Lothar deshalb sogar mit 6000 Mann bei Schleswig gegen die Dänen.

Wie seine Vorgänger setzte auch der Süpplingenburger auf Krieg als Mittel der Politik, die ersten Jahre seiner Herrschaft entwickelten sich jedoch zum militärischen Desaster: Bereits im Februar 1126 geriet er nördlich von Prag unter die Räder, als er dem mährischen Herrscher gegen Sobeslaw von Böhmen beispringen wollte. Lothar kam sogar kurzzeitig in Gefangenschaft und musste Sobeslaw – später sein Verbündeter – mit Böhmen belehnen, ehe der ihn freiließ.

Noch peinlicher wurde es für den König, als er 1127 das staufische Nürnberg belagerte: Lothar musste das Unternehmen nicht nur abbrechen, sondern wurde von seinen Gegnern bis nach Würzburg verfolgt. Vor den Mauern der Stadt veranstalteten die Staufer – den eingeschlossenen Königstruppen zum Hohn – auch noch ein Turnier. Die süddeutsche Sippe fühlte sich bald so stark, dass sie Konrad, den jüngeren Bruder Friedrichs, zum Gegenkönig erhob.

Lothar musste etwas tun. Mitte Juli 1129 fand er sich vor der Staufer-Stadt Speyer ein, unterstützt von seinem Schwiegersohn, der mit 600 Rittern gekommen war. Die Belagerung dauerte 23 Wochen, bis zum Januar 1130. Um die Moral der Truppen zu stärken, schien die Anwesenheit des Königs vonnöten. Lothar, so Historiker Hermann, habe das Weihnachtsfest »in den Zelten vor Speyer feiern« müssen.

Als wenig später dann neben Speyer auch Nürnberg in Lothars Hand fiel, konnte sich der König dem Papst-Thema zuwenden. Damals konkurrierten zwei Päpste in Rom. Innozenz II. und Anaklet II., der den Kirchenstaat besetzt hielt.

Um Innozenz zu treffen, reiste Lothar im März 1131 nach Lüttich, wo er dessen Pferd führte und ihm den Steigbügel hielt. Diese symbolischen Handlungen galten als umstritten, denn sie verdeutlichten die Unterordnung unter die päpstliche Gewalt.

Lothar suchte den Kompromiss: Er gab im Investiturstreit nach und begleitete den Papst nach Rom, wo seine versprochene Krönung stattfinden sollte.

Ein relativ kleines Heer von 1500 Reitern eskortierte das Königspaar und den Kirchenführer im Spätsommer 1132 auf dem schwierigen Weg über den Brenner und durch Oberitalien, wo Lothar nur teilweise anerkannt war. Da es in Rom nicht gelang, Gegenpapst Anaklet aus der Stadt zu vertreiben, blieb für Lothars Krönung nur eine Notlösung: Statt wie traditionell üblich in der Peterskirche krönte ihn Innozenz in der Lateranbasilika.

Wenig später gelang die Aussöhnung mit den Staufern, und 1136 zog Lothar erneut nach Italien. Dort stieß er bis nach Bari vor, wo sein Heer sich allerdings einem längeren Krieg gegen den König von Sizilien verweigerte. Lothar starb, wie es sich für einen Reisekönig gehörte – unterwegs. Einen Alpen-Rückritt hatte er im Herbst 1137 noch hinter sich gebracht, aber in Breitenwang in Tirol konnte der 62-Jährige nicht mehr.

Wenige deutscher Herrscher sind so verspottet worden wie der Süpplingenburger. Lange galt er unter deutschnationalen Historikern als »Pfaffenkönig«, seine Regentschaft als »bedauerliches Zwischenspiel«. Tatsächlich war er politisch klug genug, einen Ausgleich mit den Staufern zu finden, der das Reich befriedete. Und auch territorial, vor allem im Norden und Osten des Reichs, war er erfolgreich: Sowohl Dänemark als auch Polen und Böhmen hatten seine Lehnsherrschaft akzeptiert.

Lothars Kür zum König, das hat die jüngere Forschung hervorgehoben, war ein entscheidender Baustein der deutschen Geschichte: Sie festigte das Wahlprinzip und führte den Aspiranten vor Augen, dass dieses Prozedere eben kein rein formales Abnicken eines Erbfolgers bedeutete. Das bekam auch Lothars Familie zu spüren: Zwar hatte er seinem Schwiegersohn schon die Reichsinsignien übergeben, gewählt wurde jedoch Konrad III., ein Staufer.

DER VERWEIGERTE KUSS

Die öffentliche Darstellung der Macht

Von DIETMAR PIEPER

In den mittelalterlichen Jahrhunderten, in denen sich das Reich festigte, war Politik ganz wesentlich eine Sache der Inszenierung. Bei Begegnungen zwischen Kaiser und Papst, auf Hoftagen oder während Krönungszeremonien kam es sehr auf den äußeren Rahmen an, in dem sich die handelnden Personen bewegten.

Auf geradezu theatralische Weise zeigte man vor aller Augen, wie die aktuellen Machtverhältnisse waren. Welche Fürsten saßen beim Festmahl in der Nähe des Königs? Wer erschien zur Huldigung? Musste jemand Buße tun, sich in den Staub werfen, einem anderen Füße und Knie küssen und um Vergebung bitten? Zeigte ein Sünder durch tränenreiche Selbstbezichtigung seine Reue? Ließ ein Mächtiger Milde walten, indem er den Friedenskuss anbot?

Solche Rituale waren für die Zeitgenossen so aufschlussreich wie heute ein Vertrag oder eine Regierungserklärung. Und sie hatten reale, nicht bloß symbolische Bedeutung. Ein besonders anschauliches Beispiel ist die Zusammenkunft von Reichsherrscher und Papst 1155 in Sutri nördlich von Rom.

Seit drei Jahren trug Friedrich I. Barbarossa die Königskrone, jetzt wollte er Kaiser werden. Bald sollte die Zeremonie in Rom stattfinden, und an einem Tag im Juni kam Hadrian IV. mit seinen

Krönungsmantel

Der Umhang mit dem Lebensbaum in der Mitte und zwei Löwen, die Kamele erbeuten, diente bis zum Ende des Reiches als Krönungsmantel. Hergestellt wurde er 1133 oder 1134 im Sizilien des Normannen Roger II. »Dieser Mantel wurde gearbeitet in der prächtigsten königlichen Kleiderkammer«, heißt es auf dem halbkreisförmigen Saum in arabischer Sprache. Es waren Muslime, die das kostbare Kleidungsstück angefertigt haben.

Kardinälen dem König entgegen. Als der Papst in das Zeltlager einritt und sich Barbarossa näherte, geschah etwas Unerhörtes: Die Kardinäle flohen, weil sie einen Hinterhalt fürchteten, und ließen in der Aufregung den Papst zurück.

Barbarossa hatte einen Fehler gemacht. Anstatt das päpstliche Pferd beim Zügel zu nehmen, es ein paar Meter zu führen (Stratordienst) und dann dem Reiter beim Absitzen den Steigbügel zu halten (Marschalldienst), war er untätig geblieben. Ein gewaltiger Affront, den die Kardinäle als übles Vorzeichen, etwa für eine Gefangennahme, sahen.

Es nützte nun nichts, dass sich der König vor dem Papst niederwarf und ihm die Füße küsste. Hadrian verweigerte den eigentlich fälligen Friedenskuss. Erst für den nächsten Tag fanden die

Stratordienst
Das Fresko in der römischen Kirche Santi Quattro Coronati gehört zu einem Zyklus, der 1246 von byzantinischen Meistern gemalt wurde. Es zeigt Szenen aus der mittelalterlichen »Legenda Aurea«, nach der im 4. Jahrhundert Kaiser Konstantin, vom Aussatz befallen, Papst Silverster I. zu Hilfe gerufen habe. Nach seiner Heilung habe der Kaiser den Papst zum Dank nach Rom geführt und ihm die Stadt übereignet – der Anfang des Kirchenstaats.

beiden Parteien eine Lösung: Der Empfang wurde wiederholt. Barbarossa leistete den Strator- und den Marschalldienst und bekam den Kuss. Die Ordnung war wiederhergestellt, einige Tage später krönte der Papst den Mann aus Deutschland zum Kaiser.

© Erich Lessing/akg

Reichsapfel und Reichsschwert

Wie der Krönungsmantel gehörten auch diese beiden Stücke zu den Reichskleinodien, die heute in der Schatzkammer der Wiener Hofburg ausgestellt sind. Der goldene Reichsapfel, der innen mit einer Harzmasse gefüllt ist, entstand um 1250 wahrscheinlich in Köln. Er versinnbildlichte die Idee der christlichen Weltherrschaft. Das stählerne Reichsschwert wurde Ende des 12. Jahrhunderts vermutlich in Frankreich angefertigt. Später galt die Waffe als Schwert des Reichsheiligen Mauritius, des großen Vorbilds aller Krieger. Die goldene Scheide aus Olivenholz ist wohl gegen 1084 in Italien für die Kaiserkrönung Heinrichs IV. angefertigt worden.

DIESE TEUTONEN

Ein deutsches Nationalgefühl gab es im Reich lange nicht. Das Ausland wirkte als Katalysator.

Von FELIX BOHR

Den deutschen Studenten im mittelalterlichen Paris eilte ein schlechter Ruf voraus. Sie galten als trinkfest, wüst und wütend. Im Jahr 1200 lebten sie gemeinsam in einem Nationenhaus, als die Lage eskalierte. Beim Weinkauf in einer Taverne war ein Deutscher übel beleidigt und angegriffen worden; seinen Krug hatte man zerschlagen. Die Rache folgte rasch: Ein aggressiver Mob aus deutschen Studenten stürmte das Lokal und schlug den Wirt fast tot.

Wer nach den Anfängen eines Nationalbewusstseins der Deutschen sucht, findet sie auch in dieser mittelalterlichen Pariser Pinte. Während der Kneipenschlägerei zeigte sich jenes Wirgefühl, das es innerhalb der Grenzen Deutschlands bis dahin kaum gegeben hatte. Dabei war das ostfränkisch-deutsche Reich schon seit 925 dauerhaft vereint.

Doch seine Herrscher und Bewohner fühlten sich nicht als Angehörige einer Nation, sondern als Franken, Friesen oder Sachsen. Die deutschen Völker lebten in einem gemeinsamen Reich, aber sie unterschieden sich in Kleidung, Esskultur und Trinksitten. Noch im 11. Jahrhundert bekämpften sie einander bisweilen. Wäre ein sächsisches Stammesmitglied seinerzeit nach seinem Heimatland gefragt worden, hätte die Antwort niemals »Deutschland« gelautet.

Von »den Deutschen« im politischen Sinn war denn auch erstmals im Ausland die Rede. 1010 erwähnte der italienische Gelehrte Johannes Diaconus in seiner Chronik von Venedig neben einem »Regnum italicum« auch ein »Regnum teutonicum«, ein »deutsches Reich«. Über beide Gebiete herrschte derselbe König, damals Heinrich II., so wie viele Monarchen vor und nach ihm. Eine politische Unterscheidung der Gebiete war also gar nicht nötig. Es handelte sich bei den Worten des Diaconus um eine italienische Frotzelei.

Südlich der Alpen wollte man nichts zu tun haben mit den Barbaren aus dem Norden, in denen man die Nachkommen des antiken Germanenstammes der dümmlich-blutrünstigen Teutonen sah. Von ihnen und ihrem »Furor teutonicus«, der deutschen Angriffslust, grenzten sich national-italienisch denkende Chronisten auf der Apenninenhalbinsel daher ganz bewusst ab, zumindest auf dem Papier.

Ähnlich angriffslustig gebrauchte auch Papst Gregor VII. ab 1074 den Begriff »deutsches Königreich«, im Streit mit Heinrich IV. Als ostfränkischer König herrschte dieser zwar auch über Italien, aber er trachtete wie seine Vorgänger nach der römischen Kaiserwürde, die ihn zum supranationalen Oberhaupt der abendländischen Christenheit machen sollte. Das Diktum des Papstes war jedoch deutlich: Heinrich sei ausschließlich »Rex teutonicorum«, »König der Deutschen«. Seine Herrschaft beschränke sich folglich auf das »Regnum teutonicum« und unterstehe dem Papst.

Im Grunde war das bloß Polemik, doch sie beeinflusste die deutsche Selbstwahrnehmung. Im letzten Viertel des 11. Jahrhunderts findet sich die Bezeichnung »Regnum teutonicum« in deutschen Quellen rund 60 Mal. Derweil wuchs das Zusammengehörigkeitsgefühl der deutschen Landesherren – nicht zuletzt aus machttaktischem Kalkül. Schließlich waren die Stammesfürsten des Reichs nur als politische Einheit stark. Gemeinsam wählten sie den König und trugen mit ihm das »Regnum«. In seinem Namen führten sie Kriege mit auswärtigen Herrschern oder schlossen Verträge.

In Deutschland kam die nationale Identität von oben, und sie blieb vorerst Sache der Mächtigen. Im einfachen Volk war die emotionale Bindekraft des Reichs gering. Mit dem staatsrechtlichen Begriff »regnum« bezeichnete man meist nicht mehr als das formale Herrschaftsgebiet des Königs. Die Menschen zwischen Nordsee und Alpen, zwischen Maas und Böhmerwald waren verwurzelt in ihren jeweiligen Stämmen – und eine Fahrt von Schwaben nach Hessen glich einer Weltreise.

Noch im 12. Jahrhundert gebrauchten den Sammelbegriff »Teutonia« in Deutschland nur wenige Gelehrte. Während sich Franzosen mit stolzgeschwellter Brust auf ihren jahrhundertealten Ländernamen »Francia« berufen konnten, mussten sich die Deutschen ihre Vergangenheit fantasievoll erfinden: Eine weitverbreitete Legende etwa besagte, der bei Wien ruhende Riese »Theuton« habe Land und Leuten den Namen gegeben. Als seine Nachkommen hätten dickliche deutsche Frauen dann kräftige Kinder geboren.

Ein reales Charakteristikum, das die Bewohner des »Regnum teutonicum« miteinander verband, gab es indes auch: die deutsche Sprache. In Königsurkunden und Kapitularien bezeichnete man die einzelnen Stammessprachen wie Sächsisch, Bairisch oder Fränkisch schon seit dem 9. Jahrhundert mit dem Begriff »Theotisca lingua«, was wörtlich übersetzt »Volkssprache« bedeutete.

Das änderte jedoch nichts daran, dass die deutschen Stämme ihre jeweiligen Mundarten beibehielten. Zwar konnten die »theodisce« Sprechenden einander meist verstehen, doch eine nationale Einheit bildeten sie zunächst nur aus Sicht des Auslands. Dabei eilte den Deutschen von Anfang an ein schlechter Ruf voraus. Während sie in Italien als sittenstreng und verschämt galten, hielt man sie in Frankreich für dumm und aufbrausend.

Als sich Kaiser Friedrich I. Barbarossa 1159 im Schisma mit dem Papst überwarf, fragte der englische Geistliche Johannes von Salisbury voller Zorn: »Wer hat die Deutschen zu Richtern über die Nationen bestellt?« Zwei Jahre zuvor hatte die Kanzlei Barbarossas sein Herrschaftsgebiet zum »Sacrum Imperium« erklärt, zum Heiligen Reich, und somit alle anderen abendländischen Herrscher zu »Kleinkönigen« degradiert.

Der deutsche Machtanspruch gab dem Nationalbewusstsein im 12. Jahrhundert neue Konturen. Als einer der ersten schrieb der Gelehrte Otto von Freising der aufstrebenden deutschen Nation eine Historie. In seiner viel gelesenen »Weltchronik« besang er die Entstehung des »Reichs der Deutschen«, an das die abendländisch-römische Kaiserwürde gottgewollt gebunden sei.

Auch die deutsche Volkszunge sollte bald höchste Weihen erfahren: Der »Mainzer Landfrieden« von 1235, ein umfassendes Gesetzgebungswerk mit Verfassungsrang, war die erste Königsurkunde, die nicht nur in lateinischer, sondern auch in deutscher Fassung erschien. Seit dem 13. Jahrhundert übersetzte man offizielle Dokumente vermehrt ins Deutsche.

Ein umfassendes deutsches Kollektivbewusstsein bildete sich weiterhin nur langsam heraus. »Die Deutschen«, schreibt der Historiker Johannes Fried, »schlitterten in ihr nationales Dasein, ohne es zu merken und ohne es zu erstreben.« Man habe ihnen ihr Deutschtum attestiert, bevor sie selbst sich dessen bewusst gewesen seien.

Die Deutschen – eine Erfindung des Auslands? Vieles spricht dafür. Ihr Name wurde in Italien geprägt und blieb jahrhundertelang eine Fremdbezeichnung. Erst seit Ende des 14. Jahrhundert ist der Begriff »deutsche Nation« nachweisbar. Und auch die Anfänge eines nationalen Wir-Gefühls liegen in der Begegnung mit anderen Völkern, Sprachen und Sitten.

Etwa während der Kreuzzüge des 12. Jahrhunderts, als sich Ritter aus dem »Regnum teutonicum« landsmannschaftliche Scharmützel mit Franzosen lieferten; in Schweden, wo Kaufleute aus Lübeck, Bayern und Sachsen als mächtiger Handelsbund auftraten. Oder 1200 in Paris, wo ein Mob aus betrunkenen deutschen Studenten blutige Rache für einen Landsmann nahm.

DER SIZILIANER

Kaiser Friedrich II. war für den Papst der »König der Pestilenz«, für seine Anhänger aber das »Staunen der Welt«. Als vielseitiger Charakter beeindruckend, hat er die Macht seines Amtes geschwächt.

Von JAN PUHL

Niemand weiß genau, woher der Mann kam, der sich im Jahr 1285 unter das Volk mischte und tönte, er sei es wirklich: Kaiser Friedrich II. – den alle schon seit 35 Jahren tot glaubten. In Köln hielten sie ihn noch für einen Spinner, jagten ihn aus der Stadt. Aber in Neuß, 35 Kilometer rheinabwärts, residierte der Fremde als wiedergekehrter Kaiser über ein Jahr lang, bevor er weiter nach Wetzlar zog.

Der falsche Friedrich empfing Gesandtschaften, er stellte sogar Urkunden mit einem gefälschten Siegel aus. Um ihn scharten sich Teile der Fürstenopposition gegen den rechtmäßigen deutschen König Rudolf von Habsburg.

Erst als sich der Hochstapler dann direkt an den Monarchen wandte, hatte er den Bogen überspannt. Friedrich forderte, Rudolf möge anrücken und sich im Königsamte bestätigen lassen, so wie es sich gegenüber dem Kaiser gezieme. Oder er möge zurücktreten. Rudolf zog daraufhin tatsächlich nach Wetzlar, mit einem Heer, und setzte den Aufschneider fest. Unter der Folter gestand dieser, ein einfacher Mann namens Tile Kolup zu sein.

Er war nicht der einzige falsche Friedrich, der in den Jahrzehnten nach dem Tod des echten auftauchte. Aber keiner hielt sein Possenspiel so lange durch wie Kolup. Am Ende flogen sie alle auf, wurden verbrannt, gehängt oder, wie in Lübeck, in einen Sack genäht und im Fluss ertränkt.

Schon unmittelbar nach dem Tod war der echte Friedrich zur Legende geworden, seine Rückkehr wurde von vielen herbeigesehnt. Er faszinierte seine Zeitgenossen als Sizilianer auf dem deutschen Thron, als weiser Herrscher, als Gegner des Papstes, als Kreuzritter und Falkner. Bis heute ist er Projektionsfläche für Hass und Hoffnungen geblieben.

Die päpstliche Propaganda nannte ihn »Antichrist« und »König der Pestilenz«, seine Anhänger rühmten ihn als das »Staunen der Welt«. Für die deutschnationalen Geschichtsschreiber im 19. Jahrhundert war Friedrich II. eine Zumutung. Sie kreideten dem Staufer, Sohn Heinrichs VI. aus seiner Ehe mit der sizilisch-normannischen Königstochter Konstanze, vor allem seine »wälsche« Herkunft an. Man könne ihn kaum für einen Deutschen halten, schrieb etwa Heinrich von Treitschke, so selten wie er in seinen deutschen Landen gewesen sei, umringt von »sarazenischen Leibwächtern« und »leichtfertigen südländischen Sängern«.

Der Schweizer Jacob Burckhardt nannte ihn dagegen den »ersten modernen Menschen«. Der Enkel des Kaisers Barbarossa, so sah er es, habe seine Herrschaft weniger auf Religiosität und Gottesgnadentum, sondern eben auf moderne Rationalität gestützt. Friedrich Nietzsche griff diese Deutung auf. Der nihilistische Denker feierte seinen Namensvetter wegen dessen vermeintlicher Glaubensferne als seinen geistigen »Nächstverwandten«, einen »Atheisten und comme il faut«, der vor allem einem verpflichtet gewesen sei: »Krieg mit Rom aufs Messer.«

Tatsächlich war der staufische Friedrich sein Leben lang in Streitigkeiten mit dem Papst verwickelt. Aber war das Ausdruck einer aufgeklärten Haltung in Glaubensdingen? War sein nahezu friedlicher Kreuzzug nach Jerusalem ein Zeichen religiöser Gelassenheit? Und wollte er mit der Abteilung sarazenischer Bogenschützen in seiner Armee ein Signal der Toleranz setzen?

Historiker sind sich heute einig, dass in solchen Urteilen moderne Kategorien auf die Zeit des Mittelalters übertragen werden, Begriffe, die es so damals gar nicht gab – und die deshalb in die Irre führen.

Zweifellos war Friedrich unter den Kaisern des Mittelalters eine Ausnahmeerscheinung. An der Adria geboren und in Sizilien verwurzelt, gelang es ihm, die deutschen Reichslande mit seinen italienischen Besitzungen zu vereinigen. Er führte moderne Regierungsmethoden in Italien ein, er interessierte sich für die Naturwissenschaft und frönte seiner Leidenschaft für die Falknerei, über die er sogar ein detailkundiges Buch geschrieben hat.

Es war einen Tag vor Friedrichs zweitem Geburtstag, als ihn sein Vater Heinrich VI. von den nordalpinen Fürsten zum römisch-deutschen König wählen ließ – ein Titel, der den Anspruch und Auftrag enthielt, auch Kaiser zu werden.

Als sein Vater wenig später starb, verzichtete seine Mutter Konstanze in seinem Namen auf diesen Titel. Denn nur so konnte sie 1198 vom Papst die Einwilligung erringen, ihren kleinen Sohn zum König Siziliens mit seinen Fürstentümern auf dem italienischen Festland zu machen. Zum ersten Mal zeichnete sich der Konflikt ab, der sein Leben bestimmen sollte: Gelang es ihm, seine italienischen Territorien mit dem Heiligen Römischen Reich zu vereinen, drohte Streit mit Rom. Die Päpste fürchteten nämlich die »staufische Umarmung«, aus Sorge, zwischen den beiden Reichsteilen in die Zange genommen zu werden und in Abhängigkeit vom Kaiser zu geraten.

Papst gegen Kaiser, diese Konkurrenz durchzog das gesamte

Mittelalter. Der Konflikt zwischen geistlichem und weltlichem Oberhaupt gärte schon lange und war mit dem Investiturstreit zwischen Papst Gregor VII. und Kaiser Heinrich IV. offen zutage getreten. Im Vordergrund stand dabei die Frage, wer Bischöfe ein- und absetzen durfte, tatsächlich ging es um mehr: Seit Gregor VII. sahen sich die Päpste als Statthalter Christi und als Richter über die weltlichen Fürsten. So beanspruchten sie eine Art Aufsichtsrecht über die Kaiser.

Im Akt der Kaiserkrönung schien sich das bereits auszudrücken. Denn nur der Herrscher, der vom Papst persönlich in Rom gesalbt wurde, erlangte die höchste, die kaiserliche Würde. Andererseits sahen sich die Kaiser selbst als oberste Macht auf Erden: als durch Gottes Willen berufene Beschützer der abendländischen Christenheit.

Der Konflikt wurde niemals auf Dauer entschieden. Den Kaiserkrönungen gingen jeweils langwierige Verhandlungen voraus – das Verhältnis zwischen Papst und Kaiser wurde nicht in theologischer Debatte entschieden, sondern durch politische Vereinbarungen geklärt.

Als im November 1198 auch Friedrichs Mutter starb, wurde Papst Innozenz III. zunächst sogar sein Vormund. Das Kind war nun ein Spielball adliger Fraktionen, wurde hin und her gereicht, genoss aber dennoch auf Sizilien eine hervorragende ritterliche und humanistische Ausbildung. Im Jahr 1208 galt er als handlungsfähiger Regent – mit 14 Jahren. Doch in dieser Situation ließ der Papst sein Mündel im Stich und krönte wenige Monate später lieber Otto von Braunschweig zum Kaiser. Eine gute Wahl aus Sicht des Papstes, denn Otto konnte als Welfe keinen Anspruch auf die süditalienischen Reichsteile erheben, dort war ja Friedrich der legitime König.

Kaiser Otto IV. jedoch versuchte sofort nach seiner Krönung, in Italien Fuß zu fassen und zog brandschatzend gegen Sizilien. Prompt exkommunizierte Innozenz III. den machthungrigen

Welfen; auch die deutschen Fürsten kündigten ihm den Gehorsam auf und setzten fortan auf Friedrich. Der Staufer schlug sich von Sizilien nach Deutschland durch. Bei seinem Aufenthalt in Rom ordnete er sich seinem ehemaligen Vormund, dem Papst, per Eid formal unter.

Im September 1212 erreichte Friedrich Konstanz am Bodensee und ging daran, die Fürsten hinter sich zu sammeln. Er tat es durch »milte«, wie Walther von der Vogelweide schrieb. Seine Anhängerschaft band er an sich, indem er Rechte und Privilegien vergab, einen guten Netzwerker würde man Friedrich heute wohl nennen. Nach drei Jahren voller Verhandlungen und Ränkespiele war er stark genug, dass er in Aachen einziehen konnte. Hier in der Stadt Karls des Großen, den die deutschen Herrscher als ihren Urvater ansahen, wurde Friedrich »am rechten Ort« zum zweiten Mal zum König gekrönt.

Wieder begannen jahrelange Verhandlungen, diesmal mit dem Papst. Friedrich verzichtete auf wichtige Herrschaftsrechte und Gebiete in Italien. Um die römischen Ängste vor einer Umklammerung zu zerstreuen, versprach er sogar, das sizilianische Königtum aufzugeben. Schließlich krönte ihn der Pontifex im November 1220 in Rom zum Kaiser – aber an seine Versprechen wollte sich Friedrich II. nicht halten. Die »Unio regni ad imperium«, die Vereinigung des (sizilianischen) Königreichs mit dem Reich des Kaisers, war hergestellt.

Nach dem Ritual in Rom zog Friedrich nach Sizilien. Statt den Süden aufzugeben, ging er dort gegen aufrührerische Fürsten vor und sicherte seine Herrschaft weiter ab. Dazu verkündete er reihenweise Assisen, Gesetze. Sie verboten die Fehde, verwiesen Streithähne vor Gerichte, legten aber etwa auch fest, dass Juden sich in der Öffentlichkeit in ein himmelblaues Gewand zu hüllen hatten. Als akademischen Unterbau und Kaderschmiede seiner Reformen ließ Friedrich 1224 in Neapel eine Universität gründen. Es sind diese frühen Versuche, Faustrecht durch kodifiziertes Recht zu ersetzen, die ihm den Ruf eines fortschrittlichen Herrschers eintrugen.

Aber Friedrich ging auch gegen Muslime vor. Diese siedelten seit dem 9. Jahrhundert in Italien, vor allem auf Sizilien. Die normannischen Eroberer hatten sie zunächst weitgehend unbehelligt gelassen. Doch mit dem wachsenden Einfluss des Christentums zogen sich die Muslime vielerorts in schwer zugängliche Bergregionen zurück. Immer wieder kam es zu Unruhen.

In mehreren Feldzügen besiegte Friedrich die Muslime und ließ sie nach Apulien deportieren. Sie hatten allerdings weiter Truppen zu stellen und Abgaben zu zahlen, trugen also erheblich zu Friedrichs Stärke bei. Seine »Toleranz« diesen Andersgläubigen gegenüber hatte also eine starke materielle Note.

1227 exkommunizierte ihn der Papst erstmals. Offiziell lautete die Begründung Roms, Friedrich habe ein weiteres Versprechen nicht fristgerecht eingelöst – nämlich das Kreuz zu nehmen und nach Jerusalem zu ziehen. Die Rückeroberung der heiligen Stadt aus den Händen der Muslime galt für einen Kaiser, der ja das Schwert der Christenheit sein sollte, als eine der nobelsten Aufgaben.

Also beeilte sich Friedrich: Geschwächt stach er im Juni 1228 in See. Die Exkommunikation hatte Zwietracht in seiner Streitmacht gesät, sein Prestige war getrübt. Da kam es ihm gerade recht, dass auch sein Gegner Sultan Kamil innenpolitische Probleme hatte. Dem Sultan standen Kämpfe mit seinen Brüdern um den Thron ins Haus. Beide Herrscher suchten deshalb den Ausgleich. Kamil schickte Gesandte und einen Elefanten als Geschenk. Schließlich gelang es, den Krieg zu vermeiden. Der Sultan übergab den Christen Betlehem und Jerusalem. Allein der Tempelbezirk blieb in muslimischer Hand. Dazu schlossen die beiden einen zehnjährigen Waffenstillstand. Es war ein Sieg des Pragmatismus.

Was aber als Erfolg hätte gefeiert werden können, stiftete

Unfrieden: Tempelritter in Friedrichs Reihen hatten auf größere Landgewinne gehofft. Der Papst schlachtete die Kontakte Friedrichs mit den Muslimen propagandistisch aus. Tenor: Der exkommunizierte Kaiser sei gar kein richtiger Christ mehr, sondern ein Freund der Muslime, der sich des Nachts mit schwarzen Tänzerinnen und Gauklern vergnüge.

In die italienischen Lande des Kaisers ließ der Papst Truppen einmarschieren, Friedrich kehrte mit sieben Galeeren aus dem Nahen Osten zurück. Es gab Kämpfe, die den Status quo, die »unio regni ad imperium«, aber nicht ins Wanken brachten. Friedrich versuchte, die Institutionen in Italien zu stärken – um die Ordnung auch im Falle seiner Abwesenheit aufrechterhalten zu können. Dazu verabschiedete er ein noch umfangreicheres Gesetzeswerk, die Konstitution von Melfi.

Begleitet wurde das Kräftemessen von einer Propagandaoffensive: Der Papst ließ Mönche ausschwärmen, die Friedrich der Häresie ziehen: Der »sogenannte Kaiser« zweifle an der göttlichen Ordnung. Ein Untier sei er, »mit den Tatzen eines Bären und dem Rachen eines Löwen«, das »sein Maul zur Lästerung des göttlichen Namens« öffne, heißt es in einer Enzyklika vom Juli 1239. Kurz zuvor war Friedrich im Zuge inneritalienischer Streitigkeiten ein zweites Mal exkommuniziert worden.

Der Kaiser hielt dagegen und beschimpfte den Papst als »Heuchler«, als Pharisäer, »der auf dem Stuhl der falschen Lehre sitzt und vor allen seinen Genossen mit dem Öl der Nichtswürdigkeit gesalbt ist«. Der Konflikt konnte zu Friedrichs Lebzeiten nicht mehr beigelegt werden.

Mehr als alles andere aber strapazierte ihn der Streit mit seinem Sohn Heinrich. Der war schon in jugendlichem Alter als König in Deutschland an die Macht gelangt. Dort regierte er immer selbstherrlicher, rebellierte schließlich offen gegen seinen Vater. Friedrich zog daraufhin über die Alpen. Heinrich versuchte noch einzulenken und sich öffentlich zu unterwerfen. Doch weil er die Reichsinsignien nicht ablieferte, ließ der Kaiser seinen Sohn trotzdem inhaftieren. Heinrich starb 1242 als Gefangener nach einem Sturz mit seinem Pferd. Friedrichs gnadenloser Umgang mit seinem Sohn widersprach den Gepflogenheiten im deutschen Reichsgebiet. Dass er nicht zur Vergebung bereit war, trübte das Bild eines der wohl populärsten Kaiser des Mittelalters.

Selbst im Tod polarisierte Friedrich noch. Nachdem er am 13. Dezember 1250 im Castel Fiorentino in Apulien gestorben war, verbreiteten seine Gegner genüsslich die Nachricht vom elendiglichen Dahinsiechen des Gebannten. Seine Leiche soll so gestunken haben, dass sie zunächst nicht, wie geplant, nach Palermo überführt werden konnte.

Ganz anders überlieferten Friedrichs Anhänger sein Ende: In letzter Sekunde, hieß es, sei er wieder in den Schoß der Kirche gelangt. Er habe auch nicht abgerissen ausgesehen, sondern sei geläutert verschieden – gehüllt in ein Gewand der frommen Zisterzienser-Mönche.

Die Monarchie war nach seinem Tod in keinem guten Zustand. Sein 22 Jahre alter Sohn Konrad, den er zu seinem Erben bestimmt hatte, konnte sich im Reich nicht durchsetzen. Die Dynastie der Staufer ging unter, und es begann eine Zeit schwacher Könige und Gegenkönige, eine kaiserlose Zeit.

»SO VOLLER SCHMÄHWORTE«

Der Minnesänger Walther von der Vogelweide und seine poetische Zeitkritik

Von JOHANNES SALTZWEDEL

Auf einem Felsblock, die Beine übereinandergeschlagen, sitzt der Poet und stützt nachdenklich seinen Kopf mit der Hand. Die Pose spiegelt seine grüblerische Einsicht, wie aussichtslos die Welt ist – niemand kann Ansehen, Reichtum und fromme Tugend zugleich bewahren:

Ja leider wird das wohl nicht möglich sein, /
dass weltlich Gut und Ehre /
und Gottes Huld /
zusammen in ein Herz kommen. /
Stege und Wege sind ihnen verwehrt, /
Untreue liegt im Hinterhalt, /
Gewalt herrscht auf der Straße, /
Frieden und Recht sind sehr verletzt, /
die drei haben keinen Schutz, /
bevor die beiden nicht genesen.

So trübe sieht Walther von der Vogelweide, der bekannteste Lyriker des hohen Mittelalters in Deutschland, um 1200 seine

Zeit. Die bald berühmten Verse, entstanden wohl nach dem frühen Tod Kaiser Heinrichs VI., bilanzierten bitter: Irdische Glücksgüter und Gottgefälligkeit, das passte nicht mehr zusammen – vor allem weil das Reich in miserablem Zustand sei. Herbe, gewagte Äußerungen für einen fahrenden Liedermacher. Was bedeutete für ihn das Reich? Und wer war Walther selbst, dass er so kühne Kritik verbreiten konnte?

Seit 200 Jahren haben Fachleute die eindrucksvollen Verse des Sängers durchleuchtet – ob Minnedichtung oder sozialkritische Sprüche, Liebespoesie an ein »herzeliebez vrowelîn« oder Tanzreime. Ihrem Autor sind sie dabei nur wenig näher gekommen. Einen »Berufsdichter unbekannter Herkunft« hat ihn der Altgermanist Joachim Bumke eher resigniert genannt; weder Familie noch Geburtsort sind festzustellen, auch keine Lebensdaten. Walther war wohl recht gebildet und mag auch das Lateinische der Kleriker und Gelehrten leidlich beherrscht haben. Doch das bleiben Vermutungen.

Immerhin lassen sich seine Lebensstationen aus Anspielungen in den Liedern einigermaßen erschließen. Längere Zeit wirkte der junge Walther demnach in Wien, wo der Babenberger-Herzog Friedrich I. residierte; dort lernte er, wie er selbst erzählt, »singen unde sagen«. Sein Hauptmetier war das aus Frankreich inspirierte höfische Ritual des Minnesangs: Raffinierte, oft im Wettstreit mit anderen Sängern vorgetragene Huldigungen für eine meist politisch wichtige Dame. Keck argumentiert zu origineller Melodie, boten sie eine bisweilen erotisch knisternde Unterhaltung für die Gebildeten. Aber auch aktuelle Sangsprüche voll Zeitkritik dürften damals schon entstanden sein. Als der nächste Herzog ihn ablehnte, zog Walther zu anderen Herren wie dem Markgrafen von Meißen und dem Herzog von Kärnten, dichtete für Philipp von Schwaben, der den Kaiserthron beanspruchte, diente später dessen welfischem Widersacher Otto IV. und schließlich dem Stauferkaiser Friedrich II.

Die Nähe zur Macht war in erster Linie ein Gewerbe: Lohn gab es für Lob. Da musste auch ein Walther brav, versmächtig und voll christlicher Bildlichkeit beschreiben, wie prunkvoll Philipp von Schwaben in Magdeburg 1199 das Weihnachtsfest gefeiert hatte:

»Es schritt – an jenem Tag, da unser Herr geboren wurde von einer Jungfrau, die er sich zur Mutter gewählt hatte – zu Magdeburg der König Philipp in seiner Herrlichkeit. Da schritt er, schritt eines Kaisers Bruder und eines Kaisers Sohn – drei Wesen in einem Gewand. Er trug das Zepter und die Krone des Reiches. Er schritt würdevoll und ohne Hast. Gemessen folgte ihm die hochgeborene Königin, Rose ohne Dorn, Taube ohne Galle. Nirgendwo gab es ein solches Maß an höfischem Anstand!«

Der Dichter selbst indessen wird kaum je länger in Saus und Braus gelebt haben. Das einzige historisch sichere Zeugnis über ihn ist denkbar knapp. Es stammt vom 12. November 1203 und findet sich im Abrechnungsbuch des reiselustigen, freigebigen Bischofs Wolfger von Passau: »apud zei[zemurum] walthero cantori de vogelweide pro pellicio.V. sol. longos« (Bei dem Dorf Zeiselmauer, nahe Wien, dem cantor Walther von der Vogelweide fünf große Schillinge für einen Pelzrock).

War der »cantor«, der Sangeskünstler, dem spendablen Herrn einfach so begegnet, oder hatte ihn der Bischof kurzfristig angestellt? Niemand weiß Genaues. Walther spielt auf sein unstetes Dasein als »freudehelfelôser man« stets nur vage an: »Ich bin zu lange arm gewesen, gegen meinen Willen. Ich war so voller Schmähworte, dass mein Atem stank.« Es muss wohl mit seiner freimütigen Ausdrucksweise zu tun gehabt haben, in der nicht bloß ungastliche Äbte, sondern auch die höchsten Herren ihr Fett bekamen.

So ließ er in einem bitter-satirischen Spruch sogar den Papst als stolzen Ausbeuter des Reiches auftreten: »Oh, wie christlich jetzt der Papst lacht: Ihr Hab und Gut ist alles mein. Ihr deutsches Silber wandert in meinen welschen Schrein.« Deftige Formulierungen wie diese machten schnell die Runde und lösten Kopfschütteln aus – gerade weil sie eingängig und überzeugend wirkten.

In seiner Skepsis gegenüber den irdischen Mächten scheint Walther, der Moralist, immer sicherer und mutiger geworden zu sein. Nach dem verfrühten Tod Kaiser Heinrichs VI. 1197 appellierte der etwa 30-Jährige an seine Hörer, sie sollten Sittsamkeit an der Rangordnung im Tierreich lernen: »Sie wählen Könige und sprechen Recht und setzen Herren und Knechte.« Und während der folgenden Machtkämpfe Philipps von Schwaben mit Otto IV. erinnerte er behutsam daran, dass die Krone älter sei als König Philipp, das Amt also wichtiger als die Person.

Kein Wunder, dass im 19. Jahrhundert national begeisterte Interpreten davon sprachen, Walther habe als einer der Ersten geradezu visionär die »Zerrüttung des Vaterlandes« beklagt und sich mit seinen Mahnungen als »mannhafter Patriot« erwiesen. Bald sah man gar in der angeblichen Reichsidee des hartnäckigen Mahners »germanisches Erbe« durchdringen.

Dieses Wertungsmuster verfestigte sich in Lehrbüchern so, dass eine nationalsozialistische Literaturgeschichte Walther ohne Umschweife zum »größten politischen Dichter der Deutschen« ernannte. Noch 1943 erschien ein stattlicher Band mit dem Titel »Walther von der Vogelweide – Der Sänger des Reiches«.

Dass solche nationalistischen Vereinnahmungen irreführend sind, muss heute nicht mehr bewiesen werden. Liedermacher, auch wenn sie Ruhm genossen, hatten als Künstlervolk keine politische Mitsprache, und als Nation wurde das Heilige Römische Reich im 13. Jahrhundert gerade nicht verstanden.

Immerhin konnte Walther, der »Reichssänger und Hausierer« – wie ihn der Lyriker Peter Rühmkorf einmal genannt hat – endlich doch jubelnd singen: »Ich hân mîn lêhen!« Für diesen Alterssitz mit Häuslein hat er dem Staufer Friedrich II. in bewegten Worten gedankt: »Jetzt fürchte ich mich nicht vor dem Winterfrost an den Zehen. Der edle, gnädige König hat mir geholfen, dass ich Sommers frische Luft habe und Wärme im Winter.«

Recht wahrscheinlich, dass er sich fortan weniger um die Nöte des Reiches gesorgt hat als um seinen eigenen Feldgarten – nach alten Berichten könnte er bei Würzburg gelegen haben.

KAPITEL II

GLAUBE, KRIEG UND FRIEDEN

DER INTELLEKTUELLE

Er trug vier Kronen und sprach fünf Sprachen:
Gebildeter als Karl IV. war kaum ein deutscher Kaiser.
Seine Herrschaft sicherte er durch viel Geld –
auch aus schmutzigen Quellen.

Von GEORG BÖNISCH

Als erster europäischer Herrscher ließ er sich so porträtieren, wie er wohl wirklich aussah – beschönigen wollte Karl IV. nichts. Und er publizierte eine Autobiografie, die in weiten Teilen selbst geschrieben war, damals einmalig in Deutschland. Es war ein gut gemachtes Propagandawerk, das eines bezwecken sollte: ihn darzustellen als Leitbild eines Herrschers, gewissermaßen als Idealtypus. Karl, der Weltkundige. Der Hochgebildete. Der Intellektuelle.

Sich kleinmachen und bewusst bescheiden wirken, das konnte Karl aber auch. Bei Audienzen verzichtete er auf jedweden Schmuck und aufs Schwert, meist trug er schlichte Kleidung – in einer Zeit, die von fürstlicher Prachtentfaltung glänzte. Die glatten, dunklen Haare hingen bis zur Schulter, Bart und Schnäuzer wirkten gepflegt.

»Er war«, notierte der Florentiner Chronist Matteo Villani, »von mittlerer Größe, aber klein für einen Deutschen, leicht gebeugt, Hals und Kopf nach vorn schiebend.« Mit 1,73 Meter war Karl zwar größer als die meisten Männer seiner Zeit, doch eine Verletzung der Wirbelsäule hatte die schiefe Körperhaltung erzwungen, weshalb er kleiner schien.

Die Bittsteller, die vor ihm knieten, schaute Karl kaum an, er ließ den Blick umherschweifen. Dabei saß er selten. Manchmal schnitzte er, scheinbar versunken, mit einem kleinen Messer an einem weichen Stück Holz. Es sah so aus, als interessierten ihn die Petenten nicht sonderlich – das Gegenteil war richtig: Er hörte aufmerksam zu, konzentriert. Dann antwortete er kurz und knapp und auf den Punkt.

Karl IV. aus dem Hause der Luxemburger war der 16. Kaiser des Heiligen Römischen Reiches – und wohl einer der intelligentesten. Er schrieb und redete deutsch, böhmisch, lateinisch, französisch, italienisch. Selbst Dialekte, wie etwa das Lombardische oder das Toskanische, beherrschte er. Schon früh hatte er die Reichseinheit im Kopf, und er schuf eine Art Reichsgrundgesetz, die Goldene Bulle, die etwa die Königswahl regelte.

Ein Genie war er auch auf dem Terrain, das Historiografen als Hausmachtpolitik beschreiben. Je größer die Hausmacht, desto einflussreicher die Dynastie im Reich – für Karl war es die erste Aufgabe, der Einflussreichste zu sein. Er schaffte es schon deshalb, weil er, wie der Historiker Ferdinand Seibt notierte, die »reife Kunst der politischen Eheverknüpfung« beherrschte.

Viermal war er verheiratet, drei Frauen und kluge Erbverträge brachten Landgewinn – auch wenn er manchmal dafür tief in die Tasche greifen musste: Die Oberpfalz und Teile Frankens (»Neuböhmen«), schlesische Herzogtümer, die Niederlausitz. Und die Mark Brandenburg. So baute er sich auf zum mächtigsten Mann in Europa. Mit einer Hauptstadt, die neben Paris zur Metropole diesseits der Alpen wurde: Prag, die Goldene Stadt. Seine Stadt. Das Reich hatte, auch wenn Karl nimmermüde umherreiste, wieder einen Herrscherhof an fester Stelle – zum ersten Mal, seit Karl der Große Aachen zur Residenz ausgebaut hatte.

Karl IV. war wohl eine Art früher Realpolitiker. Er wusste, was machbar war und was nicht, und er war bereit zum Kompromiss. Einem »Unstern« sei er stets ausgewichen, urteilt Seibt, der wohl beste Karl-Kenner – »dem Krieg«. Wichtig sei, »alle Mittel früher zu versuchen als das Eisen«, schrieb Karl in einem Brief an den Dichter und Humanisten Francesco Petrarca. Eisen, das war das Schwert, die Kanonenkugel.

Doch mitnichten war er ein Friedensfürst. Dieses immer wieder aufgebrachte Lob ist ein falsches. Karl habe, sagt der Geschichtsforscher Uwe Tresp, »kaum weniger Kriege« geführt »als andere mittelalterliche Herrscher auch«. Nur begründete oder interpretierte er seine militärischen Operationen etwa gegen »schedeliche leute, roubere« oft intelligenter – »als legitime Maßnahmen zur Friedenssicherung« etwa. So wurden »eigene Expansionskriege« mit »öffentlichem Interesse« begründet. Verteidigungskriege also.

Dieser Karl gilt, zu Recht, als Wegbereiter der Neuzeit. Als Konservativer, der sich um moderne Strukturen kümmerte und dem Reich einen Rechtsrahmen gab. Der Historiker Heinz Stoob hält ihn für »einen Europäer, nach Geist und Handeln«, weil er »über dem Streit nationaler Interessen stand« und »wirklich universal« gedacht habe.

Prag, der 14. Mai 1316, ein Freitag. Glückstag für den böhmischen König Johann von Luxemburg und seine Frau Elisabeth. Nach zwei Töchtern kommt der Kronprinz zur Welt, endlich. Der Vater aus dem deutschen Hochadel, die Mutter Prinzessin aus dem Geschlecht der Premysliden, einer der ältesten Dynastien Europas, verankert irgendwo im Dunkel der Sagenzeit. Für die damaligen Menschen bedeutete dies dennoch: edelste Herkunft. Ein unschätzbarer Vorteil für das Image.

Wenzel heißt der Sohn, und diese Namensgebung ist durchaus ein Politikum. Der Vater ist ungelitten als »landfremder König«, weil er eher dem französischen Kulturkreis zuneigt.

Die komplizierten und sensiblen Kräfteverhältnisse in Böhmen indes verlangen, dass die premyslidische Seite besonders betont werden muss – deshalb also Wenzel. Wenzel, der Anfang des 10. Jahrhunderts lebte und regierte, ist Hauspatron der Premysliden, Nationalheiliger.

Prag ist ein unsicheres Pflaster, deshalb lässt Johann den Kronprinzen auf die Feste Bürglitz östlich von Prag bringen. Längst kriselt es in der Ehe, die Krise weitet sich aus zum Zerwürfnis. Der Vater trennt Wenzel gewaltsam von der Familie, als er knapp vier ist – und sperrt ihn, wohl um seinen kindlichen Trotz zu brechen, zwei Monate lang in einen Keller weg, »sodass er«, berichtete ein Zeitgenosse, »das Licht nur durch eine Öffnung erblickte«.

Wenzel ist sieben, als der Vater ihn zur Erziehung nach Paris schickt. Eine Tante des Jungen ist mit dem französischen König Karl IV., dem Schönen, verheiratet, und dieser Karl gibt Wenzel als sein Firmpate den fränkischen Herrschernamen Karl. Der Onkel tut noch etwas anderes: Er vermählt seine Cousine Blanche von Valois mit Karl. Sie ist ebenfalls erst sieben.

An der Seine bleibt Karl, bis er 14 ist. Paris, der Mittelpunkt der großen Welt, hat ihn geprägt und geformt. Und vor allem sein Lehrer Peter von Fécamp, ein Benediktinermönch. »Er förderte mich mit väterlicher Zuneigung und unterwies mich öfters in der Heiligen Schrift«, schrieb Karl in seiner Autobiografie. Und er erwähnt eine hübsche Episode, die geradezu romanhaft klingt: »Du wirst noch römischer König werden«, habe sein Lehrer ihm eines Tages prophezeit. Karls Antwort: »Du wirst zuvor Papst sein.« Beides traf ein, Fécamp amtierte, seit 1342, als Clemens VI.

Das Verhältnis zum Vater ist kühl seit jenen Kerkertagen, kein Wunder. Gegenseitiges Misstrauen herrscht, dennoch schickt Johann ihn im Sommer 1331 an die Front – nach Oberitalien, als seinen Statthalter. Der Luxemburger beherrscht hier, zwischen Tirol und Lucca, ein beachtliches Territorium. Ihm stehen allerdings starke Feinde gegenüber: die Visconti von Mailand, die veronesischen Scaliger, das republikanische Florenz.

In Frankreich hatte Karl quasi einen Musterstaat kennengelernt: starke Monarchie, straffe Verwaltung, honorige Beamte, Ordnung. Zentralismus. Eine geschlossene Nation. Oberitalien scheint das Gegenteil: politisch zerrissen, hoffnungslos zersplittert, unzuverlässige Verhandlungspartner. Er muss sich als Politiker bewähren – und dann als Kommandeur. Zum ersten Mal. Mit 16.

San Felice nahe Modena, der 25. November 1332, ein trüber Herbsttag. Die Burg der Luxemburger wird belagert, seine Besatzung will kapitulieren – in letzter Sekunde schafft es Karl, eine respektable Armee heranzuführen: 6000 Fußknechte, 1200 Reiter. Eine barbarische, kurze Schlacht beginnt. Schon bald, berichtet Karl, seien »fast alle Streitrösser getötet« worden, auch sein eigenes Pferd. Er wird verletzt, wähnt sich und seine Truppe schon »überwunden« – da plötzlich weicht der Feind: »Und so errangen wir durch Gottes Gnade den Sieg …« Ein Etappensieg nur. Am Ende sind die Gegner, die Stadtherrschaften, zu stark. Vater Johann befiehlt den Abzug.

Fast elf Jahre lang hatte Karl die Heimat nicht gesehen, elf lange Jahre. Jetzt, im Oktober 1333, kehrte er zurück nach Prag. Und war entsetzt. Die bereits 30 Jahre zuvor bei einem Brand stark beschädigte Residenz war nun völlig unbewohnbar – »verödet, zerstört und in Trümmern, dass es so gut wie dem Erdboden gleichgemacht war«. Er habe »wie jeder andere Bürger in den Häusern der Stadt wohnen« müssen. Ein Zustand, den er, seit Anfang 1334 Markgraf von Mähren, schon bald ändern sollte.

Faktisch war er bereits Chef im Land, der Vater blieb meistens in Luxemburg. So spielte Karl eine wichtige Rolle bei der Aushandlung eines Friedensvertrages zwischen Böhmen und

Polen – Schlesien wurde böhmisch, und blieb es 400 Jahre lang, ein großer politisch-diplomatischer Erfolg.

Überhaupt orientierte sich Karl eher in Richtung Osten und Norden als nach Westen, auch das unterschied ihn von seinem Vater. Vordergründig schien ihn dabei eine Politik des Ausgleichs zu interessieren. Mit den Ungarn, den Habsburgern, den Preußen des Deutschen Ritterordens, den Polen. In Wahrheit aber arbeitete er längst an einem anderen Ziel: König zu werden, Kaiser. Wie schon sein Großvater Heinrich VII.

Nach dessen Tod im August 1313, drei Jahre vor Karls Geburt, hatte ein denkwürdiges Rennen um die Macht begonnen, es war ein Rennen mit drei Kandidaten: dem Habsburger Friedrich, dem Wittelsbacher Ludwig und Heinrichs Sohn Johann. Da selbst den Luxemburgern ihr eigener, unerfahrener Kandidat nicht durchsetzbar erschien, unterstützten sie Ludwig, den Bayern.

Er und Friedrich wurden fast zeitgleich, in getrennten Akten, gewählt. Acht Jahre lang währte diese lähmende Zeit des doppelten Königtums – bis Ludwig seinen Kontrahenten militärisch niederrang. Die Schlacht bei Mühldorf im September 1322 gilt als letzte große Ritterschlacht, es ging Mann gegen Mann.

Ludwig attackierte auch den Papst und bestritt dessen alles überwölbende Herrschaft, worauf Johannes XXII. ihn exkommunizierte. Von dieser Gemengelage profitierte vor allem einer: Karl. 1344 ließ er das Erzbistum Prag gründen, in wohlkalkuliertem Gehorsam gegenüber seinem einstigen Lehrer Peter von Fécamp, der inzwischen als Clemens VI. auf dem Stuhl Petri saß. Der Papst verlangte Zugeständnisse: So sollte Karl nach einer Kaiserkrönung noch am selben Tag aus Rom verschwinden. Karl tat es dann später wirklich, am Abend des 5. April 1355 verließ er die Stadt. Als neuer Kaiser.

Vorerst war Ludwig noch Kaiser, auch wenn Clemens VI. seine Exkommunikation bekräftigte. Als Nächstes rief der

Papst die Kurfürsten zur Wahl eines neuen Königs auf. Fünf (von sieben) votierten am 11. Juli 1346 für seinen Kandidaten Karl: Johann von Böhmen natürlich, Karls Vater, sowie der Herzog von Sachsen-Wittenberg und die Erzbischöfe von Mainz, Köln und Trier.

König Karl war nunmehr Gegenkönig des bayerischen Wittelsbachers. Der allerdings konnte noch immer auf die Unterstützung zahlreicher Fürsten und fast aller bedeutender Reichsstädte zählen. Eine schmale Basis also für den Neuen, zumal er in Bonn gekrönt wurde und nicht in Aachen, der Stadt Karls des Großen. Für die Legitimation eines Herrschers, auch für die Anerkennung durchs Volk, hatte der Krönungsort immense Bedeutung.

»Pfaffenkönig«, rex clericorum, haben ihn viele genannt – soll heißen: Marionette der Kirche. Gewiss, Karl hat den Papst gebraucht, um sein Ziel zu erreichen. Doch nach und nach schmälerte er dessen Einfluss im Reich, bis der Pontifex maximus fast gar keinen mehr hatte. So brach Karl, der Realpolitiker, mit einer alten Tradition – indem er den Papst quasi neutralisierte.

Dennoch läuft es anfangs nicht gut für den 30-jährigen König. Als er kurz nach seiner Wahl mit seinem erblindeten Vater den französischen Truppen gegen die Engländer beistehen will, wird er in Nordfrankreich verwundet. Während sein Vater auf dem Schlachtfeld von Crécy fällt und fortan als Held gilt, muss sich Karl zurückziehen. Seine Tapferkeit und seine Eignung als Herrscher scheinen infrage zu stehen.

Doch wieder hilft der Papst. Clemens lobt im November 1346 Karl überschwänglich als hervorragenden christlichen Herrscher, der noch besser als der biblische Salomo das Idealbild eines Königs verkörpere: ein Wächter des Reichs für seine Untertanen, Beschützer auf Erden und Mittler im Himmel. Das zieht offenbar, wenige Monate nach der Schlacht von Crécy.

Dann plötzlich stirbt, auf der Bärenjagd, sein Widersacher Ludwig an den Folgen einer Herzattacke. Einige Monate zuvor noch hat er gedroht, Karl »gleich einem Wurm zu zertreten«. Vergebens suchen die Wittelsbacher in den eigenen Reihen einen Gegenkönig. Der in ihren Diensten stehende Diplomat Günther von Schwarzburg, den sie dann wählen lassen, erweist sich als zu schwach. Allmählich gelingt es Karl, seine Herrschaft zu stabilisieren – auch dank einer geschickten Personalpolitik und der pfiffigen Idee, nach dem frühen Tod seiner Frau Blanche die Wittelsbacherin Anna von der Pfalz zu heiraten. Dies sorgt für eine gewisse Ruhe im Verhältnis der beiden Dynastien.

Er lässt sich noch einmal wählen, am 17. Juni 1349 in Frankfurt – nun »am rechten Ort«. Und empfängt am 25. Juli erneut die Krone, auch am rechten Ort: in Aachen. Das Reich hatte, nach Jahrzehnten, wieder einen König. Einen einzigen. Um für alle Zeiten wirre Verhältnisse wie nach Doppelwahlen auszuschließen, regelte alsbald die Goldene Bulle das Prozedere. Dieses Werk Karls gilt als die wichtigste Grundlage der alten Reichsverfassung. Und blieb bis 1806 bestehen.

Die Zeit, in der Karl regierte, hat der niederländische Kulturhistoriker Johan Huizinga als »Herbst des Mittelalters« beschrieben. Herbst, das hieß für ihn: von Aufbruch keine Spur, eher eine Epoche des allmählichen Verfalls. Karl-Biograf Seibt sah die Ära des aristokratischen Ritterideals »in romantischer Apotheose« sterben – das Ende einer eigentlich bunten, prallen Welt.

Tatsächlich häuften sich die Katastrophen in erstaunlicher Weise. Hagelschläge, Überschwemmungen an den Küsten, Überflutungen der Flüsse. Das Klima wandelte sich. Die Durchschnittstemperatur sank, es schien eine neue Eiszeit aufzuziehen. Die Menschen kämpften überdies gegen eine furchtbare Heuschreckenplage, Karl selbst war Augenzeuge: »Ihr Zirpen glich eher einem tosenden Lärm. Sie wirkten wie ein dichtes

Schneetreiben, sodass man ihretwegen die Sonne nicht sehen konnte. Sie verbreiteten einen aufdringlichen Gestank.«

Und sie machten sich über die Felder her. Die Folge: Hungersnöte. Die Pest kam, verheerend wie noch nie in Europa. Eingeschleppt über Handelsschiffe aus Asien, über Ratten verbreitet, befördert durch mangelnde Hygiene. Erst hieß es, eine »schädliche Planetenstellung« sei schuld, vielleicht auch »üble Erdgerüche« nach einem starken Erdbeben.

Dann standen die vermeintlich wirklich Schuldigen fest: die Juden. Wieder einmal lautete der Vorwurf, sie hätten die Brunnen vergiftet. Tausende wurden deshalb verfolgt, gequält, ermordet. Oder sie töteten sich selbst.

Die Juden genossen seit Karl dem Großen königlichen Schutz, Friedrich II. hatte sie als seine »Kammerknechte« privilegiert – weil sie, neben den Bürgern der Reichsstädte, die einzigen Steuerzahler waren. Kammerknechte, dieses Wort war keineswegs freundlich gemeint. Sondern eher eine fiskalische Einschätzung. Viele Juden hatten viel Geld, und sie verliehen es: gegen hohe Zinsen. Wucher, das war der Vorwurf.

Zwar glaubte Karl nicht an die Mär der Brunnenvergiftung. Er hat Juden auch nicht verfolgen lassen – aber deren Mörder geschützt, amnestiert und dafür Geld kassiert. Und er hat im Vorhinein davon gewusst, dass die Juden gejagt und vernichtet werden würden.

So hält eine Urkunde Karls fest, wie er »mit disem brief der besten Juden haeuser in der stat ze Nurenberg« dem Wittelsbacher Markgrafen Ludwig von Brandenburg übereignet – und zwar »wann die Juden da selbes nu nehst werden geslagen«. Nehst, also demnächst.

Karl war das Geld dafür offenbar willkommen, er nahm auch schmutziges Geld. Wie kaum ein anderer Regent versuchte Karl, Geld zu scheffeln. Es war für ihn das Herrschaftsmittel schlechthin. Der Kaiser bediente sich, weil es nur eine ganz schmale

Reichskasse gab, bei den Städten. Im Gegenzug belohnte er deren Loyalität mit weitreichenden Privilegien. Oder er nutzte ein altbewährtes Verfahren: die Politik der Verpfändung.

Was kompliziert klingt, ist eigentlich ganz einfach: Gegen gutes Geld übertrug er anderen königliche Rechte. Zwar schädigte er auf diese Weise die »Integrität des Reichs in dessen Eigentum an Gütern und Rechten«, sagt der Historiker Martin Kintzinger. Aber dies schien Karl egal: »Entscheidend« sei für ihn der »stets erwartete eigene Nutzen für seine Politik« gewesen – hieß: die Sicherung seiner Herrschaft.

So kurbelte er aber auch die Konjunktur an. Die Prager Neustadt mit dem Wenzelsplatz entstand, ein Riesenunternehmen, die Moldaubrücke wurde gebaut. Bald schon gehörte Karls Prag mit 30 000 Einwohnern zu den größten Städten Mitteleuropas – und war Zentrum des Handels und der Kunst (»Karolinisches Zeitalter«). Hier wirkten Männer wie Peter Parler, der begnadete Bildhauer. Die Universität, 1348 von Karl gestiftet und die erste in Deutschland, entwickelte sich rasch zur akademischen Attraktion. Der Regent forderte seine Bürger gelegentlich auf, den Studenten doch bequeme Zimmer anzubieten.

Karl förderte die Fischzucht und den Bergbau, schützte die Wälder per Gesetz gegen Raubbau, er ließ Wein anbauen und Feigen. Im Jahr 1360, einem schlimmen Hungerjahr, ordnete er an, links der Moldau eine kilometerlange Festungsmauer zu bauen – wer will, kann dies als eine Arbeitsbeschaffungsmaßnahme beschreiben, als Fürsorgepolitik.

Als erster Kaiser seit Barbarossa besuchte Karl in Lübeck die Hanse – das Thema Handel interessierte ihn sehr. Weil Prag wegen der geografischen Lage recht abseits der großen europäischen Routen lag, stieß er ein aufsehenerregendes Projekt an: Güter aus dem Süden sollten nicht mehr über die Schweiz und den Rhein Richtung Norden transportiert werden, sondern über das österreichische Linz an der Donau. Von dort sollte es nach

Prag weitergehen, dann die Moldau hoch, die Elbe, und über die Nordsee nach Flandern. Das logistische Großunternehmen konnte jedoch nicht verwirklicht werden.

Karl war auf dem Höhepunkt seiner Macht, als er im Sommer 1376 die Wahl seines ältesten Sohnes Wenzel zum König durchsetzte. Erstmals seit der Stauferzeit folgte auf dem Thron ein Sohn dem Vater. Doch gelang das nur, weil der Kaiser die vier rheinischen Kurfürsten mit Wahnsinnsgeldern bestochen hatte. Gelder, kassiert bei immensen Verpfändungen.

In zwei Testamenten teilte er sein Erbe auf, sechs Männer sollten es verwalten – und mehren. Zwei Neffen, der Halbbruder und seine drei Söhne. Es war der vielleicht größte Fehler seines Lebens, denn damit zerschlug er sein eigenes Werk. Karl, der schon lange an der Gicht litt, starb am 29. November 1378, drei Stunden nach Sonnenuntergang. Bei einem Sturz vom Pferd hatte er sich das linke Bein gebrochen, hohes Fieber befiel ihn, dann eine Lungenentzündung.

Sein Sohn Wenzel, in Nürnberg geboren, einer der Lieblingsstädte des Vaters, hatte das meiste bekommen. Und verschleuderte fast alles. Seinen Beinamen trug er zu recht – der Faule.

ZIRKEL DER MACHT

Die Kurfürsten bildeten die mächtigste Kaste im Reich. Sie allein wählten ab dem 13. Jahrhundert den König und konnten ihn sogar absetzen. Ihre Gunst ließen sich die heimlichen Herrscher fürstlich bezahlen.

Von MARC VON LÜPKE

Ein Geldregen ging 1256 auf das Heilige Römische Reich nieder. 3000 Mark Sterling kassierte Erzbischof Gerhard von Mainz, sein Kölner Amtskollege Konrad von Hochstaden verbuchte 8000 Silbermünzen, und Ludwig II., Herrscher der Kurpfalz, sackte sogar 12 000 Mark Sterling ein. Mit der Summe hätte er über 2000 Tagelöhner für sich arbeiten lassen können, ein Jahr lang.

Richard von Cornwall hatte seine Schatztruhen geöffnet und »Geld wie Wasser vor die Füße der Fürsten« geschüttet, wie ein Chronist spottete. Richard wollte sich die deutschen Würdenträger geneigt machen. Der Bruder des englischen Herrschers Heinrich III. begehrte die römisch-deutsche Königswürde, die Bestochenen sollten ihm den Titel verschaffen. Allerdings musste der Engländer nicht alle deutschen Reichsfürsten kaufen. Sieben Männer, drei kirchliche und vier weltliche Herrscher, entschieden zum ersten Mal allein über den neuen König: die Erzbischöfe von Mainz, Köln und Trier sowie der König von Böhmen, der Pfalzgraf bei Rhein, der Herzog von Sachsen und der Markgraf von Brandenburg. Seit 1298 werden sie in Quellen als »kurfursten« (von küren = wählen) bezeichnet.

Neben Richard hatte damals auch Alfons von Kastilien mit Geldgeschenken um Unterstützung gebuhlt. Und so kam das Reich 1257 zu zwei Königen, die jahrelang nebeneinanderher regierten. Dem böhmischen Herrscher Ottokar II., einem der Wahlmänner, fiel die Entscheidung offensichtlich so schwer, dass er nacheinander beiden Thronkandidaten seine Stimme gab.

Das Geschacher um die Gunst der Großen hatte Geschichte: Weil sich im Heiligen Römischen Reich keine Erbmonarchie herausgebildet hatte, wurden seine Herrscher gewählt. Von jeher war es schwer, in dem Vielvölkergemisch mit starken Regionalmächten eine Zentralgewalt zu etablieren. Anstatt durchzuregieren, mussten die Könige hierzulande immer den Kompromiss mit den Fürsten suchen. Es wurde gefeilscht, bestochen und gedroht.

In den ersten Jahrhunderten des Reichs waren die Könige noch von allen Fürsten und Großen erhoben worden. Bei der umstrittenen Inthronisierung des Staufers Philipp von Schwaben im Jahr 1198 votierten 62 Personen.

»Die Dûdischen [Deutschen] sullen durch recht den kuning kiesen [wählen]«, heißt es im ältesten deutschen Rechtsbuch, dem Sachsenspiegel des Rechtsgelehrten Eike von Repgow aus der Zeit zwischen 1220 und 1235. Ein klares Ergebnis war aber nicht immer leicht zu bekommen. Deshalb machte sich eine kleine Gruppe daran, die Wahl zu monopolisieren – was anscheinend ohne viel Widerstand gelang.

Wie diese Gruppe Mitte des 13. Jahrhunderts ihre einmalige Stellung erringen konnte, ist in der Forschung umstritten. Zahlreiche Theorien kursieren. Eine besagt, dass bereits 1198, im Jahr der Doppelwahl Philipps von Schwaben und seines Gegenspielers Otto von Braunschweig, ein kleiner Kreis von Vorwählern durch Papst Innozenz III. legitimiert gewesen sei. Zu diesen sollen die Erzbischöfe aus Mainz, Köln und Trier gehört haben, quasi der Nukleus des späteren Kurfürstenkollegs.

Entscheidend für eine Mitgliedschaft in dem Gremium war wohl Nähe zur Macht oder ein wichtiges Hofamt. Der Erzbischof von Mainz schien gesetzt, denn er verfügte über beides. Er reiste oft mit den Königen und war als Chef der Hofkanzlei zweiter Mann im Reich.

Auch andere hohe Ämter privilegierten für die Wahl: »Der Pfalzgraf wählt, weil er Truchsess ist, der Herzog von Sachsen, weil er Marschall ist, der Markgraf von Brandenburg, weil er Kämmerer ist«, heißt es in den Stader Annalen aus dem 14. Jahrhundert. Eine weitere Theorie behauptet, dass die weltlichen Kurfürsten von ehrwürdigen, im Mannesstamm ausgestorbenen Herrscherdynastien abstammten. Und der Historiker Martin Lintzel vermutete sogar, dass die übrigen Reichsfürsten das Interesse an der Königswahl verloren hätten.

Die erlauchte Clique war bald selbstbewusst genug, einen König auch wieder abzusetzen. 1298 wurde Adolf von Nassau entthront, der den Großen zu mächtig geworden war. 1338 trafen sich sechs der sieben Kurfürsten in Rhens am Rhein und formulierten eine deutliche Botschaft an den Papst: Sie allein hätten das Recht, den König zu bestimmen, ein Votum aus Rom sei weder erwünscht noch notwendig.

Klare Verhältnisse waren nach der Etablierung des Kurfürstenkollegiums allerdings immer noch mehr Wunsch als Realität. Das Recht des böhmischen Königs zur Wahl des deutschen Herrschers wurde immer wieder bestritten; die bayerischen Wittelsbacher rangen mit den pfälzischen um die Kurwürde. 1356 lud Karl IV. deshalb zu Hoftagen in Nürnberg und Metz. Das Ergebnis der Verhandlungen war die »Goldene Bulle«.

In der Urkunde, einer Art Grundgesetz des Reiches, ist von

den Fürsten fast unterwürfig als »Säulen« des Reichs die Rede. An sie mussten sich die oft chronisch klammen Könige schließlich wenden, wenn sie Geld brauchten, um etwa Kriege zu finanzieren.

Exakt legt das Gesetzeswerk den Wahlverlauf fest und regelt auch, wie viele Bewaffnete die Kurfürsten mitbringen dürfen und in welcher Reihenfolge abgestimmt wird. »Ohne jede geheime Abrede, Belohnung oder Entgelt« hatten fortan der Erzbischof von Trier, dann sein Kollege aus Köln und schließlich der böhmische König, der Pfalzgraf bei Rhein, der sächsische Herzog und der Markgraf von Brandenburg den neuen Monarchen zu wählen. Zuletzt entschied der Erzbischof von Mainz. Als Wahlleiter war er das Zünglein an der Waage – bei einem Unentschieden hatte er die entscheidende Stimme.

Die Goldene Bulle sollte vor allem eine weitere Zersplitterung der Macht verhindern. Um das Risiko eines Doppelkönigtums einzuschränken, galt jede mit Mehrheit erfolgte Wahl als einstimmig. Im Gegenzug festigte der König den Einfluss seines Wählerstamms: Die weltliche Kurwürde war fortan erblich, ein Kurfürstentum unteilbar. Ganz im Sinne dieses Günstlingssystems legte die Goldene Bulle auch die erste Amtspflicht des Königs fest: Er hatte alle »Privilegien, Urkunden, Rechte, Freiheiten und Vergünstigungen, alten Gewohnheiten, Titel und Würden« der sieben hohen Herren zu bestätigen.

Später bürgerten sich »Wahlkapitulationen« ein, in denen der König die Bedingungen, die ihm Kurfürsten und Reichsstände abgetrotzt hatten, schriftlich festhielt. Nirgends in Europa wurden die Fürsten so mächtig wie im Reich der Deutschen, das deshalb immer ein komplexer, auf Kompromiss angelegter Personenverband blieb, kein Territorialstaat.

Über Jahrhunderte sollten die deutschen Herrscher von den Kurfürsten, deren Zahl später auf neun wuchs, gewählt werden. Selbst das Ende des Reichs lag wesentlich in ihren Händen:

Kurz nachdem sich vier Kurfürsten im Juli 1806 Napoleons Rheinbund angeschlossen hatten, löste der düpierte Kaiser das Imperium auf.

Der wohl prominenteste Rheinbündler, der Mainzer Erzbischof Karl Theodor von Dalberg, konnte seinen Seitenwechsel sogar noch mit einem vom Papst abgenickten Titel versüßen. Bis zu seinem Tod 1817 nannte er sich »Primas Germaniae«.

BERTAS KAMPF

Im Reichsstift Essen standen fast ein Jahrtausend lang Frauen an der Spitze – zum Missfallen vieler Männer.

Von SASKIA KERSCHBAUM

Der Vorwurf lautete: Betrug, Verschleuderung von Kirchengütern, Ungehorsam und Mord. So heftig attackierte Erzbischof Siegfried von Köln 1289 ausgerechnet eine fromme Äbtissin. Sein Ziel: ihre Absetzung und damit der Zugriff auf ihr Territorium, das Damenstift von Essen. Das Essener Gebiet war klein und zersplittert, gehörte aber dank seiner verkehrsgünstigen Lage zu den wohlhabendsten Abteien im Heiligen Römischen Reich. Berta von Arnsberg herrschte darüber auch als Fürstin, gehörte also der adeligen Reichselite an. Gegen einen machthungrigen Kurfürsten war jedoch schwer anzukommen.

Die Vorladung vor Siegfrieds Kirchengericht war nur der vorläufige Höhepunkt eines bereits Jahrzehnte andauernden Streits um die Unabhängigkeit des Essener Fürstentums. Schon 1275, gleich nach seiner Ernennung zum Bischof, hatte Siegfried ein Auge auf das einträgliche Amt des Essener Vogts geworfen. Der Vogt vertrat kirchliche Institutionen, vor allem Frauenklöster, in weltlichen Angelegenheiten, fungierte als oberster Richter, sorgte für die Aushebung von Kriegsleuten und wurde dafür ansehnlich bezahlt.

Die Essener durften sich ihren Vogt eigentlich selbst wählen, um dem Machtmissbrauch durch Charaktere wie Siegfried zu entgehen. Berta hatte zwar keine Armee, doch mächtige Verbündete und taktischen Verstand. Als Äbtissin unterstand sie dem Schutz des Papstes. Tatsächlich hatte Innozenz IV., Papst von 1243 bis 1254, ihr eine Urkunde ausgestellt, die das Recht auf freie Vogtwahl bestätigte. Das war zwar nur ein Stück Pergament, aber als Fürstin hatte Berta auch Anspruch auf den Schutz des Königs. Seit Ende des 13. Jahrhunderts verlieh der Monarch »unser und des reiches furstynnen« zu jeder Amtseinsetzung feierlich die Reichslehen und königlichen Regalien. Diese Privilegien umfassten neben einem Schutzversprechen vor allem spezielle Steuereinkünfte wie das Münz- und Zollregal. Es waren die Grundlagen des Essener Reichtums.

Um ihr verbrieftes Recht durchzusetzen, ernannte Berta ihren Lehnsherrn, König Rudolf I., zum Vogt. Ein wohlüberlegter Schachzug. Die Reichsklöster waren schon seit Otto dem Großen die treuesten und wichtigsten Stützen der Herrscher gewesen. Frauen aus der kaiserlichen Familie hatten das Äbtissinnenamt im 10. und 11. Jahrhundert mehrfach bekleidet und das Stift durch Schenkungen sehr reich gemacht. Doch Rudolf, der erste römisch-deutsche König aus dem Hause Habsburg, ließ die Frauen im Stich. Erzbischof Siegfried nutzte seine Chance. Er zog einen Teil von Bertas Stiftsdamen auf seine Seite, ließ sich zum Vogt wählen und lud die Äbtissin mit den bereits genannten Anschuldigungen wenige Jahre später vor sein Kirchengericht, um sie endlich loszuwerden. Aber: Die meisten Vorwürfe waren völlig aus der Luft gegriffen, weshalb Berta die Vorladung ignorierte. Siegfrieds Ziel war, sowohl über das Amt des Vogtes als auch über das Amt der Fürstin selbst zu bestimmen.

Ohne Rechtsgrundlage und völlig eigenmächtig ernannte er seine Nichte Irmgard von Wittgenstein zur neuen Fürstäbtissin. Jetzt war der Bogen überspannt. Der Papst mischte sich ein, pfiff den Erzbischof zurück und bestätigte die rechtmäßige Wahl seiner Äbtissin. Berta gelang es tatsächlich, bis zu ihrem Tod 1292 im Amt zu bleiben. Ihre Nachfolgerin, Beatrix von Holte, verteidigte die Unabhängigkeit ihres Territoriums ebenso tapfer. Auf einem Fürstentag in Deutz 1295 setzte Beatrix das Recht auf Wahl des Vogtes für alle Zeiten durch.

Die Fürstäbtissinnen regierten genauso unabhängig wie ihre männlichen Kollegen. Ab dem 14. Jahrhundert residierten sie bevorzugt im Lustschloss Borbeck, wo sie Recht sprachen, Gesetze erließen, Versammlungen abhielten, Fürsten und andere hohe Gäste begrüßten. Sie schliefen in grünen Seidendecken, ständig begleitet von 17 Bediensteten. Ihre Ausflüge unternahmen die Fürstinnen ab dem 17. Jahrhundert in prachtvollen sechsspännigen Kutschen. Die meiste Zeit verbrachten sie jedoch nicht mit Repräsentation und Müßiggang.

Denn das Stift war mit seinen 43 200 Morgen Land ein gewaltiges Unternehmen, das am Laufen gehalten werden musste. Eingeschränkt wurde die weltliche Macht des Stifts erst im 16. Jahrhundert durch eine landständische Verfassung: Die Fürstäbtissinnen mussten ihre Entscheidung nun auf eigens eingerichteten Landtagen absprechen. Diese bestanden aus drei Landständen: der Essener Ritterschaft, dem Kanonikerkapitel (Zusammenschluss der männlichen Geistlichen) und »lauter Frauenzimmern«, wie der Jurist Johann Jacob Moser erstaunt feststellte. Steuererhebungen und Bauprojekte bedurften nun der Zustimmung des Landtags. Das Verhältnis zwischen Fürstin und Ständen blieb bis zum Schluss überwiegend einvernehmlich – ein Grund für die lange Existenz des Essener Gebiets.

Dank bester Kontakte zu Kaisern und Päpsten hielt sich das kleine Fürstentum fast 1000 Jahre lang. »Es war eines der zahlreichen Klein- und Kleinstterritorien, aus denen das Heilige Römische Reich Deutscher Nation bis zu Beginn des 19. Jahrhunderts bestand«, schreibt die Historikerin Ute Küppers-Braun. Nur Essen wurde so erfolgreich von Frauen regiert.

Turbulenzen wie in Bertas Regierungsjahren gab es im Leben der zeitweilig 70 Stiftsdamen selten. Wichtigste Aufgabe der adligen Frauen war die »memoria«, das Totengedenken durch Gebete, und die Teilnahme an den unregelmäßig stattfindenden Kapitelversammlungen. Ihren Alltag bestritten die Damen gewöhnlich mithilfe von Bediensteten: Mägde, Kammerjungfern und Köche servierten ihnen zarten Schweinebraten, exotische Süßigkeiten wie kandierte Orangen und zu besonderen Anlässen sogar Champagner.

Lieferlisten der Küchenmeister und Bestellscheine der Äbtissinnen zeigen detailliert, welche Lebensmittel den Damen täglich zugeteilt wurden. So wurden ihnen zum Beispiel zwölf Schweine pro Woche geliefert, ein unerhörter Luxus in einer Zeit, als Fleisch gewöhnlich nur an Sonn- und Feiertagen gegessen wurde. In ihrer Freizeit lasen die Damen bevorzugt Liebesromane, die noch heute in der Essener Stiftsbibliothek stehen, lauschten berühmten Musikern oder gingen auf die Jagd. Die Stiftsdame Anna Sophia von Limburg-Bronckhorst musste sich im Jahr 1621 gar anhören, »sie habe nichts anders im Sinn als in der Gegend herumzureiten«. Viele Zeitgenossen fanden diese Art der Frauenherrschaft höchst seltsam. Als »unbeständige Wesen und wankelmütig« bezeichnete der Essener Stadtschreiber Henrich Stratmann im 16. Jahrhundert die Fürstäbtissinnen.

Als ihre Herrschaft 1802 durch die siegreichen Franzosen beendet wurde, ging es für die Essener nicht gut aus. Der Salzhandel wurde eingeschränkt, Steuern und Abgaben etwa auf Wein und den Bergbau stiegen ins Unermessliche. Schul- und Kirchenwesen lagen darnieder. Die ganze Frustration schlug sich bald in einem Spottgedicht auf die neue, preußische Straßenbeleuchtung nieder: »Wo unsere Stadt im Glücke saß, / da war es dunkel auf der Straß, / nun, wo das Unglück angefangen, / hat man Laternen aufgehangen, / damit der Essener Bürgersmann, / auch nachts sein Elend sehen kann.«

»JETZT SCHREI ICH AN DAS VATERLAND«

Humanist, Patriot, Hitzkopf – Ulrich von Hutten hat zur Zeit der Reformation das intellektuelle und politische Deutschland bewegt.

Von MATHIAS SCHREIBER

Im Herbst des Jahres 1509 landet der so begabte wie wanderlustige Student, ein adliger Heißsporn aus Südhessen, nach turbulenten Aufenthalten in Fulda, Erfurt, Mainz, Köln, Frankfurt (Oder) und Leipzig, im Milieu norddeutscher Gediegenheit. Er schreibt sich ein an der Universität von Greifswald, wo er im großbürgerlichen Haus des Domherrn und Rechtsprofessors Henning Lötz fürsorglich aufgenommen wird. Das anfängliche Einvernehmen zwischen dem konservativen Juristen und dem humanistisch bewegten Studiosus zerbricht aber bald.

Als der junge Mann weiterziehen will, verlangen seine Gastgeber, die ihm außer Hemd und Hose Geld geliehen haben, die Rückzahlung der Schulden. Und sie lassen nicht locker: Der Student, der von einer Laufbahn als Dichter träumt, vertröstet sie und macht sich an einem frostigen Morgen auf den Weg nach Rostock. Plötzlich stehen mehrere Diener der Familie Lötz vor ihm, bedrohen ihn mit einem Speer und reißen ihm, bis auf die Unterwäsche, die Kleider vom Leib. Dabei sollen sie ihn, wie er später berichtet, so verhöhnt haben: »Geh nur und lasse dich nennen der große Poet. Jemand schenkt dir vielleicht, wenn du ihm vorsingst, ein neues Gewand und kleidet wieder dich ein.«

Der Entblößte ist Ulrich von Hutten (1488 bis 1523). Jener Ritter, Dichter und Patriot, den Johann Gottfried Herder 250 Jahre später als kühnen »Sprecher für die Teutsche Nation und Freyheit und Wahrheit« rühmen sollte. Nach dem Überfall schleppt sich der unterkühlte und obendrein an der Syphilis leidende Literat bis nach Rostock, wo er sich erholt und gegen Entgelt an der Universität Vorträge halten darf.

Bald zieht es ihn weiter, und 1511 verbreitet Hutten als Dozent an der Wiener Universität den Geist des Humanismus. Der in Wien residierende Kaiser Maximilian I. (1459 bis 1519) ist ein großer Freund dieser Bewegung, die – nach dem Vorbild der italienischen Renaissance – jetzt auch nördlich der Alpen mehr und mehr Anhänger gewinnt. Sie studieren statt spätmittelalterlicher Scholastik lieber die großen Geister der griechisch-römischen Antike wie Platon oder Cicero. Und sie verfeinern mithilfe der klassischen Rhetorik ihr durch Germanismen verdorbenes Neulatein.

Maximilian hat schon 1501 in Wien Lehrstühle für Poesie und Mathematik eingerichtet – nach einer Idee des dort lehrenden Humanisten Conrad Celtis (1459 bis 1508). Auch nach seinem Tod stehen die Wiener Humanisten noch ganz in seinem Bann, etwa seines Projekts einer großen »Germania illustrata«. Das Werk sollte »alle wissenschaftlichen Erkenntnisse der Zeit zur Geschichte Deutschlands« zusammenfassen. Es blieb unvollendet, belegt aber das neue Interesse an deutscher Vergangenheit. Celtis hatte sich in Italien oft darüber geärgert, wie seine Gesprächspartner auf das deutsche »Barbarenland« und dessen »wilde Waldmänner« herabsahen.

Gesinnungsfreunde von Celtis wie der elsässische Theologe Jakob Wimpfeling bekennen dagegen, es sei etwas Köstliches um das »Glück«, ein Deutscher zu sein. Ein Schlüsselwerk für

Patrioten ist die 1425 wiederentdeckte Tacitus-Schrift »Über die Herkunft und die geografische Lage der Germanen«, die sogenannte Germania. Celtis ediert sie 1500, ergänzt durch ein Porträt der Stadt Nürnberg. Er beschwört seine Landsleute, zu den von Tacitus (um 55 bis nach 115) gelobten germanischen Tugenden zurückzukehren, zu aufrichtiger Einfachheit, Treue, Tapferkeit, Freiheitsliebe: »Macht euch, deutsche Männer, die Sinnesart eurer Ahnen zu eigen.« Dass Tacitus ein stark verzerrtes Ideal zeichnet, kommt ihm nicht in den Sinn.

Schon in seinem ersten Wiener Werk forciert auch Hutten den zeitgenössischen Kulturpatriotismus: Er verfasst eine »Mahnrede an Kaiser Maximilian, den Krieg gegen die Venezianer fortzusetzen«. Zwischen 1508 und 1516 kämpfen Maximilian, die Republik Venedig, Frankreich, England, Spanien und die Päpste um die Vorherrschaft in Italien.

Venedig versperrt Maximilian die Durchreise nach Rom, wo er sich vom Papst zum Kaiser krönen lassen will – die einzige Weihe, die ihm noch in seiner Sammlung herrscherlicher Würden fehlt. Der römisch-deutsche König und erwählte Kaiser, wie er offiziell heißt, wird vom Reich im Stich gelassen und muss mit Venedig einen Waffenstillstand schließen. Hier hakt Hutten 1511 ein und ermutigt Maximilian, den »Schimpf« der Venezianer militärisch zu parieren. Sie seien, wütet er, betrügerische, geschwätzige »Frösche«, vor denen man stets auf der Hut sein müsse. Ihre Regenten seien »wilde Volksfresser«.

Hutten wünscht sich seinen Herrscher als »Jupiter« auf Erden, der auch die Türkengefahr bannt. Die »Germania« des Tacitus inspiriert ihn zu einem Gedicht mit dem pathetischen Titel: »Warum Deutschland weder in seinen Tugenden noch in seinen Führern gegenüber der Vorzeit degeneriert ist.« Daran knüpft er mit »Arminius« an, einem lateinischen Dialog über den – in den »Annalen« des Tacitus gerühmten – germanischen Feldherrn (»Herrmann der Cherusker«). Als »Befreier

Deutschlands« vom römischen Joch preist Hutten den Germanen, als »freiesten, unüberwindlichsten und deutschesten« Helden, womit er letztlich einen Kult begründet, der 1875 in der Einweihung des Hermannsdenkmals bei Detmold im Teutoburger Wald gipfelt.

Im Herbst 1511 reist Hutten nach Italien und studiert Jura in Pavia und Bologna. Ein Aufenthalt im Mutterland der Renaissance gehört zum Pflichtpensum deutscher Humanisten.

Unterdessen tobt in Deutschland ein Kulturkampf um die antisemitischen Pamphlete – Motto: »Juden sind Wucherer« – des Kölners Johann Pfefferkorn, eines zum Christentum übergetretenen Juden. Der Humanist Johannes Reuchlin, einer der besten christlichen Kenner des Hebräischen, lässt als Gutachter kein gutes Haar an diesen Thesen, wird aber dafür von der römischen Kurie drangsaliert. Das ist der Auftakt für eine Welle der Kirchenkritik: Ein Freund Huttens veröffentlicht 1515 anonym die satirischen »Dunkelmännerbriefe«, scheinbar von scholastischen Gelehrten verfasst. Darin wird etwa die Frage abgehandelt, ob ein Gläubiger eine Todsünde begehe, wenn er an einem Fastentag ein »Ei isst, in dem schon ein Junges« sichtbar ist – das wäre dann ja ein Fleischgericht.

Zur zweiten Ausgabe (1517) steuert Hutten die meisten der hinzugefügten 62 Briefe bei, in denen er nicht nur die Sophistik von Scholastikern, sondern die römische Kirche als solche attackiert. Verarbeitet sind darin auch Eindrücke aus seinem zweiten Italien-Aufenthalt, bei dem er unter anderem in eine wilde Rauferei mit Franzosen gerät, von denen er einen ersticht – der hatte wohl den Kaiser geschmäht. Der Satiriker Hutten spottet etwa über die Geschichte vom darmkranken päpstlichen Elefanten, der nur mithilfe eines sündhaft teuren Abführmittels wieder auf die Beine kommt.

Der Papst verbietet die Satiren, was ihren Ruhm befördert. Weil ihre »Gegner der Lächerlichkeit preisgegeben« sind, gewinnen so »die Humanisten in Deutschland an Boden«, schreibt Hutten-Biograf Eckhard Bernstein.

Ein fast ideales Vorspiel für die nun einsetzende Reformation. Im selben Jahr 1517, in dem die zweite Ausgabe der »Dunkelmännerbriefe« erscheint, setzt Martin Luther seine 95 Thesen gegen den Missbrauch des Ablasses in die Welt – auf Latein. Ohne sein Zutun werden die Thesen ins Deutsche übersetzt und bald landesweit diskutiert. Luther hat sich an die gebildeten Kirchenmänner wenden wollen, so aber wird er zum Sprachrohr des Volkszorns wider den – auch durch die Ablässe finanzierten – obszönen Luxus der römischen Kirche.

Die bevorzugte Sprache dieses Zorns ist nicht mehr Latein, sondern Deutsch. Auf Deutsch verfasst Luther 1520 unter anderem die wichtige reformatorische Schrift »An den christlichen Adel deutscher Nation: von des christlichen Standes Besserung«. Die päpstliche Bann-Androhung folgt auf dem Fuß. Den entscheidenden Durchbruch für das Ansehen des Deutschen schafft erst Luthers Bibelübersetzung von 1522/1534.

Für Luthers kirchenreformerischen Eifer kann sich Hutten nicht recht erwärmen. Er interessiert sich mehr für das Schicksal des Reiches. An die Adresse der auf einem Reichstag versammelten Kurfürsten gerichtet, fordert er: »Erbarmt euch übers Vaterland, Ihr werten Teutschen, regt die Hand.« Sie sollten den römischen Führungsanspruch ignorieren und selbst die Regie im Kampf gegen die Türken übernehmen. Die Fürsten folgen dem Appell nicht, lassen aber den päpstlichen Legaten, der Geld für die Abwehr der Osmanen fordert, mit leeren Händen nach Rom zurückreisen.

Kurz darauf, in den Jahren 1519/20, startet Hutten in vier Dialogen die nächste Kampagne gegen die römische Kurie. Darin geißelt er das Wohlleben päpstlicher Höflinge, den heuchlerischen Umgang mit dem Zölibat, das Finanzsystem der päpstlichen »Goldsauger«, die Diskrepanz zwischen der »jungfräu-

lichen« Urkirche und jener römischen »Mordgrube«, in der man vor allem drei Dinge schätze: »hübsche Frauen, schöne Pferde und päpstliche Bullen« – Dekrete, die den Rest der Christenheit bevormunden.

Ein Freund Huttens, der wohlhabende Reichsritter Franz von Sickingen, bietet Luther 1520 seinen Schutz an. Hutten übermittelt die Offerte, die der Reformator allerdings nicht annimmt. Sickingen ist von Luther weiterhin so angetan, dass er 1522 mit seinen Söldnern den sogenannten Pfaffenkrieg gegen das Erzbistum Trier führt, um dort kirchliche und weltliche Hoheit zu trennen, was aber misslingt. Vorausgegangen sind dem mehrere antiklerikale Aktionen der Hutten-Leute. Erbost über das Wormser Edikt, das Luther ächtet, überfällt der erklärte »Pfaffenfeind« Sickingen zwei päpstliche Nuntien. Straßburger Kartäusermönchen, deren Prior Hutten-Porträts als Klopapier benutzt hat, trotzt er eine Ehrenerklärung und 2000 Gulden ab.

Auf Sickingens Ebernburg oberhalb der Nahe, wo sich mehrere aus dem Amt gejagte Lutheraner versteckt halten, wird schon die Messe auf Deutsch zelebriert. Auch Hutten sucht hier nach dem Scheitern des Trierer Feldzugs Zuflucht. Im November 1522 verlässt der von päpstlichen Häschern verfolgte Humanist deutschen Boden. Abgeschirmt unter Aufsicht des Zürcher Reformators Huldrych Zwingli erliegt er 1523 auf einer Insel im Zürichsee seiner Krankheit.

Auf dem Thron des Reiches sitzt seit 1519 Karl V., ein Habsburger, der in Burgund aufgewachsen ist und auch als König über Spanien herrscht. Die deutschen Kurfürsten trauen ihm nicht ganz. Bevor sie ihn zum Kaiser wählen, verpflichten sie Karl zu einer »Wahlverschreibung«. Darin gelobt er, für das Reichsregiment vor allem »tüchtige Männer deutscher Nation« zu rekrutieren, die Ämter am Hof »mit keiner anderen Nation, denn geborenen Deutschen zu besetzen« sowie bei Verhandlungen des Reichs neben der lateinischen auch die deutsche Sprache zu gebrauchen. Karl selbst beherrscht nur gebrochen Deutsch. Spöttisch soll er bekannt haben: »Ich spreche Spanisch zu Gott, Italienisch zu den Frauen, Französisch zu den Männern und Deutsch zu meinen Pferden.«

Die Kurfürsten wollen verhindern, dass ihr Reich in den romanischen Raum abdriftet, zu den »Romanisten und Kurtisanen«, wie Hutten warnt. Einigen Kurfürsten sind die lutherischen Umtriebe so willkommen wie die neuen patriotischen Töne im Land – beides hilft ihnen, gegenüber dem Kaiser politische Freiräume zu behaupten.

Hutten hat sich 1520 erstmals ausdrücklich zum Vorrang der deutschen Sprache bekannt. Er sucht ein größeres Publikum. In seiner »Klag und Vormahnung gegen die übermäßige unchristliche Gewalt des Papstes zu Rom und der ungeistlichen Geistlichen« dichtet er: »Latein ich vor geschrieben hab' / das war ein jeden nicht bekannt. / Jetzt schrei ich an das Vaterland / Teutsch Nation in ihrer Sprach', Zu bringen diesen Dingen Rach.« Fortan wolle er »das Volk zum Mitwisser« machen.

Dieses Bekenntnis und die Wahl-Bedingungen für Karl V. zeigen: Das wichtigste Bindemittel unter den vielen Landesherren und Städten »deutscher Nation« ist zu Beginn der Neuzeit die Sprache – neben dem Reichskammergericht (seit 1495) und der verklärten Vergangenheit. Politisch zeigt sich Deutschland, vor 1500 meist nur »deutsche Lande« geheißen, lediglich als Gemeinschaft der deutschsprachigen, ethnisch unterschiedlichen, halbautonomen Reichsstände – nicht als Staat im heutigen Sinne.

Zwar hat Luthers Rebellion den patriotischen Zusammenhalt einerseits gestärkt, andererseits aber durch den Kirchenstreit wieder geschwächt. Immerhin wird der Kampf um den rechten Glauben fortan meist in deutschsprachigen Predigten und Schriften ausgetragen, insofern ist selbst die Spaltung des Landes »Geburtshelferin der Nation als einer klar konturierten Kommunikationsgemeinschaft«, so der Historiker Thomas Lau.

Damals ist die »Nation« in erster Linie noch ein »Oppositionsbegriff« (Hagen Schulze) gegen die römische Kurie, Kaiser Karl, Frankreich und die Türken. Die Verkörperung dieses Begriffs, schon zu Lebzeiten gefeiert als patriotische Wiedergeburt des Arminius, ist Ulrich von Hutten.

»DIE BLUTFAHNE WIRD AUSGEHÄNGT«

Die Wirren und Gräueltaten des Dreißigjährigen Krieges haben tiefe Spuren im Gedächtnis der Deutschen hinterlassen. Was die Menschen, deren Heimat zu einem Schlachtfeld wurde, erlebten und erlitten, zeigen die Aufzeichnungen von Zeitzeugen auf eindringliche Weise. Eine Auswahl.

»Ganz übel verderbt und zerhackt«

Aus dem Tagebuch der Augustinernonne Klara Staiger, Priorin des Klosters Marienstein im bayerischen Eichstätt (Schreibweisen modernisiert):

Anno 1626 ist durch ein überaus große Kälten das Wintergetreide, Obst und Wein alles erfroren. Hat im Herbst eine große Teuerung und Hungersnot geben, hat niemand um Geld, sondern jedermann um Getreide oder Brot wollen arbeiten. Die Reisenden haben viel Menschen gesehen, so auf der Straße und hinter den Zäunen vor Hunger gestorben, das Gras und Rinden von den Bäumen noch im Mund gehabt. Nach dieser Hungersnot ist der Krieg, je länger je mehr, wiederum in unser liebes Deutschland kommen, und aller Orten ein großes Sterben gewesen.

Mittwoch den 3. Juni (1632): In der Pfingstwochen wird von den kaiserischen Soldaten unser Tempelhof (klösterliches

Wirtschaftsgut) geplündert und fünf Pferde hingeritten. Über diese betrübte Zeitung (Nachricht) erschrickt unser liebe würdige Mutter so hart, dass ihr der Schrecken durch alle Glieder gangen; zu abends um sieben Uhr klagt sie ein große Kälten und ist durch die Nacht gar krank. So bald der Beichtvater mit der heiligen Ölung kommt, und sie noch gar verständig und willig solche empfangen, endet ihr Leben in seiner Gegenwärtigkeit ganz sänftiglich mit unser aller größten Klag und Schmerz.

Fastenzeit Februar 1633: Die zwei Tag, als Montag und Dienstag, haben wir im Konvent Fleisch gespeist, weil ganz kein Fastenspeis zu bekommen gewesen und im ganzen Stift noch stets Krieg und Soldaten gewesen. Haben wenig Trost gehabt, dass künftigen Frühling besser wird als vor diesem.

Mittwoch den 4. Mai (1633): Abends um Vesperzeit wird das Schloss (die Eichstätter Willibaldsburg) von dem Feind belagert, heben an gar stark gegeneinander zu schießen, ist aber zuvor begehrt worden, ob man gütlich wolle aufgeben oder aber mit bewehrter Hand gewinnen lassen. Der Kommandant gibt Antwort, sich zu wehren bis auf den letzten Mann. Die Blutfahne wird ausgehängt, das Schießen gegeneinander währt zehn Tag und Nacht mit großen Stücken und Musketen, die Kugeln, so ins Schloss doch mehrerteils ohne sonders großen Schaden gangen, sein in der Größe gewesen eines Kindskopf, haben gewogen 22, 24, 25, 26, 28 und bis auf die 30 Pfund hats alle wiederum hinausgeschossen. Unter diesen Tagen haben wir wohl viel Todsschrecken eingenommen, mit Schmerzen müssen sehen aus unserem lieben Kloster alles heraustragen, die kupfern Rinnen von Dächern herabnehmen, hören die Braukessel ausbrechen, Tag und Nacht sehen Feuer und Lichter brennen, Schwein und was noch von Geflügel gefunden stechen, sieden und braten, unsern schönen Garten mit frischer Aussaat durch Soldaten und Pferd verderben.

Soldaten misshandeln Bauern und treiben ihnen das Vieh weg (zeitgenössische Radierung von Hans Ulrich Franck)

Mai 1633: Verzeichnis um was wir alles kommen und für sich jede gelitten: Erstlich ist unser Kirchen und Kloster aufbrochen, die Altär verwüstet, die Reliquien, Bilder und Kirchengeschirr alles zerrissen, was von Perlen und guten Sachen, hingenommen samt allem, was zur Kirchen gehörig verwahrt gewesen, gefunden worden. Das Kloster ist von innen am Gemäuer, am Schreinwerk, Fenstern, Öfen und Schlössern ganz übel verderbt und zerhackt worden. Item unser eingerichtete nützliche Apotheken alle verderbt, die guten Wassergläser zerhackt, die besten Sachen, was ihnen taugt, mitgenommen. Und was von Latwergen (Pflaumenmus), Letzelten (Backwerk), Eingemachten und rohen Kochzucker verborgen gewesen, alles gefunden samt etlichen Häfen (Tongefäßen) mit Honig. Item 160 Eimer Bier habens austrunken, teils verderbt und die Fässer alle zerschlagen. In der Küchen, Backhaus, Waschhaus, Brauhaus ist alles Kupfergeschirr ausbrochen gewest. Die neuen Gräber aufgraben, dass ein verstorbne Schwester die rechte Hand aufgehebt. Was an allen Orten im Klostern für ein Jammer und Wust gewesen, ist unmöglich zu beschreiben.

»Einkünfte von 60 000 Talern«

Aus dem Tagebuch des bayerischen Hofpredigers Jeremias Drexel (nach einer Ausgabe von 1906):

27. August (1620): Wir kamen nach Unter Haid, einer katholischen Stadt, die unter anderen dem Herrn Buquoy von Kaiser gegeben war. Die ganze Schenkung an den Herrn Grafen soll einen Wert von fünf Millionen haben, denn nun hat er Einkünfte von 60 000 Talern. Heute wurde erzählt, der Markgraf Spinola habe schon den Rhein mit 30 000 Soldaten überschritten, darunter 4000 Reiter. In diesem Heer gibt es 24 größere fahrbare Geschütze, und 200 von Pferden gezogene Mühlen und 300 Backöfen.

29. August: Wir blieben in der niederösterreichischen Stadt Weitra. Wir mussten zu acht dicht gedrängt im Stroh schlafen und wurden alle von Ungeziefer schier aufgefressen. Vor den Türen lagen viele Bauernfamilien und ihre Kinder, die uns mit ihrem Jammern gar nicht schlafen ließen.

27. September: Buquoy aber betrug sich, als er Prahadiz (Prachatice im Süden Tschechiens) erobert hatte, unmäßig, oder zumindest seine Soldaten, denn sie erstachen und erschlugen jeden, der ihnen entgegenkam, an die 2000 Menschen, so dass nur 40 unabgeschlachtet übrigblieben.

»Durch den Leib geschossen«

Aus den Aufzeichnungen eines Söldners, der vermutlich Peter Hagendorf hieß und seine Erlebnisse nach Kriegsende auf der Grundlage von Notizen aufgeschrieben hat. Seine Frau und die gemeinsamen Kinder zogen fast die ganze Zeit im Tross mit (aus einer sprachlich modernisierten Ausgabe von 1993):

In diesem Jahr 1627 im April den 3. habe ich mich unter das Pappenheimsche Regiment zu Ulm lassen anwerben als einen Gefreiten, denn ich bin ganz abgerissen gewesen.

Zu Schaffhausen habe ich so viel erbettelt, dass ich habe wollen Schuhe kaufen, aber ich bin in das Wirtshaus vorgegangen. Da ist der Wein so gut gewesen, dass ich die Schuhe vergessen habe. Habe die Schuhe mit Weiden gebunden und bin gelaufen bis nach Ulm an der Donau.

Wo wir über Nacht gelegen, hat der Wirt müssen einem jedweden einen halben Taler geben, aber im Guten, weil wir mit ihm zufrieden sind gewesen und haben ihm sein Vieh in Frieden gelassen. So sind wir mit 2000 Mann hin und her gezogen, alle Tage ein frisches Quartier, sieben Wochen lang. Bei Neustettin sind wir zwei Tage stillgelegen. Hier haben sich die Offiziere mit Kühen, Pferden, Schafen wohl versehen, denn es gab vollauf, von allem.

Aber in der Stadt (Magdeburg) am Neustädter Tor bin ich zweimal durch den Leib geschossen worden, das ist meine Beute gewesen. Nachher bin ich in das Lager geführt worden, verbunden, denn einmal bin ich durch den Bauch, vorne durchgeschossen worden, zum andern durch beide Achseln, so dass die Kugel ist in dem Hemd gelegen. Also hat mir der Feldscher die Hände auf den Rücken gebunden damit er hat können den Meißel einbringen. So bin ich in meine Hütte gebracht worden, halbtot. Ist

Räuberischer Überfall
(Holzstich nach einer zeitgenössischen Radierung von
Hans Ulrich Franck)

mir doch von Herzen leid gewesen, dass die Stadt so schrecklich gebrannt hat, wegen der schönen Stadt und weil es meines Vaterlandes ist. Wie ich nun verbunden bin, ist mein Weib in die Stadt gegangen, obwohl sie überall gebrannt hat und hat wollen ein Kissen holen und Tücher zum Verbinden und worauf ich liegen könnte. So habe ich auch das kranke Kind bei mir liegen gehabt.

Von Regensburg nach Dinkelsbühl. Hier habe ich einen Vetter angetroffen, mit Namen Adam Jeligan, einen Glockengießer. Mit dem habe ich das eine Pferd versoffen. Haben uns recht lustig gemacht, drei Tage lang. Da hat der Junge geweint um das Pferd. Dieses ist geschehen im Jahr 1633.

Den 4. Juli (1636) sind wir an die französische Grenze gekommen und an einem Schloss vorübergezogen. Darin sind sieben Bauern gewesen, die haben sich gegen die ganze Armee gewehrt. Also haben wir das Schloss angezündet und samt den Bauern verbrannt.

Wieder zurück nach Colmar. Hier sind wir im Feld gelegen, in der besten Erntezeit. Haben den Bewohnern von Colmar das ganze Getreide um die Stadt herum verdorben durch Schneiden, Mähen, Reiten und Brennen. Da haben sie aus der Stadt mit Kanonen brav auf uns herausgeschossen. Da ist mir mein Weib bald erschossen worden, denn sie und mein Junge haben auch geschnitten.

Hier (in Dierdorf) habe ich mich den Abend ein wenig bezecht und bin des Morgens einen Steinwurf hinter dem Regiment verblieben, wegen Kopfweh. Es sind drei Bauern in der Hecke gesteckt, auf mich dort wacker zugeschlagen, meinen Mantel, Ranzen, alles genommen. So bin ich also zerschlagen, ohne Mantel, ohne Ranzen, zum Regiment gekommen, haben mich nur ausgelacht.

»Alle erdenklichen Martern«

Aus den Annalen des saarländischen Klosters Wadgassen (nach einer sprachlich modernisierten Ausgabe von 1901):

Der Abt musste sein ganzes Leben im Elend zubringen. Das ganze Land war schließlich nur mehr Einöde und Wald. Hungersnot herrschte allerwege. Eine Quart Getreide kostete 15–20 Taler; zudem war das Geld sehr rar. Solange die Mönche noch in Wadgassen waren, mussten sie in dieser Kriegszeit vom Wilde leben. Hirsche, Wildschweine und Rehe kamen bis vor des Klosters Pforten, wo sie gefangen werden konnten; außerdem fand man von wilden Bienen genug – auch wildes Obst.

Von Nachbarn herbeigerufen kam schwedisches Militär in hiesige Gegend, welches besonders gegen Geistliche sehr hart verfuhr. Auf die grausamste Weise wurden alle Katholiken verfolgt und durch alle erdenklichen Martern gequält. Viele wurden an den Gliedmaßen verstümmelt, andere bekamen den Schwedentrank, wieder andere wurden in Fässer eingeschlossen und von den Bergen herabgewälzt.

Mönchsgewand durfte sich überhaupt nicht sehen lassen; sie hatten die gräulichsten Qualen zu erdulden. Wo Menschen fehlten, da ließen die rohen Soldaten ihre Wut gegen die Bilder aus.

»Eine ungeheure Menge Mäuse«

Aus dem Tagebuch von Maurus Friesenegger, Abt im bayerischen Kloster Andechs (nach einer sprachlich modernisierten Ausgabe von 2009):

Einträge von 1635: Da in Augsburg Pferde, Hunde, Katzen und Mäuse aufgezehrt waren und die Leute mit Abscheulichkeiten in dem Munde auf den Gassen tot umfielen (man sagt, dass sie sogar Kinder-und Menschenfleisch gegessen), so fürchtete man einen allgemeinen Aus- und Überfall und lebte immer in größter Sorge. Es waren aber endlich 5000 Menschen, die die Stadt aus Hunger selbst verlassen wollten und verlassen mussten. Gegen diese erging dann der Befehl an die kurfürstlichen Beamten, dass man die Katholiken aufnehmen und die Lutheraner wieder mit Gewalt in die Stadt zurücktreiben sollte.

Eine ungeheure Menge Mäuse von verschiedenen Gattungen und Farben machten desto größeren Schaden, je weniger Ernte war. Vielen lohnte es die Mühe des Schnittes nicht, sondern sie gruben dem Raub der Mäuse in ihren Höhlen nach. Das Kloster erntete nur so viel ein, dass es bis Martini wieder aufgegessen, darnach alles um teueres Geld von München kaufen musste. Mäuse gab es noch bei dem Schnee in unglaublicher Anzahl. Man fand in einer einzigen Fuchshöhle eine Menge, die leicht 14 Metzen gemessen hätte (ein bayerischer Metzen gleich ca. 37 Liter). Daher wurde von höchster Stelle verboten, einen Fuchs zu fangen; denn sie mussten den Dienst der Katzen versehen, die die Spanier und Welschen rein aufgezehrt hatten.

Eintrag von 1648: Siehe! Auf einmal sprengten zehn Freibeuter aus dem Wald hervor, und griffen unsere letzten Wagen an, versprengten die Fuhrknechte und schnitten die Pferde los, bis sich die Unseren zur Gegenwehr stellten; denn wir hatten nebst Weibern und Kindern noch viele Leute von Heiligenberg und Seefeld bei uns, deren die meisten mit Gewehren versehen waren. Diese gaben auf die Räuber Feuer und verwundeten zwei, die sich kümmerlich vor dem Fall vom Pferde erhielten. Später hörten wir, dass zwei oder drei in dem Wald tot gefunden worden. Wir verloren dabei noch acht Pferde, die die Räuber mitgenommen, und andern Tags war schon die ganze Stadt voller Geschrei von unserer Bataille und unserm Sieg, wobei wir uns wieder von unsern Schrecken erholten.

»Ein Jubel- und Freudenjahr«

Aus den (sprachlich modernisierten) Aufzeichnungen des Schusters und Bauern Hans Heberle, der mit seiner Frau Anna in einem Dorf nördlich von Ulm lebte:

Eintrag vom August 1634 (nachdem schwedische Truppen die Pferde gestohlen haben): Nach diesem Rauben und Plündern, das wir mitten in der Erntezeit ausgestanden haben, haben wir die Feldfrüchte abgeschnitten und hereingetragen, wie wir es eben konnten, denn nur wenige Pferde sind übrig geblieben.

Eintrag von 1646: Am 22. August ist die ganze Landschaft nach Ulm geflohen mit Weib und Kind, Ross und Vieh, obwohl die Früchte zum Großteil noch auf dem Feld standen. Aber die Not hat kein Gesetz, sie liegt uns auf dem Hals. Das ist die 23. Flucht.

Eintrag 1649: Dieses 49. Jahr ist ein glückseliges, auserwähltes Jubel- und Freudenjahr. Gott allein die Ehr in der Höhe, jetzt ist Frieden auf Erden, in unserem Deutschland und in dem ganzen Römischen Reich, unter dem Kaiser, Schweden, Franzosen. Und alle Könige, Fürsten, Grafen und Städte, wie auch Dörfer, Flecken, Weiler, Höfe und Einöden, Reich und Arm, Jung und Alt, Frau und Mann, Weib und Kind, in Summa, das liebe Vieh und Ross hat sich alles zu erfreuen und des Friedens zu genießen. Ja auch der liebe Acker, welcher lange Zeit wüst und öd gelegen ist, dass er einmal wieder recht gepflügt und gebaut werde.

HANDSCHLAG VOR DEM KAMIN

Der Dreißigjährige Krieg legte Deutschland in Trümmer. Beim Friedensschluss von 1648, der den Kaiser weiter schwächte, spielten zwei Schweden eine wichtige Rolle.

Von MARKUS FLOHR

Vier Jahre und vier Monate hatte Johan Oxenstierna, der Sohn des schwedischen Reichskanzlers, auf diesen Tag hingearbeitet. Unzählige Verhandlungsrunden, inoffizielle Treffen vor den Stadttoren und offizielle Zechgelage hatte er auf dem Kongress in Osnabrück hinter sich gebracht. Doch am 6. August 1648 sollten sie ein Ende haben. Der Krieg hatte nun 30 Jahre gedauert, ganze Landstriche Deutschlands waren verwüstet, Europa war ein politisches Chaos.

Eine Kutsche nach der anderen ratterte an diesem Morgen über das Pflaster von Osnabrück und hielt vor Oxenstiernas Quartier an der Domsfreiheit. Wohlgekleidete Herren stiegen aus – die Gesandten Kaiser Ferdinands III. und der deutschen Fürsten, auch die Vertreter der Reichsstädte. Sie kamen, um Frieden zu schließen.

Viele Menschen im Reich hatten die Hoffnung auf ein Ende des Mordens schon aufgegeben, als die Mächtigen Europas endlich ab 1643 ihre Diplomaten nach Osnabrück und Münster schickten. Bis dahin waren die Versuche, den Krieg auf dem

Verhandlungswege zu beenden, daran gescheitert, dass der Kaiser nicht alle Parteien daran beteiligt hatte.

So hatte es der Papst abgelehnt, überhaupt mit Protestanten zu sprechen. Lange Zeit vertrat der Habsburger Ferdinand III. eine ähnliche Haltung. Er ahnte, dass dieser Krieg für ihn die gleiche Folge haben könnte wie die Reformation für die Papstkirche: die Auflösung eines universalen Machtanspruchs.

Nun sollte also ein Kongress den Frieden bringen – mit Gesandten aus allen Ländern und Fürstentümern, die in den Krieg verwickelt waren. Das war eine neue Idee. Allerdings brauchte es zwei Städte zum Verhandeln: In Münster sprachen die kaiserlichen Gesandten mit den Katholiken, in Osnabrück mit den Protestanten – vor allem also mit den Schweden.

Über den Gesandten Johan Oxenstierna lästerten die Kollegen auf dem Kongress, so gut sie konnten: Prunksüchtig sei er, schrieben sie in ihren Briefen; seine Kutschen seien geschmückt mit Silber und Gold und mit Samt ausgeschlagen, genau wie sein ganzes Haus. Wenn er sich morgens erhebe, ertönten wie auch zu Mahlzeiten und zur Nachtruhe Trompeten und man schlüge die Pauken. Oxenstierna sei im Übrigen, so schrieb der französische Gesandte Abel Servien, »ein hochintonirtes, aufgeblasenes Subjectum, dabei nichts in recessu«.

An der Tafel des Schweden waren die Gesandten jedoch gern zu Gast: Er tischte reichlich auf und lud zu Wein aus Italien, Frankreich und dem Rheingau. Mit dem Trinken übertreibe er es wirklich, hielt ein Chronist fest: Oxenstierna sei meist schon ab Mittag bezecht. Ein Gesandter aus Magdeburg notierte, vor jedem Besuch bei dem Schweden esse er Bittermandeln, um zumindest eine Zeit lang nüchtern zu bleiben.

Johan Oxenstierna war, auch das geht aus den Berichten hervor, ein zäher Verhandler. Er wollte nur einem Frieden zustimmen, der die Dominanz des Kaisers in Norddeutschland brach und im Reich eine Balance der Konfessionen etablierte. Ein Problem sah er dabei im eigenen Lager. Johan Adler Salvius war ebenfalls schwedischer Gesandter, ein Mann mit großer politischer Erfahrung. Bei früheren Verhandlungen war Salvius mitunter nachgiebig gewesen – zu nachgiebig, hatte Oxenstierna gefunden und sich heillos mit ihm zerstritten. In Stockholm beschwerte er sich immer wieder über Salvius. Der Reichskanzler aber wiegelte ab und verlangte Mäßigung von seinem Sohn in Deutschland.

Erst sieben Jahre alt war Johan Oxenstierna gewesen, als das Gemetzel 1618 nach dem Prager Fenstersturz in Südböhmen begonnen hatte. Lange hatte der damalige schwedische König Gustav II. Adolf sein Land aus dem Krieg herausgehalten. Doch die Rebellion der böhmischen Protestanten gegen den habsburgischen Kaiser zog immer weitere Kreise. Bald tobte ein erbitterter Konflikt um die Glaubensfreiheit aller deutschen Protestanten.

Die Niederlande, damals noch ein Teil des Reiches, versuchten, sich von ihren katholischen Besatzern aus dem habsburgischen Spanien zu befreien. Auch Frankreich, obwohl katholisch, war gegen die aus ihrer Sicht allzu mächtigen Habsburger in den Krieg gezogen. Im Sommer 1630 mischten sich schließlich auch die Schweden ein: Gustav Adolf landete mit einer Armee auf Usedom, um für die protestantische Sache den Kampf mit den kaiserlichen Truppen aufzunehmen. Der Krieg war nun ebenso komplex wie grausam, keine Seite schien mehr gewinnen zu können.

Selbst als der 1643 einberufene Friedenskongress bereits tagte, wurde im Reich weitergekämpft – sogar in Westfalen, direkt vor den Toren von Osnabrück und Münster. Ständig hatte sich die militärische Lage geändert, und damit änderten sich die Forderungen der Parteien auf dem Kongress.

Dass die Gesandten kaum vorankamen, hatte allerdings noch andere Gründe: Sowohl der konfessionelle Streit als auch die gespreizte Etikette des Barock wirkten lähmend. So musste die Voraussetzung für den Frieden dann doch auf den Schlachtfeldern geschaffen werden. Im Frühling 1648 kamen die Verhandler auch deshalb vorwärts, weil des Kaisers Armeen schwere Niederlagen hatten einstecken müssen.

Noch nie hatten in Osnabrück nun so viele Parteien in einem Raum gesessen wie an jenem 6. August 1648 im Quartier von Johan Oxenstierna. Selbst für die Bürger der Stadt war der Auftrieb ungewöhnlich. Fünf Jahre lang hatten sie das immer gleiche Prozedere von Empfang und Verabschiedung beobachten können, die Fanfaren und Salutschüsse von den Stadtmauern, die Gelage der Gesandten – nun endlich schien sich etwas zu tun.

Die Gesandten stiegen hinauf in den großen Saal im Obergeschoss. Oxenstierna hatte vor dem Kamin eine nach Rang und Funktion geordnete Sitzordnung arrangiert. Zwar bekamen die kaiserlichen und fürstlichen Gesandten die bequemsten Stühle – in einer Zeichnung, die das Geschehen festhält, erkennt man aber auch etwas anderes: Der Kaiserhof und Schweden, sogar die Vertreter der Fürsten und der Städte des Reiches, sitzen als grundsätzlich ebenbürtige Kontrahenten beisammen und handeln den Frieden aus. Der Kaiser hatte Schritt für Schritt die Souveränität der Reichsstände anerkennen müssen und verlor am Ende durch die Verträge von Osnabrück und Münster das »ius pacis ac belli«, also das Recht, die Außenpolitik allein zu führen. Die niemals starke Zentralgewalt des Heiligen Römischen Reiches Deutscher Nation war nun noch weiter geschwächt.

Als die Gäste Platz genommen hatten, erhob sich Isaak Volmar, der Gesandte des Kaisers, und begann den Text für den Friedensschluss mit den Schweden zu verlesen. Sechs Monate lang, seit Februar 1648, hatten die Diplomaten nur daran gefeilt. Sechs Stunden lang trug Volmar nun vor, die Kontrahenten fügten noch Änderungen ein. Gegen vier Uhr am Nachmittag waren die letzten Worte verlesen. »Wie nun alles richtig, stunden wir auff«, schreibt ein welfischer Gesandter aus Hannover; Oxenstierna, Volmar sowie zwei kurfürstliche Gesandte besiegelten den Frieden »stipulata manu«, per Handschlag.

Schweden ließ sich diesen Frieden teuer entlohnen. Es bekam fünf Millionen Reichstaler für den Abzug seiner Armee, dazu etliche Gebiete in Norddeutschland als Reichslehen: Wismar und Stettin, die Inseln Rügen, Usedom und Wollin, dazu Vorpommern, die Bistümer Verden und Bremen. Man sicherte sich so die Kontrolle über die Mündungen von Weser und Oder – und somit Sitz und Stimme im Reichstag. Das waren in etwa die Minimalziele gewesen, mit denen Reichskanzler Axel Oxenstierna seinen Sohn Johan 1643 nach Osnabrück geschickt hatte.

Dass er nicht noch mehr erreichte – 20 Millionen Reichstaler oder ganz Pommern und dazu Schlesien – lag auch am Gesandten Salvius. Johan Oxenstierna hielt die feinfühlige Diplomatie seines Kollegen für völlig falsch. Frieden wollten sie beide; Oxenstierna einen lukrativen, Salvius einen, mit dem alle leben konnten. Sein subtiles Austarieren zielte nicht allein auf das schwedische Wohl, sondern auf eine strategische Machtbalance.

Auch in Münster ging es jetzt zügig voran. Nur elf Wochen brauchten die Gesandten des Kaisers noch, um sich mit Frankreich zu einigen: Am 24. Oktober 1648 unterzeichneten die ehemaligen Feinde den Westfälischen Frieden.

»CHOLERIKER UND TRUNKENBOLDE«

Ein Franzose, ein Italiener und ein Engländer über die Deutschen.

Augsburg gilt als schönste Stadt Deutschlands. Bei unserer Ankunft fiel uns als erstes auf, dass man hier ungewöhnlichen Wert auf Reinlichkeit legt, denn wir konnten die Stufen der Wendeltreppe zu unsren Zimmern nur über Stoffmatten beschreiten.

Die Deutschen sind große Liebhaber von Wappen, auch sämtliche Fensterscheiben sind damit übersät. Beim Tafeln wechselt die Speisenfolge von Gegend zu Gegend. Hier wurden die Krebse als erster Gang serviert, ihr Umfang war enorm.

An lutherischen Kirchen gibt es sechs (mit sechzehn Geistlichen); zwei davon wurden den Katholiken weggenommen, die anderen vier haben die Lutheraner selbst gebaut. Beim Hinausgehen unterhielt sich der Herr de Montaigne mit diesem Geistlichen, und er erfuhr, dass sie nicht aus den Einkünften der Kirche bezahlt werden, sondern aus den öffentlichen Geldern der Stadtverwaltung.

Die Fugger, von denen es mehrere, durchweg sehr reiche Zweige gibt, nehmen die wichtigsten gesellschaftlichen Positionen der Stadt ein. Wir durften zwei Säle ihres Palastes besichtigen: Das sind die prächtigsten Säle, die ich je gesehen habe.

Das Brot ist das denkbar vorzüglichste, und die in diesem Land meist weißen Weine schmecken gut. Von den Wirten, die für den Wein hundert Gulden zahlen, verlangt der Staat sechzig Gulden, und von einem Privatmann, der ihn nur für seinen eigenen Bedarf kauft, die Hälfte.

Sie (die Deutschen) sind zwar Prahlhänse, Choleriker und Trunkenbolde, doch weder Betrüger noch Spitzbuben. Sie haben die gute Eigenschaft, vom ersten Wort an zu sagen, welchen Preis sie verlangen: Handeln hat da wenig Zweck.

Michel de Montaigne, *»Tagebuch der Reise nach Italien über die Schweiz und Deutschland von 1580 bis 1581«. Das erstmals 1774 publizierte und bald auch ins Deutsche übersetzte Werk hatte beträchtlichen Erfolg.*

An der Macht Deutschlands darf niemand zweifeln; denn es hat Überfluß an Menschen, Reichtümern und Waffen. Was die Reichtümer betrifft, so gibt es keine Stadt, die nicht einen öffentlichen Schatz hätte, und jedermann sagt, Straßburg allein besäße einige Millionen Gulden. Ihre öffentlichen Vorratskammern sind immer mit Lebensmitteln, Getränken und Brennholz für ein Jahr gefüllt.

Der Grund, warum die Einzelnen des Volkes reich sind, liegt darin, dass sie ärmlich leben. Sie bauen nicht, sie machen keinen Aufwand für Kleider, sie verwenden nichts auf Hausgeräte. So erfreuen sie sich ihres rauhen Lebens und ihrer Freiheit, und wollen aus dieser Ursache nicht in den Krieg ziehen, wenn sie nicht überbezahlt werden. Auch dies würde sie noch nicht bewegen können, wenn sie nicht von ihren Städten dazu Befehl erhielten.

Es wird für gewiss gehalten, dass die Macht Deutschlands viel mehr bei den Städten besteht als in den Fürsten. Es gibt nämlich zweierlei Gattungen von Fürsten, weltliche und geistliche. Die weltlichen sind zu einer großen Schwäche herabgedrückt, da wegen der bei ihnen eingeführten Erbteilung jedes Fürstentum unter mehrere Fürsten geteilt ist. Sie sind daher unnütze Verbündte. Was die geistlichen Fürsten betrifft, so hat sie zwar die Erbteilung nicht geschwächt, doch der Ehrgeiz ihrer Städte, vom Kaiser unterstützt, hat sie so sehr erniedrigt, dass die Erzbischöfe, Kurfürsten und die anderen Fürstenbischöfe in ihren eigenen großen Städten nichts sagen durften.

Die deutschen Schweren Reiter sind recht gut beritten, (allerdings ist) für die Pferde keine Rüstung gebräuchlich, weil die Sättel klein und ohne Sattelbögen sind, so dass der kleinste Stoß den Reiter in den Sand wirft. Das Fußvolk ist vortrefflich und die Leute sind von schöner Statur. Ebenso sah man neulich, als der katholische König (von Spanien) mit Frankreich Krieg anfing, dass die spanischen Truppen eine Schar von 10 000 Deutschen, die der König von Frankreich hatte, mehr fürchteten, als das ganze übrige Fußvolk.

Niccolò Machiavelli *im Jahr 1508. Der Florentiner war Philosoph und Geschichtsschreiber. Machiavelli gilt als einer der versiertesten Machtanalytiker der Neuzeit.*

Wer Deutschland bereiset, und darinn die häußlichen Umstände des gemeinen Haufens beobachtet hat, wird, wie ich, gefunden haben, dass manches ansehnliche deutsche Fürstenthum seit vielen Jahren zwar nichts von äusserlichen Kriegen gelitten, aber dem ohngeachtet in den misslichsten Umständen sich befinde, indem die Unterthanen theils von der Regierung selbst, theils durch stillschweigende Zulassung derselben zu Bettlern sind gemacht worden. Ein solcher Staat wird von seinen Nachbarn verachtet, indessen dass seine eigene Unterthanen ihrer Regierung spotten, und dem Augenblick entgegen sehen, dass er unter seiner Last zertrümmerte.

Aus: »Reise eines Engländers durch einen Theil von Elsaß und Nieder-Schwaben. In Briefen verfasst, und von seinem teutschen Freunde L.A.F.V.B. herausgegeben«, 1793.

MUTTERSPRACHE, VATERLAND

Lange redeten die Deutschen alles, nur kein Hochdeutsch. Der Weg zu einer einheitlichen Sprache war fast so schwierig wie zu einem gemeinsamen Staat.

Von ANKE DÜRR

Rund eineinhalb Jahrtausende lang haben die Deutschen daran gearbeitet, sprachlich eine Einheit zu werden. Nie haben sie dafür eine staatliche Verordnung benötigt. Bis 1996 – bis zur Rechtschreibreform. Die Neuregelung trieb absurde Blüten: Plötzlich sind wieder mehrere Schreibweisen für ein Wort erlaubt, »Orthographie« etwa kann man jetzt auch »Orthografie« schreiben. In den Jahrhunderten davor hatten die Sprachexperten stets darum gerungen, das Deutsche zu vereinheitlichen, die Vielfalt – manche sagen: das Chaos – einzudämmen.

Das Ringen war zäh. So galten im wilhelminischen Kaiserreich noch 30 Jahre lang regional unterschiedliche Rechtschreibungen, nachdem die 1876 einberufene Erste Orthographische Konferenz schnell gescheitert war. Erst beim zweiten Versuch 1901 kam man zu einer Einigung – für Deutschland, Österreich und die Schweiz. Nur das ß war mit den Schweizern nicht zu machen.

Konrad Duden, der 1880 erstmals seine eigene Vorstellung von der rechten Schreibweise des Deutschen in einem Wörterbuch veröffentlicht hatte, das die Grundlage bildete für die Konferenz, war so schlau, die neuen Richtlinien zu übernehmen.

So sicherte er seinem privaten Verlag andauernden wirtschaftlichen Erfolg und quasi amtlichen Einfluss.

Die Rechtschreibung allerdings war lange das geringste Problem. Erst mal musste Grundlegendes geklärt werden: Was ist eigentlich deutsch? Welcher der unzähligen germanischen Dialekte, die im Mittelalter auf dem deutschen Reichsgebiet gesprochen wurden, war der richtige, vorbildliche? In Ländern wie England oder Frankreich war es einfach: Da, wo der König saß, war die Norm. Im deutschsprachigen Raum, mit seinen wechselnden Kaisersitzen, war das komplizierter. Der Germanist Karl-Heinz Göttert spekuliert gar: Wären die Staufer an der Macht geblieben, so »wäre vielleicht der schwäbische Dialekt zum Deutschen schlechthin geworden«.

Es kam anders. Der schwierige Weg zum Hochdeutschen spiegelt den schwierigen Weg zur Nation. Es waren vor allem die Bürger, erst Schreiber und Drucker, später klassische Bildungsbürger, die die Sache einer gemeinsamen Sprache vorantrieben – in jahrhundertelanger Kleinarbeit, eine eindrucksvolle Integrations- und Kommunikationsleistung.

So ist das Gegenwartsdeutsch eine abenteuerliche Mischung: Unsere Schriftsprache ist hochdeutsch (was in diesem Zusammenhang bedeutet: Sie stammt aus dem Raum südlich der Mittelgebirge), die Aussprache norddeutsch geprägt.

Am Anfang der deutschen Sprache, so definiert es die Wissenschaft, stand eine Teilung: Im 7. Jahrhundert begannen die Stämme im südlichen Frankenreich, gewisse Laute zu verschieben. Aus Appel wurde Apfel, aus Attila Etzel; das war die sogenannte zweite Lautverschiebung. Warum sie stattfand, ist bis heute nicht recht erklärbar. Sie trennte jedoch die Germanen südlich der Linie Köln–Kassel–Berlin sprachlich sowohl von den Nachbarn im Westen (den späteren Franzosen) als auch von den Angelsachsen in England wie von den Landsleuten im Norden des Frankenreichs.

Auf dem Gebiet des heutigen Deutschlands gab es von da an zwei Sprachräume: den hochdeutschen und den niederdeutschen. Weil die Verständlichkeit der unterschiedlichen Dialekte auch innerhalb dieser Sprachräume eng begrenzt war, kommunizierte man überregional auf Latein. Latein war das Englisch des Mittelalters. Mit dem Unterschied, dass das gemeine Volk nicht mitreden konnte – nur eine Elite besuchte schließlich die »Lateinschule«.

Bereits Karl der Große ordnete deshalb an, dass man in den Kirchen die Volkssprache sprechen solle, damit die Leute wissen, was sie da beten. Mönche machten sich bald daran, erste lateinisch-deutsche Wörterbücher zu erstellen, die von Region zu Region allerdings sehr unterschiedlich ausfielen: Die deutsche Sprache bestand noch aus vielen verschiedenen Dialekten.

Ab 1300 begann das »Aktenzeitalter«; Immer mehr Dinge wurden schriftlich festgehalten, und immer mehr davon auf Deutsch. Die Schreiber in den Kanzleien der großen deutschen Fürsten- und Königshöfe bemühten sich, Unterschiede in den Dialekten auszugleichen, um ihre Schriften in einem möglichst großen Radius verständlich zu machen. Sie guckten voneinander ab und vereinheitlichten so ihre Vor-Schriften und die deutsche Sprache – ganz ohne Gesetz. Ein mühsamer, aber hochinteressanter Prozess, der im Prinzip bis zur Rechtschreibreform anhielt.

»Das Standarddeutsch hat sich allmählich entwickelt und immer wieder angepasst, weil Menschen aus verschiedenen Dialekträumen miteinander kommunizieren mussten«, sagt Ulrike Demske, Professorin für Geschichte und Variation der deutschen Sprache an der Universität Potsdam. »Das war ein Prozess, der nicht von oben gesteuert wurde.«

Diese Entwicklung machte noch einmal einen großen Schub, nachdem der Buchdruck erfunden war. So einfach und günstig es heute geworden ist, von einer Zeitung unterschiedliche

Regionalausgaben zu drucken, so teuer war es damals, als jeder Buchstabe einzeln gesetzt werden musste. Die Kanzleien an den großen Höfen bemühten sich nun zunehmend, ihr geschriebenes Deutsch zu vereinheitlichen. Sachsen gab den Ton an. »Die Sprache der Mitte hat sich durchgesetzt, weil sie am weitesten verständlich war«, erklärt Professor Jürgen Erich Schmidt, Direktor des Forschungszentrums Deutscher Sprachatlas in Marburg. Der Sprachforscher zitiert den Wittenberger Historiker Petrus Albinus, der 1590 die Meißnische (also Sächsische) Sprache als »die zierlichste, beste vnd reineste in gantz Germanien« beschrieb.

Auch Luther orientierte sich bei seiner Bibelübersetzung an dem Deutsch, das am Meißener Hof geschrieben wurde; benutzte allerdings auch niederdeutsche Ausdrücke und erfand etliche neue Wörter (etwa den »Feuereifer«). Und selbst als der sächsische Kurfürst Johann Friedrich Mitte des 16. Jahrhunderts gegen Kaiser Karl V. kämpfte, arbeiteten die gegnerischen Kanzleien weiterhin zusammen, wie der Germanist Göttert in seinem Buch »Deutsch – Biografie einer Sprache« schreibt.

Die sächsisch geprägte, auf dem Papier geformte Standardsprache blieb das Vorbild für auf Deutsch verfasste Schriften. Und weil die Schrift gegenüber dem Mündlichen mehr Prestige hatte, bemühte sich das aufkommende Bürgertum, nicht mehr zu schreiben, wie man spricht, sondern möglichst zu sprechen, wie man schreibt. In Sprachvereinen drückte man in der Pflege der Muttersprache seine Liebe zum Vaterland aus.

Dennoch: Der Weg zum Hochdeutschen blieb holprig. Es dauerte, bis für die Aussprache eine überregionale Norm gefunden und akzeptiert war. Der Südosten Deutschlands mochte die Schrift geprägt haben, bei der Aussprache konnte er sich auf Dauer nicht durchsetzen. Goethe etwa mokierte sich über »Eingeborne unserer lieben Stadt Weimar«: »Bei diesen entstehen die lächerlichsten Mißgriffe daraus, daß sie in den hiesigen

Schulen nicht angehalten werden, das B von P und das D von T durch eine markierte Aussprache stark zu unterscheiden.« Er machte sich lustig über Schauspieler, die »Gram« mit »Kram« und »Züge« mit »Ziege« verwechseln. Goethe selbst allerdings hatte als gebürtiger Hesse auch mit seinem Dialekt zu kämpfen. Im »Faust« lässt er Gretchen beten: »Ach neige, Du Schmerzenreiche …« und hält das offenbar für einen Reim. Der Meister konnte alles außer Hochdeutsch.

Heute prägt die norddeutsche Aussprache die Standardsprache – und Experte Schmidt hat dafür eine einleuchtende Erklärung: Die Norddeutschen blieben sehr lange bei ihrem niederdeutschen Dialekt, der stark von den Dialekten im Süden des Reiches abwich, weil ihm die Lautverschiebung fehlte. Erst im 19. Jahrhundert fand dort ein Sprachwechsel statt. Die Norddeutschen mussten das Hochdeutsche fast wie eine Fremdsprache lernen und artikulierten es deshalb, wie es geschrieben wurde. Das B war bei ihnen ein B, das P blieb ein P.

An der Schwelle zum 20. Jahrhundert hatten die Bürger des Deutschen Reiches ihren Ausdruck gefunden. »Die deutsche Sprache wurde in einem historischen Moment zum Motor der Einheit, zum Klebstoff nationalen Bewusstseins«, fast Göttert zusammen.

So sehr die Deutschen auf dem Weg zur Nation bereit gewesen waren, ihre regionalen Unterschiede auszugleichen, so deutlich grenzten sie sich danach allerdings ab gegen weitere Einflüsse, etwa durch die zahlreichen nationalen Minderheiten im Reich. »Integration« ist laut Duden ein Fremdwort. Bis heute.

»DAS KAISERTUM IST UNSERE KLAMMER«

Jahrhunderte lang stand an der Spitze des Reiches ein Herrscher aus dem Hause Habsburg. Der Historiker Georg Schmidt erklärt, wie die österreichische Dynastie das geschafft hat.

Das Gespräch führte CHRISTOPH GUNKEL

SPIEGEL: Insgesamt fast 400 Jahre lang stellten die Habsburger die Könige und Kaiser. Waren sie skrupelloser als andere Dynastien – oder hatten sie einfach Glück?
Schmidt: Beides. Die Habsburger haben sich durchgesetzt und müssen daher wohl zielstrebiger gewesen sein. Im späten Mittelalter gab es zwei konkurrierende Großdynastien, die ähnlich mächtig waren: die Wittelsbacher und die Luxemburger. Im 15. Jahrhundert haben die Habsburger das Ringen für sich entschieden. Auch dank dynastischer Zufälle erbten sie mit Spanien und Böhmen plötzlich weitere Reiche. Dadurch waren sie die mächtigste Dynastie Europas.

SPIEGEL: Dabei hatten ihre Konkurrenten die bessere Ausgangsposition.
Schmidt: Ja. Luxemburger und Wittelsbacher waren Kurfürstendynastien und wählten deshalb den König – die Habsburger nicht. Um trotzdem aus der Masse der Fürsten herauszuragen, erfanden sie wohlklingende Privilegien und Titel wie den des

»Erzherzogs«, um etwas Besseres zu sein als nur ein Herzog und um zu zeigen: Wir sind so etwas Ähnliches wie die Kurfürsten.

SPIEGEL: Warum kamen dann seit Beginn der Neuzeit die Monarchen fast nur noch aus dem Hause Habsburg, obwohl doch jedes Mal frei gewählt wurde?
Schmidt: Entscheidend war, dass die Habsburger 1526 die böhmische Krone erbten – und mit ihr die böhmische Kurwürde. Das sicherte ihnen eine Stimme im siebenköpfigen Kurfürstengremium. Die drei geistlichen Wahlmänner, die Erzbischöfe von Köln, Mainz und Trier, unterstützten als Katholiken gern die streng katholischen Habsburger. Damit stand es meist von vornherein 4:3 für das Haus Österreich. Für die Wahl der Habsburger sprach zudem ihre starke Hausmacht, mit der die Interessen des Reichs aus Sicht vieler Fürsten am besten zu verteidigen waren, etwa gegen die Türken.

SPIEGEL: Der dynastische Aufstieg begann schon im 13. Jahrhundert mit dem ersten Habsburger-König Rudolf. Der hatte seinen Gegenspieler Ottokar eher unehrenhaft besiegt, durch einen Hinterhalt während einer Schlacht. Hat dieser Machtwille die Familie ausgezeichnet – oder ihrem Ruf geschadet?
Schmidt: Das möchte ich nicht bewerten. Die Habsburger gehörten zu den großen Dynastien. Wenn es Widerstand gab, mussten sie sich behaupten. Kriege werden nicht immer nur mit honorigen Mitteln geführt.

SPIEGEL: Die Familie hat auch weniger streitbare Charaktere hervorgebracht. Kaiser Rudolf II. (1576 bis 1612) interessierte sich vorwiegend für Kunst und verachtete Kriege. Aus habsburgischer Sicht eine Fehlbesetzung?
Schmidt: Die Historiker sind lange dieser Ansicht gewesen. Ich

wäre da vorsichtiger. Rudolf hat aus Prag ein kulturelles und wissenschaftliches Zentrum gemacht und enge Beziehungen zum mächtigen Kurfürsten von Sachsen gepflegt. Mit ihm hat er Kunst ausgetauscht, sie haben sich Pferde und Beute aus dem Türkenkrieg geschenkt. Es gab eben auch andere Möglichkeiten, das Reich zu beherrschen. Am Ende aber wurde Rudolf von seinem Bruder Matthias entmachtet.

SPIEGEL: Das fiel ins 17. Jahrhundert, wegen seiner vielen Kriege »Eisernes Jahrhundert« genannt. Haben die Habsburger damals auch besonders eisern regiert?
Schmidt: Nein, sie waren nicht die kriegsstrotzende Dynastie in Europa, zumindest gilt das für die österreichische Linie im Reich. Die Habsburger hatten das Problem, dass sie der türkischen Expansion unmittelbar ausgesetzt waren: auf dem Balkan und in Ungarn. Sich dagegen zu verteidigen war die Pflicht des Kaisers als Spitze der christlich-abendländischen Welt.

SPIEGEL: Allerdings verteidigten sie nicht nur, sondern gingen in die Offensive. Ferdinand II. strebte im Dreißigjährigen Krieg eine absolute Herrschaft über das Reich an.
Schmidt: Damit hat er aus Sicht vieler Fürsten den Bogen überspannt. Der Konflikt war: Das Reich hatte einen Kaiser, aber die Fürsten und Bischöfe wollten bei allen wichtigen Dingen mitregieren. Ferdinand versuchte das zu ändern, sodass es hieß, er wolle eine wirkliche monarchische Herrschaft errichten. Auch für ausländische Mächte wie Schweden und Frankreich war das ein Albtraum, und sie zogen dagegen zu Felde. Sie fürchteten, ein unter den Habsburgern geeintes Reich würde so übermächtig werden, dass es alle anderen in Europa an die Wand spielen könnte.

SPIEGEL: Ferdinand II. hat also nicht das erreicht, was er wollte?
Schmidt: Ja. Und der Westfälische Friede, als ein international garantiertes Reichsgrundgesetz, verhinderte auch danach, dass sich ein Kaiser zum absoluten Herrscher im Reich aufschwang. Nach Ferdinand II. hat das niemand mehr versucht.

SPIEGEL: War die Kaiserwürde damit für die Habsburger als Machtmittel nicht so gut wie nutzlos?
Schmidt: Der geheime Rat der Habsburger hat immer wieder diskutiert, ob die Kaiserkrone nicht eine Belastung ist. Die Antwort war stets: nein! Das Kaisertum ist unsere Integrationsklammer. Es ist unsere Chance, in Gebiete hineinzuregieren, in denen wir sonst sofort unseren Einfluss verlieren würden.

SPIEGEL: Daneben bot die Heiratspolitik eine gute Möglichkeit, die Macht zu erweitern. Waren die Habsburger auch hier besonders erfolgreich?
Schmidt: Im 17. Jahrhundert versuchte man, möglichst enge Verbindungen zur spanischen Linie der Habsburger zu halten. Deshalb wurde konsequent familienintern geheiratet. Die entscheidende Heiratspolitik aber hatte viel früher begonnen, als die Habsburger in die spanischen, böhmischen und ungarischen Dynastien einheirateten. Es war zum Zeitpunkt der Hochzeiten jedoch noch gar nicht absehbar, dass sie später diese Kronen erben würden.

SPIEGEL: Aber darauf gehofft hatten die Habsburger sicher schon?
Schmidt: Der geheime Rat hat intern immer alle Möglichkeiten durchgespielt. Da wurde etwa diskutiert, ob es wirklich sinnvoll ist, eine zwölfjährige Prinzessin mit einem vierzigjährigen König zu verheiraten. Würden aus dieser Verbindung Nach-

kommen hervorgehen? Der Erfolg solcher Überlegungen war oft wichtiger als eine gewonnene Schlacht.

SPIEGEL: Für die Habsburger schien fast alles verloren, als Kaiser Karl VI. (1711 bis 1740) ohne überlebenden männlichen Nachkommen blieb. Wie belastend war das für ihn?
Schmidt: Es war eine dynastische Katastrophe! Natürlich hat ihn das sehr bedrückt. Er wusste, dass seine Familie das Kaisertum verlieren würde – die große Klammer, die die verschiedenen Reiche zusammenhielt. Gleichzeitig wurde überall in Europa spekuliert: Was passiert nun?

SPIEGEL: Die Habsburger beriefen sich auf eine besondere Rechtsurkunde, die Pragmatische Sanktion. Sie führte eine weibliche Erbfolge ein, zugunsten von Karls Tochter Maria Theresia. Ein genialer Schachzug?
Schmidt: Zumindest nicht unklug. Die Pragmatische Sanktion garantierte schließlich das politische Gleichgewicht in Europa, weswegen auch die anderen Herrscher in Europa diese Lösung anerkannten. Der wahre Coup, der den Habsburgern gelang, war aber ein anderer.

SPIEGEL: Nämlich?
Schmidt: Nach den dynastischen Spielregeln waren die Habsburger nach dem Tod Karls VI. ausgestorben. Seine Erbtochter Maria Theresia heiratete ihren Sandkastenfreund Franz Stephan von Lothringen, der zwar nicht die Macht besaß, aber die Kaiserwürde bekam. Nach allen Usancen im europäischen Hochadel hätte die Familie künftig »Haus Lothringen« heißen müssen. Sie nannte sich aber »Haus Habsburg-Lothringen«.

SPIEGEL: Der Name Habsburg blieb also erhalten …
Schmidt: … und stand sogar vorn. Und mit der Zeit schlich sich

wieder der alleinige Name »Habsburg« ein. Das ist in dynastischer Hinsicht die wirklich geniale Leistung der österreichischen Linie der Habsburger. Sie haben ihre familiäre Katastrophe einfach weggesteckt und gesagt: Wir bleiben Habsburger! Damit retteten sie die Aura und das Prestige der Familie.

Georg Schmidt, geboren 1951, ist Professor für Geschichte der Frühen Neuzeit an der Friedrich-Schiller-Universität Jena. Er forscht zu Hof, Herrschaft und politischer Kultur und ist einer der besten deutschen Kenner des Alten Reiches.

DIPLOMATIE MIT TEPPICHFRANSEN

Die alte Kaufmannstadt Regensburg wurde nach wechselvollen Zeiten schließlich Hauptstadt der Reichstage, in der Gesandte aus ganz Europa verhandelten, feierten und intrigierten. Eine Spurensuche.

Von ANNETTE BRUHNS

Mit einem Gemälde wie aus einem Märchenbuch empfängt Regensburg seine Besucher. Ab elf Uhr, wenn die Donauschiffe angelegt haben, strömen die Touristen in die Altstadt, im Ohr einen Knopf, über den ihr Reiseleiter sie durch die Gassen lenkt. Von der Steinernen Brücke aus windet sich der Weg auf einen Stadtpalast zu: das »Goliathhaus«. An seiner Front prangt meterhoch ein Ritter, unter dessen loderndem Blick sich ein muskulöser Jüngling windet – David mit seiner Schleuder.

Es ist Kitsch, aber Kitsch mit Geschichte. »Diese Szene ist schon im 16. Jahrhundert auf die Fassade gemalt worden«, sagt Matthias Freitag, von Beruf Stadthistoriker und Fremdenführer. »Damit wollte man den Kaiser beeindrucken. Der Patrizierpalast selbst war damals bereits 300 Jahre alt.« Spätere Generationen hätten das Gemälde stilistisch allerdings recht frei restauriert.

Auf die Gunst des Kaisers war Regensburg angewiesen wie kaum ein anderer Ort. Die »Freie Reichsstadt« war ihm direkt unterstellt, und nur in Reichsstädte lud der Monarch die Stände zum »Reichstag«. Tausende Gäste kamen dann, quartierten sich auf Monate ein, ließen sich teuer bewirten und unterhalten. Gegen Ende des Mittelalters brachte das Großereignis die darbende Stadt immer wieder zum Blühen. Als der Reichstag im 17. Jahrhundert zur Dauerinstitution wurde, begann für die Regensburger eine zweite Glanzzeit, mit höfischem Prunk und dem Flair der großen Welt.

Die Regensburger hübschten nicht bloß die Fassaden auf, wenn ein »Adventus« anstand, der feierliche Einzug eines Kaisers. Im Mai 1594 war es wieder so weit. Schon im Januar waren die Bürger per Erlass angehalten worden, Zimmer und Stallungen zu säubern und sich reichlich mit Bettwäsche und Lebensmitteln einzudecken. Vorsorglich ermahnte der Magistrat sie, gegenüber den Besuchern »wilfärig« zu sein, »nüchtern« zu leben und sich um Himmels willen nicht in die Reichspolitik einzumischen. Ruhe war oberste Bürgerpflicht.

Beim Morgengrauen standen alle erwachsenen Bürger in Rüstung an den Gassen Spalier. Acht Stunden lang harrten sie so aus. Doch Rudolf II. ließ sich Zeit; erst am nächsten Nachmittag erschollen in der Ferne die Trompeten. Die Vorhut bildeten Landsknechte, dann rollte eine Kutsche mit dem geliebten englischen Kammerhund des Kaisers an, gefolgt von zehn Leibrössern, anschließend Edelknaben, Truchsesse, Grafen, Herzöge. In gebührendem Abstand marschierte Reichserbmarschall von Pappenheim, das kaiserliche Schwert vor sich hertragend. Hinter ihm ritt, endlich, der Kaiser auf seinem braun-schwarzen Pferd, auf dem Kopf einen Federhut.

Am ersten Brückenturm nahmen die Ratsherren den Herrscher in Empfang. Sie überreichten ihm die Stadtschlüssel, in einem »Seckel von rothem und weißen Taffet«. Der Kaiser nahm diese aber nicht an, sondern schüttelte als Zeichen seines Vertrauens die Hände der Männer. Dann geschah ein Malheur:

Eine Windböe erfasste den vorbereiteten Baldachin aus gelber Atlasseide. Erst auf der anderen Seite der Brücke konnten die Ratsmänner das Tuch bändigen und dem Kaiser ihr Geleit entbieten, bis zum Dom, wo der bischöfliche Klerus ihn unter einen eigenen Baldachin nahm. Nachts donnerten Salutschüsse aus 18 Kanonen von der Donauinsel hoch.

Dem Kaiser muss der Empfang gefallen haben. Bis 1594 war Regensburg eine von vielen Reichstagsstädten gewesen – Nürnberg hatte die meisten Versammlungen ausgerichtet, aber auch Worms, Frankfurt, Augsburg und andere. Ab nun wurde jeder Reichstag in die Donaustadt einberufen. »Anlass könnte der mit den Türken tobende Krieg gewesen sein«, sagt Stadthistoriker Freitag. »Ursprünglich schlugen die Heere ja direkt von den Reichstagen aus los.« Von allen Reichsstädten lag Regensburg dem Konfliktherd im nördlichen Ungarn am nächsten. In der Stadtmauer erinnert eine Inschrift von 1529 daran, die verkündet, dass man hier die Befestigung verstärkt hat, weil die Türken vor Wien standen. »Man bangte, dass die muslimischen Feinde die Donau heraufzögen.«

Regensburg lag für das führende Kaisergeschlecht der Habsburger ohnehin günstig, von Wien oder Prag aus gut erreichbar. Den Katholiken war außerdem wichtig, dass die protestantische Stadt zugleich einer ihrer Bischofssitze war. Die Messen im Dom und in den Klosterkapellen folgten dem römisch-katholischen Ritus, während die städtischen Kirchen reformierte Gottesdienste abhielten. »Jeder Gesandte konnte hier seinen Glauben ausleben«, sagt Freitag, »das war ein ganz wichtiger Standortvorteil.«

Und dann das Raumangebot. Regensburgs Niedergang erwies sich für die Bedürfnisse des Reichstags als Vorteil: Die Stadt hatte Platz für Gäste. Seit dem 15. Jahrhundert war es mit der einst prächtigen Kaufmannsstadt steil bergab gegangen. Mit dem Untergang von Byzanz brach der Orienthandel ein. Anderswo stiegen ständig die Einwohnerzahlen, die Bevölkerung von Regensburg war erst geschrumpft und stagnierte nun bei knapp 20 000 Menschen. Zusehends verfielen die Türme ihrer führenden Geschlechter, einst stolze Wahrzeichen, die sich hoch über den Mauern der ehemaligen Römerfestung erhoben.

Die Stadt konnte außerdem ihr Gebiet nicht erweitern. Die bayerischen Herzöge gönnten der Reichsstadt, die einst Bayerns Hauptstadt gewesen war, keinen Zoll über die alten Mauern hinaus. Österreich war der Erzfeind, Regensburg quasi österreichisch-habsburgisches Territorium – ein Dorn im Fleische Bayerns. »Jedes Mal, wenn der Kaiser den Reichstag hier abhielt«, sagt Freitag, »zeigte er damit den Bayern die lange Nase.«

Umso energischer verteidigten Letztere ihre wenigen Rechte an Regensburg. Noch im 18. Jahrhundert ließ der bayerische Herzog Bäume, die der Magistrat auf dem Kornmarkt hatte einpflanzen lassen, wieder fällen und durch eigene ersetzen. Auf der Westseite des Alten Kornmarkts hatte einst Bayerns Herzogpfalz gestanden, dieser Teil gehörte kurioserweise immer noch dem Herzogtum. Neben Herzog und Kaiser stritten sich aber auch Bischof und Klerus mit dem städtischen Rat um das Sagen, betont Freitag. »Im Kleinen bot Regensburg mit seiner durchlöcherten Souveränität das gleiche Bild wie das Reich im Großen, wo sich Hunderte von Obrigkeiten und Rechte überschnitten und durchdrangen.« Regensburg war ein Spiegelbild des großen Ganzen.

Vom Goliathhaus sind es nur 150 Meter zum Alten Rathaus. Sonnenblumengelb strahlt sein Gemäuer über den gepflasterten Platz. Zwei steinerne Gesellen blicken vom Spitzbogenportal über der Tür hinab, der rechte ballt seine Faust um einen Stein. Die Regensburger nennen sie »Schutz« und »Trutz«. In Wahrheit machten die Ratsherren bereitwillig Platz für die Männer von nah und fern, die zum Reichstag strömten und dafür die Ratssäle in Beschlag nahmen. Sie spendierten den zahlungskräftigen Gästen sogar kandierte Früchte und Wein, die auf »Konfekttischlein« dargereicht wurden.

Heutige Touristen dürfen nur mit einer Führung hinein, weil alles hier so kostbar ist. Auf etwa 1250 datiert man den Spatenstich für das gotische Rathaus; rund hundert Jahre später entstand der Bau, in dem das Heilige Römische Reich später Geschichte schrieb: der Reichssaal. »Nicht zuletzt wegen dieser intakten Sehenswürdigkeit ist Regensburg zum Weltkulturerbe erklärt worden«, sagt Freitag stolz. Der Mann aus dem Fichtelgebirge ist seit dem Studium Wahlregensburger.

Zum Reichssaal steigt man zwei steinerne Treppen hoch. Er ist riesig. Wie in einer Kirche reihen sich hintereinander lange Bänke, ausgerichtet auf ein um vier Stufen erhobenes Rechteck an der Stirnseite. Hier steht ein einsamer Stuhl, Platzhalter für den prächtigen Thron, auf dem einst der Kaiser oder sein Repräsentant saß, der »Prinzipalkommissar«. Die hölzerne Decke stammt noch aus dem Mittelalter. Damals war dies der Festsaal der Patrizier, mit riesigen Fensterfronten zu drei Seiten, »damit die einfachen Bürger nachts draußen darüber staunen konnten, wie sich ihre Herren drinnen vergnügten«, sagt Freitag.

1663 wurde der Raum dauerhaft zum Tagungssaal. Geplant hatte man die Institutionalisierung des Ständetreffens nicht. Letztlich war sie eine Folge der komplizierten Verfahrensweise des Reichstags, durch die alle Probleme vertagt und verschleppt wurden. Das Prozedere: Ein anstehendes Thema wurde zunächst hier, im Plenum, verlesen. Danach gab's eine lange Pause, weil die Gesandten erst mal wieder zu Hause Instruktionen einholen mussten. Nach ihrer Rückkehr begannen die eigentlichen Beratungen, und zwar in drei getrennten Kollegien: dem der Kurfürsten, dem der anderen Fürsten und dem der Reichsstädte. Der höchste Stand – die Vertreter der Kurfürsten – tagte im schönsten Raum, dem des Regensburger Rats.

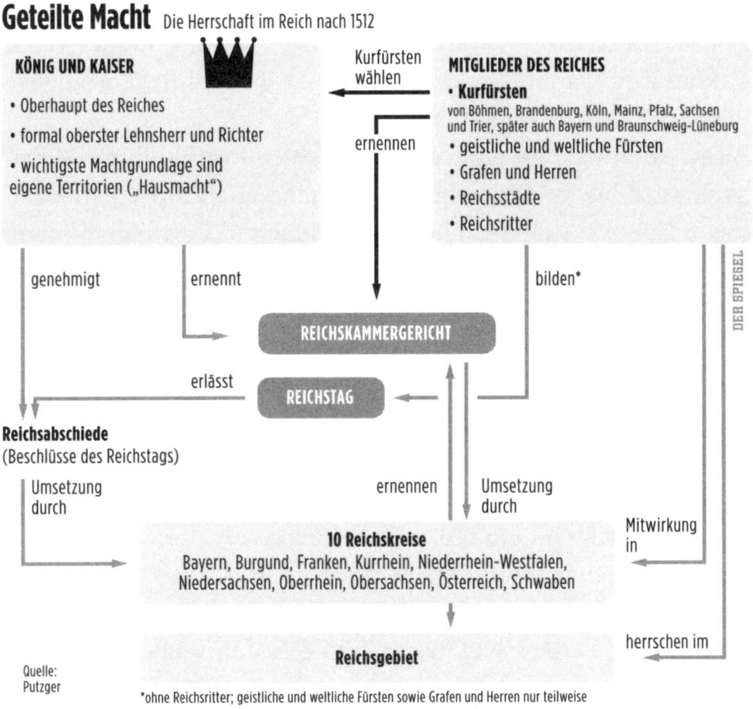

Hier saßen sie um jenen »Grünen Tisch«, auf den die Redensart »am Grünen Tisch entscheiden« zurückgehen soll. »Das ist aber nur eine Vermutung«, sagt Freitag, »Grün galt als neutrale Farbe, daher lagen auf vielen Verhandlungstischen grüne Decken.«

Es galt das Prinzip der Einstimmigkeit. Bis zu 9 kurfürstliche, 100 fürstliche und 50 reichsstädtische Voten mussten auf einen Nenner gebracht werden, bevor ein Ergebnis stand. »Verzögerungen gehörten zur Verhandlungstaktik.« Der Historiker führt in einen dunkel getäfelten Raum oberhalb des Reichssaals. Hier berieten sich die Städte. Die kleineren unter ihnen ließen ihre Stimmen meist vertreten, denn die Unterhaltung eines

Gesandten vor Ort war kostspielig. Als einziges Wappen prangen die gekreuzten Schlüssel von Regensburg an einer Bank. Mit der Zeit waren die meisten Männer im Saal Regensburger – mit dem Mandat fremder Städte.

Die Beratungen folgten einem strengen Protokoll; der Reihe nach wurde jeder Teilnehmer aufgerufen. »Oft hörte sein Nachfolger sich die Stellungnahme stumm an und verweigerte dann die eigene.« Stattdessen verlangte der Gesandte, sich erst mit der Stadt zu beraten, die er vertrat. »Damit brachte er den gesamten Prozess zum Erliegen. Ohne sein Votum ging nichts. Das konnte die eigene Position entscheidend verbessern.«

Ein nach diesen erschöpfenden Verhandlungen vom gesamten Reichstag ratifizierter Beschluss war noch immer nicht rechtsgültig. Erst wenn der Kaiser zugestimmt hatte, wurde aus einem »Reichsgutachten« ein offizieller »Reichsschluss«.

»Oft ging es ja um Geld, etwa für einen Krieg«, sagt Freitag. »Der Kaiser bekam meist nur einen Bruchteil der von ihm verlangten Summe bewilligt. Dann lehnte er den Vorschlag ab und gab ihn zurück zur weiteren Verhandlung.« Kein Wunder also, dass die Anzahl der tatsächlich gefassten Reichsschlüsse überschaubar ist. Als Meisterstück aus der langen Zeit des »Immerwährenden Reichstags« gilt weder ein Zollabkommen noch gar ein Friedensschluss: sondern die Reform der Reichszunftordnung von 1731.

Um Eitelkeiten wurde mehr gerungen als um Reichsbelange. In der ständischen Gesellschaft machte sich Macht an Äußerlichkeiten fest, an Zeremonien, Kleidern, Perücken – Repräsentationszwänge, die im Zeitalter des Barock schwer wogen. Jahrelang stritt man sich, ob die Kutschen der höheren Gesandten auch im leeren Zustand noch Vorrang vor den bemannten Karossen der niederen Abgeordneten hätten. Auch die Frage, ob fürstliche Gesandte ihre Stühle auf den Teppich des Reichssaals stellen dürfen, auf dem bis dato nur die Sitze der Vertreter der Kurfürsten standen, wurde endlos debattiert. Salomonisch wurde den Fürstenvertretern schließlich erlaubt, die Vorderfüße ihrer Sitze auf die Fransen des Teppichs zu stellen.

Der Regensburger Rat baute sich ein neues Verwaltungsgebäude, nachdem klar war, dass der Reichstag nicht mehr ausziehen würde. Es schließt direkt an den Uhrturm des Alten Rathauses an, ein weißes Eckhaus, auf den die Fensterrahmungen und Quader als barocke »Trompe l'oeil«-Deko aufgemalt worden sind. Nur die städtische »Fragstatt«, ein Verhörzimmer mit angeschlossener Folterkammer, hielt sich in den unterirdischen Verließen des Alten Rathauses.

Jetzt, wo die Gäste auf Dauer blieben, bestückte der Rat die Konfekttischlein nicht mehr. Pralinen konnten die Gesandten gegenüber im heutigen Café Prinzess erwerben, angeblich 1686 eröffnet und damit das »älteste Kaffeehaus Deutschlands«. Historiker bezweifeln die Datierung, zumal verbrieft ist, dass ein geschäftstüchtiger Nürnberger noch zehn Jahre später beim Rat einen Antrag auf den Ausschank von ausländischem »Caffee, Thée, Choquelade« stellte für die »frequent allhiesig hohen Gesandten«. Begründung: Vor Ort sei niemand, der »in dergl. objecto versiert«.

Die wesentlichen Fragen besprachen die Gesandten bei informellen Treffen, bei Diners, in den Gesandtschaftsquartieren. Das prächtigste mietete im 18. Jahrhundert Kursachsen an: das Löschenkohl-Palais, einer der wenigen Barockbauten der Stadt. Man tauschte Gerüchte und Geheimnisse aus, versuchte, Bündnispartner abzuklopfen, Gegner auszuhorchen. Manche Gesandte hatten nicht einmal einen Sitz im Reichstag. Sie sollten Informationen besorgen – und brachten fremde Sitten an die Donau. Die trinkfesten Russen etwa, die im 16. Jahrhundert erstmals einen Reichstag beehrten, sorgten für Aufregung in den Gazetten. Bald erschien eine Reihe von Zeitungen in Regensburg, ab 1764 die angesehene »Staatsrelation derer neuesten europäischen Nachrichten und Begebenheiten« sogar dreimal pro Woche.

Ein besonders schillernder Diplomat war im späten 17. Jahrhundert Sir George Etherege, der den englischen König auf dem Laufenden halten sollte. Der erfolgreiche Bühnenautor hatte sein Vermögen verspielt, sich aber durch die Heirat einer reichen Witwe saniert. Er mokierte sich über die »Pest der Zeremonien« in der Reichsstadt, die »sogar vor Liebe« nicht haltmache: Das »schwache Geschlecht« lasse »vorher ausrichten, um wieviel Uhr es geruhe, die Hure zu geben«. Anlässlich der Geburt des englischen Thronfolgers schmiss der Gesandte 1688 selbst ein Fest, das an Pomp einer Krönungsfeier nicht nachstand. Maßgeblich an der Organisation beteiligt war der Abt des Klosters St. Jakob. »Regensburg war wohl die Stadt mit der größten Dichte an Eventmanagern«, sagt Freitag.

Am 25. Juli böllerten um vier Uhr morgens die Kanonen; die Glocken von St. Jakob läuteten zum Gebet. Damit begannen die dreitägigen Feierlichkeiten, an denen die Bürger von Regensburg wie stets teilnahmen: als Schaulustige, Claqueure, Ausrichter und Mitspieler. Am heutigen Arnulfsplatz briet man einen Ochsen. Aus hölzernen Löwenmäulern sprudelte reichlich Wein – unter den wehenden Bannern Frankreichs, Englands, Schottlands und Irlands. Die Gäste spielten Ringelreihen, droschen Karten, wetteiferten im Armbrustschießen.

Am zweiten Tag durften hochgestellte Damen 400 Silberstücke in die Menge werfen. Gierig stürzte sich das Volk auf den Geldregen und balgte sich um die Taler. Zur Belustigung der feinen Gesellschaft trieb Etherege die Raufbolde mit Knallfröschen auseinander. In derselben Nacht wurden Bürgersfrauen und Mägde zur Party der Oberschicht gebeten – für die Nichtgeladenen ein Skandal.

Zuletzt wurden die Ratsherren verköstigt; schon nachmittags floss der Wein fässerweise. Als Etherege vorschlug, die Herren sollten doch ihre Gattinnen zum Tanz herholen, winkten diese ab: Den Damen bliebe keine Zeit, um sich herauszuputzen. Lieber tranken die Herren weiter auf Kosten der englischen Krone.

Welche Rolle Frauen in der Geschichte des Reichstags spielten? Matthias Freitag zuckt mit den Schultern. »Viele starben damals jung, im Kindbett.« Die Gesandten heirateten in der Regel zwei- bis dreimal. Doch dass das ehemalige Wirtshaus »Der Rote Herzfleck« hinter dem Rathaus einst Reichstagsbordell gewesen sei, hält der Experte für »reine Legende«. »Möglicherweise boten sich hinten in der Gasse Frauen an.« Die Gesandten berichteten in ihren Depeschen in die Heimat auch über Amouren und Duelle im Morgengrauen. Sir Etherege soll sich sogar für die Errichtung von Heimen für alternde Prostituierte eingesetzt haben.

Eine der wenigen Inschriften in der Stadt, die an eine Frau erinnert, weiß zu berichten, dass »des Kaysers Lieb« dieser Jungfrau »viel Leid« gebracht habe. Die »schöne Barbara«, eine Gürtlerstochter, war 19, als man sie bei einem Reichstag Kaiser Karl V. zuführte. Aus der Begegnung ging ein berühmter Sohn hervor: Juan de Austria. Als junger Mann, 1571, schlug er die Osmanen in der Seeschlacht von Lepanto. Doch während ihr Sohn standesgemäß bei Pflegeeltern aufwuchs, wurde seine Mutter rasch verheiratet, ging mit ihrem Mann nach Brüssel und nach dessen Tod brav ins Kloster: Sie wolle, hieß es, durch ihre Anwesenheit ihrem Sohn nicht sein Amt als Statthalter der Niederlande erschweren.

Die Inschrift hängt am Wirtshaus »Goldenes Kreuz« am Haidplatz, im Volksmund das »Café Wichtig«. Die einstige Kaiser-Herberge liegt in einem mittelalterlichen Palais, mit einer Torbogeneinfahrt für Droschken. Die Saaldecke im ersten Stock ist klassizistisch verziert. Viele Innenräume wurden in den üppigen Jahren des Immerwährenden Reichstags aufgemotzt. »In manchen Kirchen trifft einen der Schlag«, sagt Freitag und lacht,

»von außen noch romanisch oder gotisch, innen dann strotzend vor barockem Gold«.

Zu höfischem Glanz verhalf der Stadt auch das Haus von Thurn und Taxis; Fürstin Gloria residiert hier heute noch in einem Schloss mit 900 Zimmern. Die Familie kam 1748 nur widerstrebend nach Regensburg. Das ihnen aufgenötigte Amt des Prinzipalkommissars war eine zweischneidige Ehre: Die zugehörigen Repräsentationskosten mussten großteils aus eigener Kasse bezahlt werden – manchen Prinzipalkommissar hatte das schon ruiniert. Die mächtige Habsburgerin Maria Theresia drohte schließlich damit, dem Thurn-und-Taxis-Geschlecht die Basis des märchenhaften Reichtums zu entziehen: das Postmonopol, ein Thronlehen. Erst da lenkte man am bisherigen Fürstensitz in Frankfurt ein und begann, den Umzug vorzubereiten.

Im »Goldenen Kreuz« ließ Fürst Alexander Ferdinand ein Theater einbauen, der Saal ist 25 mal 13 Meter groß. Sein Rokokodesign schimmert noch durch das Jugendstildekor der Decke. Viele Regensburger Senioren haben hier in ihrer Jugend getanzt. Auf seiner Bühne ließ der Fürst die besten Ensembles der Zeit spielen. Es gab die im Reich übliche Mischung von Lust- und Trauerspielen, Komödien, Hanswurstiaden und Balletten.

Dem Rat in der Stadt ging das eigenmächtige Treiben bald zu weit. Der Prinzipalkommissar, wetterte man, würde die Stadt in ein sündiges »Rom und Venedig« verwandeln. Auf Geheiß des Magistrats wurden Theaterplakate von den Wänden gerissen und den Bürgern der Besuch der Aufführungen untersagt.

Offenbar entlud sich lange aufgestauter Zorn. Als Katholik durfte der Fürst kein Regensburger Bürger werden und keinen Grund und Boden erwerben – gleichzeitig nutzte er aber die örtlichen Gegebenheiten nach Gutdünken. Damit war er nicht allein: Viele Gesandte legten ihren zoll- und steuerfreien Status weit aus. Aus der fernen Heimat brachten sie spezialisiertes Personal mit – Perückenmacher, Schneider, Köche, die dank ihrer Steuerfreiheit bald ortsansässige Berufskollegen unterbieten konnten. Der Schwarzhandel blühte, im Diplomatengepäck wurde viel Ware am Zoll vorbeigeschmuggelt. »Insgesamt war die Bilanz des Reichstags für die Stadt zwar positiv«, erzählt Freitag. »Aber die Zeitgenossen sahen das oft anders. Mehrfach wurde der Kaiser sogar gebeten, den Reichstag doch wieder in eine andere Stadt zu verlegen.«

Im Theaterstreit behielt Fürst Alexander die Oberhand. 1760 mietete er das einstige Ballhaus am heutigen Ägidienplatz an, wo die Gesandten das »Jeu de Paume«, eine Vorform des Tennis, gespielt hatten. Hier entfaltete sich nun die »Comédie française« in ihrer ganzen Pracht. Knapp 20 Jahre später folgte sein Sohn Carl Anselm der Mode und eröffnete eine Nationalschaubühne mit deutschen Stücken.

Aber weil er dieser Linie nicht treu blieb, kam es zu einem Skandal. Genau wie der Kaiserhof in Wien setzte der Fürst 1784 Werke der italienischen »Opera buffa« auf den Spielplan. Vereint boykottierten national gesinnte Reichstagsgesandte und Regensburger Bürger daraufhin die Bühne. Über die Regensburger Zustände wetterte sogar die »Litteratur- und Theaterzeitung« in Berlin: »Das Ende der hiesigen deutschen Bühne, welche in eine Opera buffa versandelt worden, ist nichts mehr und nichts weniger als ein politischer Purzelbaum.«

Enttäuscht stellte Carl Anselm das Bühnenengagement ein, in das seine Familie im Lauf der Jahrzehnte 1,2 Millionen Gulden investiert hatte. Die prachtvolle Repräsentation im Namen des Kaisers war damit beendet. Heute erinnern noch Bäume an den gescheiterten Theaterfürsten. Die von ihm gestiftete »Fürst-Anselm-Allee« aus Tausenden Linden, Erlen und Pappeln zeichnet den Verlauf der alten Stadtmauer nach.

Der Reichstag hatte sich als Institution längst überlebt, als das Reich 1806 aufgelöst wurde. Für den bayerischen Kurfürsten tagten dort nur »Schulfüchse«, während Preußenkönig Friedrich II. ätzte, in Regensburg bellten »Hunde den Mond« an. Für Napoleon war der Reichstag bloß »ein Affenhaus voller Lächerlichkeiten«.

Der Abzug der Gesandten war für Regensburg die nächste Katastrophe nach der Eroberung durch französische Truppen im Jahr 1800. Einzelhändler gingen in rascher Folge Konkurs. Glück im Unglück brachte der neue Herr von Regensburg, Karl Theodor von Dalberg, Erzbischof von Mainz und ab 1802 Regent des kurzlebigen »Fürstentums Regensburg«. Er ließ Krankenhäuser bauen, säkularisierte das Schulwesen und träumte von einem zweiten Weimar. »Dalbergs wichtigste Tat aber«, sagt Freitag bewundernd, »war es, den Fürsten in der Stadt zu halten. Der Thurn-und-Taxis-Hof war der wichtigste Arbeitgeber vor Ort.« Dalbergs Regensburger Regentschaft währte indes nur kurz; 1810 wurde die Stadt Bayern zugeschlagen.

Am Bismarckplatz im Westen der Altstadt zeugen zwei prächtige klassizistische Gebäude noch von Dalbergs Eifer: das »Haus der Musik«, einst französische Gesandtschaft, und das von ihm gebaute Theater, in dem an einer Loge das taxissche Löwenwappen prangt. In lauen Sommernächten tummeln sich vor dieser Kulisse Hunderte Studenten – und lassen die uralte Stadt jung aussehen.

»ERSTLICH DAS FREYE TEUTSCH-LAND«

Auf der Suche nach einer Nationalerzählung: Wie der Historiker Burkhard Gotthelf Struve 1712 die deutsche Geschichte sah.

Von JOACHIM MOHR

Burkhard Gotthelf Struve war Anfang des 18. Jahrhunderts ein im deutschsprachigen Raum renommierter Historiker und Rechtswissenschaftler. Der 1671 in Weimar geborene Sohn eines Geheimrates schrieb sich bereits mit knapp 16 Jahren an der Universität Jena ein und hörte Vorlesungen in Philosophie, Politik, Geschichte und Jura. Später studierte er an der Universität in Frankfurt (Oder).

Mit 26 nimmt Struve für 44 Gulden Jahresgehalt die Stelle eines Bibliothekars an der Uni Jena an – und verärgert schnell die dortigen Professoren, weil er privat Vorlesungen über die deutsche Geschichte hält und die Studenten zuhauf zu ihm strömen.

Struve lebt im machtpolitisch zersplitterten Heiligen Römischen Reich Deutscher Nation, doch für ihn ist »Teutsch-Land« der entscheidende Begriff seiner Geschichtsbetrachtung. Dabei grenzt er sein »Teutsch-Land« geografisch nie genau ein. Unstrittig ist für ihn jedoch, dass es dieses Land schon immer gegeben habe, er benutzt den Begriff für die Zeit von der frühen Antike bis in seine Gegenwart. Der Historiker Struve war erfüllt vom

Wunsch nach einer einheitlichen deutschen Geschichte, einer großen Nationalerzählung.

Im Jahr 1702 promoviert Struve, erhält die Lehrbefugnis und macht Karriere: Ab 1704 ist er Geschichtsprofessor in Jena. 1712 wird er zum »Sachsen-Weimarischen Rath Historiographus« ernannt, 1730 erhält er den Titel »Hof-Rath des Hoch-Fürstlichen Sammt-Hauses Sachsen«, und er wird Professor für Staats- und Lehensrecht. Zeitweise ist er Rektor der Jenaer Alma Mater.

Seine Gelehrsamkeit ist breit gefächert, doch sein besonderes Interesse gilt stets der deutschen Geschichte. 1730 erscheint in zwei Bänden sein umfangreiches Lehrbuch »Corpus historiae Germanicae a prima gentis origine ad annum usque 1730«, eine deutsche Geschichte von den Ursprüngen bis zu Struves Gegenwart. Das Werk ist ein Erfolg und erscheint auch in einer deutschsprachigen Ausgabe, »Vollständige teutsche Reichshistorie«.

Die Basis für diesen wissenschaftlichen Bestseller hat Struve bereits 1712 gelegt. Damals veröffentlichte er die 80-seitige Schrift »Kurzer Bericht von Veränderungen Teutschen Reichs als ein Begriff Teutscher Historie aus bewährten Scribenten dargethan«, um »eine vollständige Teutsche Historie ans Licht zu stellen«, wie er sich ausdrückte.

Pädagogisch verfolgt Struve dabei einen modernen Ansatz: Er will seinen Studenten ein Skript liefern, damit diese zielgerichtet und effektiv lernen können. »So habe durch diese Schrift Ihnen ein Fundament legen wollen, worauf ich mich in meinen Collegiis beruffen, und dadurch viel Zeit ersparet werden könne«, schreibt er im Vorwort. Wohl auch deshalb veröffentlicht er den Text auf Deutsch und nicht auf Lateinisch, obgleich Latein damals noch die vorherrschende Sprache wissenschaftlicher Publikationen ist. Neben dem Haupttext findet sich, wie in vielen heutigen Lehrbüchern, eine separate Spalte mit Stichworten, um einzelne Themen schnell zu finden. Seine Ausführungen belegt er akribisch mit mehr als 200 Quellen.

Struve ist es wichtig, einen großen Bogen zu spannen, er teilt die deutsche Geschichte chronologisch in »vier Haupt-Absätze«: »Indem erstlich zu betrachten das freye Teutsch-Land, zum andern Teutsch-Land unter denen Römern, drittens Teutsch-Land unter denen Francken, vierdtens Teutsch-Land unter seinen eigenen Kaysern.«

Über die vorrömische Zeit weiß Struve nur wenig zu berichten, gerade einmal einen von insgesamt 58 Paragrafen widmet er dieser Periode. Dies mag wohl an den begrenzten Kenntnissen gelegen haben, die die Gelehrten um 1700 über die frühe Antike besaßen; Fakten aus archäologischen Ausgrabungen lagen kaum vor, das meiste Wissen stützte sich auf römische Geschichtsschreiber wie Tacitus. Struve spricht für diese Epoche nur ganz allgemein von »verschiedenen Völckern, worein Teutsch-Land getheilet war«.

Die Zeit unter den Römern beginnt für den Jenaer Geschichtsprofessor zu Anfang des 1. Jahrhunderts vor Christus mit Julius Cäsar, der »die Römischen Kriegs- und Sieges-Zeichen auch disseit Rhein-Stroms in Teutsch-Land pflantzete«. Struve tadelt die »Teutschen«: »Es war aber dieses ihr größter Fehler, dass sie nicht zusammen hielten.« Ein Motiv, das bei ihm wiederholt auftaucht: der mangelnde Zusammenhalt der germanischen Stämme und der »Völker dieser Nation«.

Im 3. Jahrhundert dann »hörete man am ersten von denen Francken, welche nichts anders als ein aus vielen Teutschen Völckern zusammen geschlagenes Volck waren«. Über die Zeit Karls des Großen, fünf Jahrhunderte später, schreibt er, »die Francken bezwingen ganz Teutsch-Land«.

Mit dem Tod von Ludwig IV. im Jahr 911 ist die Macht der Franken zerbrochen. Struve notiert: »Wollten sie (die Deutschen, Anm. d. Autors) auch denen Francken nicht mehr unterworffen seyn, und Könige ihres Mittels haben.« Der Sachse Otto I., 962 vom Papst zum Kaiser gekrönt, knüpfte wieder an das römische Imperium an. In ihm entdeckt der Jenaer Historiker »das erste und vornehmste Fundament Teutschen Kaysertthums«.

Struve ist ein kenntnisreicher, wenn aus heutiger Sicht auch braver Chronist. Er erwähnt Kaiser um Kaiser, schildert Händel zwischen den weltlichen Herrschern und der Kirche (»Kayser Lotharius räumet dem Pabst zu viel ein«), nennt Nachfolgestreitereien um den Kaiserthron (»Verschiedene werden unrechtmäßiger Weise erwählet«).

Generell macht Struve, seiner Zeit gemäß, den Lauf der Geschichte an den jeweiligen Herrschern fest und betrachtet die Welt ausschließlich unter machtpolitischer und dynastischer Sicht. So widmet er etwa dem Dreißigjährigen Krieg zwischen 1618 und 1648 nur wenige Zeilen, da »man im Iure Publico (Öffentlichen Recht) gar wenig Veränderliches anzumercken« hat. Insgesamt attestiert er dem »Teutschen Reich«, »daß solches so viele Veränderungen erfahren, als man sonst von keinem Staat von Europa anzumercken«.

Struve stirbt unerwartet am 25. Mai 1738. Im »Grossen vollständigen Universal-Lexicon Aller Wissenschafften und Künste« aus dem Jahr 1744, der wichtigsten deutschsprachigen Enzyklopädie des 18. Jahrhunderts, wird er als einer der großen Universalgelehrten seiner Zeit gewürdigt.

KAPITEL III

ALTES REICH UND NEUE MACHT

LAND DER MIRAKEL

Preußens Aufstieg zur Großmacht begann nach den Verwüstungen im Dreißigjährigen Krieg. Der territorial zersplitterte Staat musste jedoch immer wieder um seine Existenz bangen.

Von NORBERT F. PÖTZL

Voltaire rieb sich verwundert die Augen. »Jemand müsste etwas darüber schreiben, was da gerade geschieht«, notierte der Philosoph 1757, als sein Freund, der Preußenkönig Friedrich der Große, gleichzeitig gegen drei Großmächte Krieg führte: gegen Österreich, Frankreich und Russland. »Es wäre von einigem Nutzen«, meinte Voltaire, »wenn man erklären könnte, wie es dazu kam, dass das sandige Land Brandenburg so mächtig geworden ist, dass man mehr Streitkräfte gegen Brandenburg mobilisiert hat als jemals gegen Ludwig XIV.« – den »Sonnenkönig«, der Frankreich mit militärischer Gewalt zum europäischen Hegemon gemacht hatte.

Sieben Jahre, von 1756 bis 1763, währte der Krieg, den Preußens expansionslüsterner Herrscher nach einem Pakt mit England angezettelt hatte. Mehrmals schien die preußische Armee geschlagen. Dass Friedrich mit heiler Haut davonkam, verdankte er zwei wundersamen Ereignissen, die als »Mirakel des Hauses Brandenburg« berühmt wurden: Nach der katastrophalen preußischen Niederlage bei Kunersdorf 1759 verschonten die Sieger die Hauptstadt Berlin, anstatt sie zu erobern. Und 1762 starb mit nur 52 Jahren die russische Zarin Elisabeth, deren Nachfolger Peter III. Frieden mit Friedrich schloss.

Preußen etablierte sich als fünfte europäische Großmacht. Und so erstaunlich wie dieser Krieg gestaltete sich der gesamte Aufstieg des Landes im Lauf der Jahrhunderte.

Im Anfang herrschten Anarchie und Chaos in Brandenburg, nachdem die dort regierenden Askanier 1320 ausgestorben waren. Die Landadligen befehdeten einander und betrieben Raubrittertum. Um wieder Ordnung zu schaffen, gab der römisch-deutsche König Sigismund 1415 dem Nürnberger Burggrafen Friedrich VI. aus dem ursprünglich schwäbischen Geschlecht der Hohenzollern Brandenburg als Lehen. Damit erwies er seine Dankbarkeit, denn der Franke hatte seine Wahl zum König maßgeblich unterstützt und ihm zuvor bereits im Kampf gegen die Türken beigestanden.

Das Land war arm, aber sexy: Der Besitz der Markgrafschaft bedeutete, als einer von sieben Kurfürsten den Herrscher des Heiligen Römischen Reiches wählen zu dürfen.

Ein glücklicher Umstand führte zur ersten Gebietserweiterung. 1511 wurde ein Verwandter der brandenburgischen Regenten, Markgraf Albrecht von Brandenburg-Ansbach, zum Hochmeister des Deutschen Ordens gewählt. Und so regierte ein Hohenzoller von Königsberg aus das Land zwischen Weichsel und Memel, das vom einstigen Deutschordensstaat übrig geblieben war. Martin Luther persönlich bewog Albrecht, sein Territorium in ein evangelisches Erbherzogtum umzuwandeln.

Doch die direkte Erbfolge riss schon in der nächsten Generation ab. Der geisteskranke Sohn Albrechts, an dessen Stelle ein Administrator das Land verwaltete, starb 1618 ohne männliche Nachkommen. Durch Heiraten und Erbvereinbarungen war indes Vorsorge getroffen worden, dass das Herzogtum Preußen den brandenburgischen Kurfürsten zufiel.

Damit bildeten Brandenburg und Preußen ein gemeinsames, wenn auch räumlich getrenntes Staatswesen. Außerdem waren vier Jahre zuvor, weit entfernt am Niederrhein, das Herzogtum Kleve sowie die Grafschaften Mark und Ravensberg dank geschickter Heiratspolitik in den Besitz der Brandenburger gekommen. Zu Beginn des 17. Jahrhunderts gehörten die Hohenzollern bereits zu den mächtigsten Fürsten im Reich. Ihre Residenzstadt Berlin blühte auf, Adel und Bürgertum kamen zu Wohlstand. Doch mit dem Dreißigjährigen Krieg nahm der Aufschwung ein jähes Ende.

Kein anderes Land litt mehr unter den Feldzügen, jeder zweite Einwohner Brandenburgs kam ums Leben. Mal waren es die kaiserlichen Heerscharen oder die Truppen der katholischen Liga, mal die schwedische Armee, die dort brandschatzten und plünderten. Das Land, militärisch ohnmächtig, war ein Spielball im Machtkampf der großen europäischen Nationen.

Immerhin gewann Brandenburg im Westfälischen Frieden 1648 einige Ländereien hinzu. Wichtig war vor allem Hinterpommern, das Brandenburg einen Zugang zur Ostsee verschaffte. Das strategisch und für den Handel weitaus wichtigere Vorpommern mit Stettin und der Odermündung schanzten die bei den Friedensverhandlungen tonangebenden Franzosen jedoch den Schweden zu, ihren wichtigsten Verbündeten.

Mit großem Eifer ging der seit 1640 regierende Kurfürst Friedrich Wilhelm daran, die zersplitterten Teile seines Herrschaftsgebiets, die ein reges Eigenleben führten, miteinander zu verklammern. Die Stände, die organisierten Interessenvertretungen der regionalen Eliten von Adel, Klerus und Bürgertum, wehrten sich erbittert gegen Beschränkungen ihrer Mitspracherechte.

Wegen seines weit verstreuten Besitzes und der geografischen Mittellage auf dem Kontinent war Brandenburg, ein Binnenstaat ohne natürliche Grenzen, auch für Angriffe von außen anfällig. Die Kehrseite des unerwarteten Aufstiegs war das ständige

Gefühl, verwundbar zu sein. Um ihr Land besser sichern zu können, strebten alle preußischen Herrscher nach strategisch günstigen Veränderungen ihres Territoriums.

Militärisch ließ sich auch einiges tun. Friedrich Wilhelm baute als erster ein schlagkräftiges stehendes Heer auf. Zu Beginn seiner Regierungszeit verfügte die brandenburgische Armee über kaum mehr als 3000 Mann; als der Kurfürst 1688 starb, standen bereits 30 000 Soldaten fest unter Waffen.

Außenpolitisch nutzte er flexibel die Spielräume, die ihm andere, stärkere Staaten ließen. Er paktierte mal mit diesen, mal mit jenen, weshalb man in Europa über das »Wechselfieber« des Brandenburgers lästerte. Im Nordischen Krieg (1655 bis 1660) zwischen Polen und Schweden verbündete sich der Kurfürst zunächst mit dem schwedischen König Karl X. Gustav, der ihm die volle Souveränität über Preußen versprach, das noch polnisches Lehen war. Als Friedrich Wilhelm erkannte, dass ihm auch die Polen Preußen überlassen würden, er das ganze Pommern den Schweden aber nur mit Waffengewalt abringen konnte, kämpfte er an der Seite Polens.

Im Frieden von Oliva 1660 bekam Friedrich Wilhelm zwar nicht das begehrte Vorpommern – Frankreich sorgte dafür, dass Schweden den deutschen Brückenkopf behielt. Aber der polnische König übertrug den Hohenzollern die uneingeschränkte Herrschaft über das Herzogtum Preußen. Dadurch machte Brandenburg, wie der preußische Historiker Otto Hintze 1915 formulierte, »einen gewaltigen Fortschritt auf der Bahn zu einer selbstständigen Machtstellung«.

Friedrich Wilhelm wechselte die Partner noch öfter. So zog er mit dem Habsburger-Kaiser gegen Frankreich in den »Holländischen Krieg« (1672 bis 1679), dann verbündete er sich wieder mit Ludwig XIV. Seit der Schlacht bei Fehrbellin 1675, wo seine Armee die erneut in die Mark eingedrungenen Schweden vernichtend schlug, wurde er der »Große Kurfürst« genannt. Die einst unbedeutende Markgrafschaft Brandenburg war zu einem Mitspieler auf der europäischen Bühne geworden.

Weil Friedrich Wilhelm seine Jugend teilweise in den Niederlanden verbracht hatte und mit einer Oranier-Prinzessin verheiratet war, wollte er der großen Seefahrernation nacheifern. Die Niederlande waren durch überseeische Kolonien und eine große Handelsflotte zu einer globalen Wirtschaftsmacht aufgestiegen. Der Kurfürst war deshalb überzeugt, dass »Handlung und Seefahrt die fürnehmsten Säulen eines Staates« seien.

Im Auftrag des Brandenburgers unternahm der niederländische Kaufmann Benjamin Raule im Sommer 1680 eine erste Expedition nach Westafrika. Raule sollte dort Gold, Elfenbein und Sklaven erwerben und in Portugal oder Spanien gewinnbringend verkaufen. An der Küste des heutigen Ghana errichtete Raule 1683 die kleine brandenburgische Kolonie Groß Friedrichsburg.

Im Jahr zuvor war die Brandenburgisch-Afrikanische Compagnie (BAC) gegründet worden, die erste deutsche Aktiengesellschaft. Die BAC verlegte bald ihren Sitz von Königsberg nach Emden. Das war möglich geworden, weil Brandenburg den Ständen Ostfrieslands als Schutzmacht beigesprungen war und dadurch einen Hochseehafen an der Nordsee bekommen hatte. Neben Groß Friedrichsburg besetzten die Brandenburger 1685 die Insel Arguin vor der Küste des heutigen Mauretanien. Die Kolonialherrschaft blieb ein kostspieliges Intermezzo. Friedrich Wilhelms gleichnamiger Enkel betrachtete »dieses Afrikanische Commerzien-Wesen« geringschätzig »als eine Chimäre« und verkaufte die Kolonie 1721 an die Niederländer.

Kurz vor seinem Tod 1688 zog der Große Kurfürst Bilanz: »Jeder weiß, in wie trauriger Zerrüttung das Land gewesen, als ich die Regierung begann; durch Gottes Hilfe habe ich es in besseren Stand gebracht.« Eine Meinung, die später auch Friedrich der Große teilte.

Fast aber hätte der Große Kurfürst die Einheit seines Reiches gleich wieder verspielt. Testamentarisch hatte er verfügt, dass Brandenburg-Preußen unter allen seinen Söhnen aufgeteilt werden solle – neben Kurprinz Friedrich aus seiner ersten Ehe sollten auch dessen vier Stiefbrüder aus zweiter Ehe auf bevorzugte Weise (»Sekundogenitur«) bedacht werden. Doch Friedrich konnte sich juristisch dagegen durchsetzen.

Allerdings litt der neue Kurfürst, Friedrich III., seit frühester Kindheit an einer Rückgratverkrümmung. Der Berliner Volksmund nannte ihn daher den »schiefen Fritz«. Vielleicht führte das körperliche Gebrechen dazu, dass er zeitlebens einen starken Hang zu Prunk und Pathos hatte. Geradezu besessen strebte Friedrich III. nach Höherem: Er wollte König werden.

Mit diesem Wunsch stand er nicht allein. Viele deutsche Fürsten wetteiferten in jener Zeit darum, irgendwo eine Königskrone zu ergattern. 1697 wurde der Kurfürst von Sachsen zugleich König von Polen. Der Kurfürst von Hannover hatte als mütterliches Erbe den englischen Königsthron in Aussicht, den er 1714 bestieg. Und der Kurfürst von Bayern erhob, allerdings vergebens, Ansprüche auf die spanische Krone.

Jahrelang bedrängte Friedrich den habsburgischen Kaiser Leopold I., ihm die Königswürde zu gewähren. Zum Dank dafür, dass ihm der Kurfürst für den bevorstehenden Krieg gegen Frankreich um die spanische Thronfolge 8000 Soldaten zu stellen versprach, gab der Kaiser schließlich seine Zustimmung. König durfte Friedrich aber nur in dem außerhalb des Reiches gelegenen Preußen werden. Nachdem sich der Brandenburger 1701 in Königsberg die Krone selbst aufgesetzt hatte, nannte er sich Friedrich I., »König in Preußen«. König von Preußen durfte er nicht sein, weil es noch ein Stück Preußen gab, das zu Polen gehörte.

Die Königswürde trug erheblich dazu bei, die Einzelteile des zerklüfteten Staatswesens einander anzugleichen. Der Histori-

Selbstkrönung Friedrichs I. in Königsberg 1701 (Farbdruck, 1890, nach einem Aquarell von Woldemar Friedrich)

ker Heinrich Leo urteilte 1864 mit zeittypischem Patriotismus: »Das Hineinwachsen der Einheit in die brandenburgischen Länder begann im Augenblick der Krönung.« Den Behörden und der Armee sei dadurch ein »unaufhaltsamer Trieb zur Einheit des Ganzen eingepflanzt« worden.

Doch bald folgte ein herber Rückschlag. Als 1709/10 in Ostpreußen gleichzeitig Pest und Hungersnot ausbrachen, stürzte die junge Monarchie in ihre erste ernste Krise. Die Epidemie kostete rund 250 000 Menschen das Leben, das war etwa ein Drittel der dortigen Bevölkerung. Weder die Zentral- noch die

Provinzverwaltung waren imstande, wirksame Maßnahmen gegen die Katastrophe zu ergreifen.

Das Desaster in Ostpreußen zeigte die Ineffektivität der Ämter und die Korruptheit der Minister und leitenden Beamten. Bei einer offiziellen Untersuchung wurden Veruntreuungen und Unterschlagungen riesigen Ausmaßes aufgedeckt. Der Kronprinz war entsetzt: »Es ist der tollste Haushalt von der Welt.«

Nach dem Tod seines Vaters 1713 wurde er als Friedrich Wilhelm I. neuer König und packte sofort institutionelle Reformen an. Binnen weniger Jahre krempelte er die brandenburgisch-preußische Verwaltungslandschaft um, indem er zum Beispiel konkurrierende Behörden vereinigte.

Man nannte ihn den »Soldatenkönig« wegen seiner Leidenschaft für das Militär. Erst fast 200 Jahre später, so der nationalkonservative Preußen-Experte Hans-Joachim Schoeps 1966, habe sich das Bild des Königs gewandelt, »als man die Bedeutung der inneren Verwaltung und der harten Selbstzucht besser verstand, die er seinem Volke auferlegte, um es zur angestrebten Größe zu befähigen«.

Theodor Fontane ließ in seinem Roman »Der Stechlin« am Ende des 19. Jahrhunderts einen Pastor rückblickend urteilen: »Friedrich Wilhelm I. hat nicht bloß das Königtum stabilisiert, er hat auch, was viel wichtiger ist, die Fundamente für eine neue Zeit geschaffen und an die Stelle von Zerfahrenheit, selbstischer Vielherrschaft und Willkür Ordnung und Gerechtigkeit gesetzt.«

Bislang war das Generalfinanzdirektorium dafür zuständig gewesen, die Kontribution, die Abgaben der Bauern auf dem Lande, einzutreiben, während das Generalkriegskommissariat die Abgabe der städtischen Verbrauchsteuern zu organisieren hatte. Beide Behörden hatten aber nicht nur fiskalische, sondern auch wirtschaftspolitische Aufgaben. Während die eine die Landwirtschaft und die Infrastruktur auf dem Land förderte, setzte sich die andere für die gewerblichen Interessen der Städter ein. Die Folge war ein mit Intrigen und Beleidigungsklagen geführter Behördenkrieg, den der König 1723 durch ein Machtwort beendete: Er legte die beiden Konkurrenten zu einem Superministerium mit dem sperrigen Titel »General-Ober-Finanz-Kriegs-und-Domänen-Direktorium« zusammen.

Geradezu revolutionär war die Einführung einer kollegialen Struktur der Entscheidungsfindung an der Spitze des Generaldirektoriums, wie die im Berliner Stadtschloss untergebrachte Behörde kurz und bündig genannt wurde. Neu war auch die Aufteilung in Ressorts, die freilich nicht nur nach Fachbereichen gegliedert waren, sondern zugleich die Aufsicht über bestimmte Provinzen innehatten.

Von reibungsloser Effizienz war die preußische Bürokratie dennoch weit entfernt. Ein markantes Beispiel ist das Schuledikt von 1717, das die allgemeine Schulpflicht in Preußen einführen sollte. In Magdeburg und Halberstadt wurde der königliche Erlass gar nicht erst publik gemacht; die Regierung nahm die Unbotmäßigkeit hin und gab sich damit zufrieden, dass es in diesen Provinzen bereits Schulverordnungen gab. Aber auch dort, wo das Edikt veröffentlicht wurde, setzte man es nur teilweise um. 1736 beklagte Friedrich Wilhelm in einem »Erneuerten Edikt«, dass »diesem Unserem heilsamen Edicto nicht nachgelebt« werde. In weiten Teilen des Hohenzollernreichs blieben beide Edikte gänzlich unbekannt; es sollte noch viel Zeit vergehen, bis wirklich alle preußischen Kinder in die Schule gingen.

So stieß der Absolutismus des Herrschers immer wieder an Grenzen. Nur ganz allmählich gelang es dem König, bei der Besetzung wichtiger Ämter mitzureden. Nepotismus und Ämterkauf blieben weitverbreitet und halfen den lokalen Eliten, ihren Einfluss zu wahren.

Auch wirtschaftlich war das Land nach wie vor zerrissen. Selbst innerhalb Brandenburgs wurden beim Transport von

Gütern an den Provinzgrenzen weiterhin Zölle erhoben, und man tat wenig, die peripheren Regionen im Westen und Osten zu integrieren; sie wurden wie ausländische Fürstentümer behandelt.

Als wichtigster Maßstab wirtschaftlicher Blüte galt die Einwohnerzahl. »Menschen achte ich vor den größten Reichtum«, erklärte Friedrich Wilhelm I. Durch »Peuplierung« sollte in dünn besiedelten Gebieten die Ökonomie angekurbelt werden. Daher warb der König, wie schon der Große Kurfürst, um Einwanderer, nicht nur aus anderen deutschen Ländern, sondern auch aus dem Ausland. Vor allem Glaubensflüchtlinge folgten dem Ruf: Hugenotten aus Frankreich, Reformierte aus Böhmen, Lutheraner aus dem Salzburger Land.

Den maroden Staatshaushalt, den sein Vater hinterlassen hatte, glich Friedrich Wilhelm nicht nur aus, er erzielte sogar einen Überschuss. Zwei Drittel der Staatseinnahmen investierte der Soldatenkönig in sein Heer, das er von 38 000 auf 83 000 Mann vergrößerte – bei zweieinhalb Millionen Einwohnern. Es war, nach den Armeen Russlands, Frankreichs und Österreichs, das viertgrößte in Europa, obschon Preußen flächenmäßig nur an 10. und nach der Bevölkerung an 13. Stelle stand.

Der König rechtfertigte die enormen Ausgaben damit, dass nur eine starke, selbst finanzierte Armee ihm außenpolitische Bewegungsfreiheit verschaffen könne, unabhängig von Entscheidungen des Kaisers. »In gewisser Weise war das Heer jedoch ein Selbstzweck«, schreibt der Historiker Christopher Clark: »Friedrich Wilhelm schreckte zeitlebens davor zurück, sein Heer tatsächlich einzusetzen, um ein außenpolitisches Ziel zu erreichen.«

Nur einmal führte er einen kurzen Feldzug: Während des Großen Nordischen Krieges (1700 bis 1721), in dem Russland, Polen-Sachsen und Dänemark-Norwegen gegen Schweden um die Vorherrschaft im Ostseeraum kämpften, zwangen preußische Truppen, im Verein mit Dänen und Sachsen, nach fünfmonatiger Belagerung Stralsunds die schwedischen Besatzer 1715 zur Kapitulation.

Sein Nachfolger, Friedrich II., setzte die Armee gleich ganz anders ein. Kaum hatte seine lange Regierungszeit (1740 bis 1786) begonnen, ließ er seine Truppen in Schlesien einmarschieren, um dieses bevölkerungsreiche und wirtschaftlich starke habsburgische Land seinem Staat einzuverleiben. Damit begann der preußisch-österreichische Dualismus, der Kampf der beiden führenden deutschen Mächte um die Vorherrschaft im Reich.

In seinem Politischen Testament von 1768 bezeichnete es Friedrich II., seit den beiden Schlesischen Kriegen »der Große« genannt, unverhohlen als sein Ziel, Niederdeutschland vom Heiligen Römischen Reich Deutscher Nation loszulösen und daraus ein selbstständiges Reich zu formen. Durch die Gründung des Deutschen Fürstenbundes 1785, der eine Machtausweitung der Habsburger in Süddeutschland verhindern sollte, erhielt Friedrichs Idee bereits politische Konturen. Den Bund mit dem Hohenzollern-König als Oberhaupt rühmte der preußische Staatshistoriker Leopold von Ranke 1871 als »geniale Vorwegnahme des Bildes vom Deutschen Reich«. Er blieb aber Episode, weil sich die Fürsten von Wien bis Berlin bald gegen einen gemeinsamen Feind, das revolutionäre Frankreich, zusammentaten.

Die Zeit von 1789 bis zu Napoleons Sieg über Preußen 1806 wurde zu einer der »unrühmlichsten Epochen in der Geschichte der preußischen Monarchie«, so Christopher Clark. Schwache Könige trugen daran einen erheblichen Anteil.

Friedrich Wilhelm II., ein Neffe des kinderlosen Friedrich II., zog 1792 mit Österreich in den Kampf gegen die Franzosen, um dort die Monarchie wieder einzuführen. Als der Vormarsch bei Valmy in einem Fiasko endete (siehe Seite 112), ließ er seinen Verbündeten im Stich. Wichtiger war ihm eine Gebietserweiterung Preußens im Osten: Nach der ersten Teilung Polens 1772 erhielt Preußen nun, 1793, ein weiteres Stück polnischen Landes, das die Lücke zwischen Schlesien und Ostpreußen verkleinerte. Zum ersten Mal gewann Preußen einen großen nichtdeutschen Bevölkerungsanteil hinzu, der sich bei der dritten Teilung Polens 1795 noch einmal vergrößerte.

Preußens Staatsgebiet war nun größer als je zuvor. Es erstreckte sich über mehr als 300 000 Quadratkilometer (fast so viel wie das heutige Deutschland mit 357 000 Quadratkilometern), davon lag jedoch mehr als die Hälfte jenseits von Oder und Neiße. Die Einwohnerzahl schnellte von 5,4 auf 8,7 Millionen hoch.

Der ab 1797 regierende König Friedrich Wilhelm III. setzte sich mit seiner Neutralitätspolitik indes zwischen alle Stühle. Er wollte sich mit Napoleon gut stellen, verhandelte aber zugleich auch mit Russland und Österreich, als diese schon zum Krieg gegen Frankreich entschlossen waren. Preußen taumelte in einen von Napoleon provozierten Krieg, den es in der Schlacht von Jena und Auerstedt 1806 katastrophal verlor.

Diesmal blieb das brandenburgische Mirakel zunächst aus. In Tilsit musste Friedrich Wilhelm III. im Juli 1807 einen demütigenden Diktatfrieden unterschreiben. Das Territorium Preußens und die Zahl seiner Untertanen wurden halbiert. Sämtliche Gebiete westlich der Elbe gingen verloren. Aus den Ländereien, die Preußen durch die polnischen Teilungen erworben hatte, entstand ein Herzogtum Warschau als Vasallenstaat Frankreichs. Dass eine Hohenzollern-Herrschaft überhaupt noch existierte, war nur dem Umstand zu verdanken, dass Frankreich und Russland, obwohl nun verbündet, einen Pufferstaat zwischen sich behalten wollten.

Der Schriftsteller Johann Wilhelm von Archenholz, der am Siebenjährigen Krieg teilgenommen und die Kriegstaten Friedrichs des Großen gerühmt hatte, stellte »Betrachtungen am

Grabe der Preußischen Monarchie« an: Das »alte preußische Königtum« müsse »auf ewig aus allen Gemütern getilgt, auf ewig von Preußens Gefilden entflohen« sein.

Doch wie Preußen nach dem Dreißigjährigen Krieg aus einer Wüstenei entstanden war, erholte es sich in erstaunlich kurzer Zeit von dem Debakel. Zusammen mit anderen deutschen Heeren drängte die preußische Armee Napoleon aus Deutschland hinaus. Beim Wiener Kongress 1815 war Preußen wieder als eine der fünf in Europa maßgebenden Großmächte präsent. Der schwarze Adler, das Wappentier Preußens, hatte sich wie Phönix aus der Asche erhoben.

Diejenigen unter den deutschen Patrioten, die als Folge der Befreiungskriege einen geeinten, von Preußen geführten Nationalstaat ersehnt hatten, wurden jedoch enttäuscht. Preußen erklärte seinen Beitritt zum »Deutschen Bund«, einer losen Föderation von 35 souveränen Fürsten und vier Freien Städten.

Dennoch stand Preußen fortan im Zentrum der wirtschaftlichen und politischen Einigung. Als Ausgleich für die 1807 verlorenen Gebiete aus der zweiten und dritten polnischen Teilung erhielt es erhebliche Zuwächse im Westen, vor allem Westfalen und die Rheinprovinz. Der Schwerpunkt des zweigeteilten Landes verlagerte sich deutlich nach Westen.

Der Historiker Thomas Nipperdey sah darin eine Vorentscheidung für den späteren deutschen Einigungsprozess: »Die Versetzung Preußens an den Rhein«, schrieb er am Ende des 20. Jahrhunderts, »ist eine der fundamentalen Tatsachen der deutschen Geschichte, eine der Grundlagen der Reichsgründung von 1866/1871.«

ZWEI PFERDE, EINE KUH UND 50 TALER

Als Flüchtlinge gekommen, blieben die Hugenotten in Preußen über Generationen eine stolze Minderheit.

Von SUSANNE WEINGARTEN

Zweihundert Jahre, dass wir hier zu Land
Ein Obdach fanden, Freistatt für den Glauben,
Und Zuflucht vor Bedrängnis der Gewissen.
Ein hochmuther Fürst, so frei wie fromm,
Empfing uns hier, und wie der Fürst des Landes
Empfing uns auch sein Volk. Kein Neid ward wach,
Nicht Eifersucht, – man öffnete die Thür
Und hieß als Glaubensbrüder uns willkommen.

Mit diesen Versen beginnt ein ziemlich schwülstiges Jubiläumsgedicht, das Theodor Fontane im November 1885 zur »Feier des zweihundertjährigen Bestehens der Französischen Kolonie« in Berlin verfasste. Fontane, selbst Spross einer Hugenottenfamilie, erinnert darin an die Flucht der Franzosen, die im späten 17. und frühen 18. Jahrhundert ihre Heimat verlassen hatten, weil sie aufgrund ihres Glaubens verfolgt wurden. Fast eine Viertelmillion Hugenotten – wie die calvinistisch geprägten Protestanten in Frankreich genannt wurden – floh über die Grenzen. Der absolutistische »Sonnenkönig« Ludwig XIV. hatte im Oktober

1685 in seinem Edikt von Fontainebleau die Religionsfreiheit aufgehoben und den Katholizismus zur Staatsreligion erklärt.

Fontanes Gedicht feiert eine idyllisch-harmonische Aufnahme der Hugenotten durch den »Großen Kurfürsten« Friedrich Wilhelm I. und die brandenburgisch-preußische Bevölkerung – und bis heute wird die Einbürgerung der Hugenotten gern als Vorbild gelungener Integration herangezogen. Doch ganz so einfach liegt die Sache nicht.

Einer der Flüchtlinge war der junge Bauer Jean Harlan. Er brach noch im Spätherbst 1685 aus der nordfranzösischen Hafenstadt Calais auf, wo er – gerade 20 Jahre alt – als Landwirt und Händler gearbeitet hatte. Zunächst floh er wohl übers Meer ins niederländische Städtchen Cadzand, wo er auf andere Mitglieder seiner Gemeinde traf, auch die beiden Pastoren. Die Fahrt durch den Ärmelkanal kostete durch Hunger, Kälte, Schiffbruch oder Angriffe viele Flüchtlinge das Leben. Aber Schreckliches erzählten die Exilfranzosen auch von daheim: »Es kommen täglich viele miserable geflüchtete allhier an und wissen nicht genugsam von den grausamen proceduren zu erzählen, welche in Frankreich wider diejenigen zur Hand genommen werden, so sich weigern, sich zu der Römischen Katholischen Religion zu begeben«, meldete ein preußischer Beamter seinem Landesherrn.

Schon zu Hause hatten die meisten Hugenotten vom Angebot des Kurfürsten erfahren, sie in seinem Gebiet aufzunehmen. Der Landesherr von Brandenburg-Preußen hatte auf das Edikt von Fontainebleau nur wenige Wochen später mit seiner eigenen Erklärung reagiert, die den Hugenotten Glaubensfreiheit, großzügige Privilegien bei ihrer Ansiedlung, eine eigene Rechtsprechung und Schulen, auch Steuererleichterungen und Geld verhieß. Dieses Edikt von Potsdam, am 9. November 1685 auf Deutsch, Holländisch und Französisch veröffentlicht, war mit Geheimkurieren nach Frankreich eingeschleust und sehr schnell bis in die entlegensten Regionen verbreitet worden.

Ein Flüchtling wie Jean Harlan kam bald in Kontakt mit der Infrastruktur, die Brandenburg-Preußen eigens für die »Refugiés« einrichtet hatte. In den protestantischen Niederlanden etwa gab es mehrere Transitstationen, wo die Hugenotten für ihre Weiterreise mit Schutzbriefen ausgestattet wurden. Die ersparten ihnen Zölle und berechtigten sie, unterwegs finanzielle Hilfe in Anspruch zu nehmen.

Harlan siedelte sich zunächst im Örtchen Fahrenwalde in der Uckermark an, heiratete im Februar 1689 die ebenfalls geflohene Marie le Jeune und zeugte drei Kinder mit ihr. Sie lebten mehrere Jahre lang auf einem der 2900 Höfe, die in der Uckermark leer standen. Baumaterial, Saatgut, 50 Taler, zwei Pferde und eine Kuh hatte der Staat ihnen wie auch den anderen eingewanderten Bauern für ihren Neuanfang zur Verfügung gestellt, dazu bekamen sie das Land für Ackerbau und Viehzucht auf drei Generationen in kostenloser Erbpacht gestellt. Sie wurden obendrein von den Frondiensten befreit, die deutsche Bauern leisten mussten, konnten frei ihren Wohnort wählen und mussten zehn Jahre lang keine Steuern und Abgaben zahlen.

Mit seiner ausgesprochen großzügigen Hilfe für verfolgte Glaubensbrüder verknüpfte Friedrich Wilhelm I. auch machtpolitische Ziele: »Eine dem Fürsten persönlich verbundene starke Gruppe von Zuwanderern seiner Konfession bedeutete auch eine Stärkung seiner Position gegenüber den landständischen Adligen und der lutherischen Geistlichkeit«, argumentiert die Historikerin Barbara Dölemeyer. Sein Kalkül ging auf – die Hugenotten wurden treue Untertanen.

Zugleich umwarb der Große Kurfürst die Flüchtlinge, weil er die »Peuplierung«, also die planmäßige Besiedlung der seit dem Dreißigjährigen Krieg verödeten und weitgehend entvölkerten Landstriche seines Herrschaftsgebiets vorantreiben wollte. Gerade die Uckermark hatte es hart getroffen.

Frankreich galt als Leitkultur Europas, Französisch war häufig die Sprache bei Hofe, und viele Hugenotten hatten in ihrer Heimat zur Elite gehört. Sie galten als fleißig, ehrgeizig und gebildet, einige hatten Manufakturen besessen, eine Betriebsform, die es im rückständigen Brandenburg-Preußen überhaupt noch nicht gab. Die Hugenotten sollten als qualifizierte Fachkräfte ihre neue Heimat in die vorindustrielle Moderne bugsieren, und genau das taten sie dann auch.

»Die Hochschätzung der französischen Kultur kam den Hugenotten sicher in vielerlei Hinsicht entgegen«, sagt der Historiker Ulrich Niggemann. Die wohlhabendsten und gesellschaftlich arriviertesten Hugenotten mieden allerdings die deutschen Lande, in denen provinzielle Potentaten mehr schlecht als recht über kümmerliche Kleinstaaten herrschten – und zogen lieber ins weltläufigere England (50 000 Hugenotten-Einwanderer), in die Niederlande (40 000) oder weiter nach Nordamerika.

Blieben die einfacheren Leute, Arbeiter, Bauern und Handwerker wie Jean Harlan. Die rund 20 000 »Refugiés« in Brandenburg-Preußen bekamen es in den ersten Jahrzehnten mit einer Bevölkerung zu tun, die längst nicht immer begeistert war von der neuen Konkurrenz, die ihnen die Obrigkeit ins Land geholt hatte. Wütende Berliner kippten den »Bohnenfressern« Mist vor die Haustür, schlugen ihnen die Fenster ein oder zündeten sogar ihre Häuser an. Zünfte und Gilden weigerten sich, die Zuwanderer aufzunehmen, und mancherorts – auch in Harlans Wohnort Fahrenwalde – stellten sich die Gerichte gegen sie, wenn sie beschimpft oder tätlich angegriffen worden waren.

Jean Harlan zog jedenfalls um 1704 mit seiner Familie wieder aus Fahrenwalde weg. In der uckermärkischen Kleinstadt Schwedt stieg er wenig später als »privilegierter Höker« ins Tabakgeschäft ein – sein Sohn Jakob und dessen Nachfahren bauten daraus eine blühende Handelsdynastie auf. Sie stützte sich, wie die Historikerin Ingrid Buchloh rekonstruiert hat, »auf ein geschäftliches und familiäres Netzwerk, das sie mit den führenden hugenottischen Kaufmannsfamilien Brandenburgs« verband. Die nächsten Generationen der Harlans stiegen erst in die Wirtschaftselite und dann ins Bildungsbürgertum auf.

Ihre Vernetzung war charakteristisch für die Hugenotten, die sich noch über Jahrhunderte als eigene Gruppe innerhalb der deutschen Gesellschaft verstanden, eben als »Französische Kolonie«. Mit eigener Sprache, vielerorts eigenen Schulen, Kirchen und Gerichtsbarkeiten. Ihr Zuzug führte eher zu einem Multikulti-Nebeneinander als zu einer Anpassung an die deutsch geprägte Dominanzkultur – nicht verwunderlich, da sich die Hugenotten dieser Kultur überlegen fühlten.

Dieses Selbstbewusstsein pflegte Theodor Fontane noch 1885 in seinem Lobgedicht:

Mit fleiß'ger Hand, in Allem wohlerfahren,
was älterer Kultur und wärmrer Sonne
Daheim entsproß und einem reichren Lande –
so wirken wir. Und Gottes Segen krönte
Der Hugenotten redlich Mühn, dass reich
Und glücklich manch Geschlecht dahier erblühte.

»DER BÖSE MANN«

Unterschiedlicher als der Preuße Friedrich II. und die Österreicherin Maria Theresia konnten Rivalen kaum sein. Ihr Machtkampf spaltete das Reich.

Von MICHAEL SONTHEIMER

Es war eine finstere Wahrheit, die der preußische König mitzuteilen hatte. Am 12. August 1759 schrieb Friedrich II. seinem Vertrauten Karl Wilhelm von Finckenstein: »Ich glaube, dass alles verloren ist; ich werde den Untergang meines Vaterlandes nicht überleben. Adieu für immer.«

Friedrich hatte als Feldherr eine verheerende Niederlage hinnehmen müssen. Bei Kunersdorf, nur zwei Tagesreisen östlich von Berlin, hatte eine österreichisch-russische Übermacht seine Soldaten in die Flucht geschlagen.

In einer zeitgenössischen Chronik heißt es über den kämpferischen König: »Zwei Pferde wurden ihm unter dem Leibe getödtet, und seine Uniform war von Kugeln durchlöchert.« Immer wieder habe er neue Angriffe befohlen, doch »das Kriegsglück hatte den preußischen Fahnen den Rücken gekehrt«.

Für Friedrich II. war es das größte militärische Desaster seines Lebens. »Die Preussen verloren in dieser mörderischen Schlacht bei zwanzig tausend Mann«, heißt es in der Chronik. »Drei tausend waren todt auf dem Wahlplatz geblieben, dritthalb tausend wurden gefangen oder vermißt, und eilf tausend betrug die Anzahl ihrer Verwundeten.«

Weit weg in Wien freute sich Kaiserin Maria Theresia über ihren Sieg. Ihr Feind sei selbst schuld gewesen, befand sie: »Der König von Preußen war allzusehr durch Übermut und Rachbegierde über die erlittene letzte Niederlage verblendet.« Obwohl es für ihn klüger gewesen wäre, der Schlacht auszuweichen, sei dann bei Kunersdorf »sein verzweifelter Angriff und ein solches Blutbad erfolget, wovon wenige Beispiel in der Geschichte zu finden seind«.

Zum Zeitpunkt der Niederlage führte Friedrich der Große bereits, mit Unterbrechungen, seit fast zwei Jahrzehnten Krieg gegen die Kaiserin aus Wien. Im Heiligen Römischen Reich Deutscher Nation verstärkte das erbitterte Ringen den Dualismus zwischen Preußen und Österreich. Die Rücksichtslosigkeit, mit der Friedrich darum kämpfte, seinem Land das österreichische Schlesien einzuverleiben, schwächte das antiquierte Imperium weiter.

Das Machtspiel war 1740 eröffnet worden, in einem für Europa entscheidenden Jahr. Am 31. Mai starb Friedrich Wilhelm I., Friedrichs grausamer Vater, der »Soldatenkönig«. Der 28-jährige Thronfolger Friedrich war ein hochfahrender und ruchloser Mann. Für Kaiser Karl VI. hatte er nur beißenden Spott übrig; der Habsburger sei »ein altes Phantom eines Götzenbildes«.

Karl VI. starb im Oktober 1740. Er hatte keinen männlichen Erben gezeugt, aber vorausahnend die »Pragmatische Sanktion« erlassen. Nach ihr sollten im Hause Habsburg auch Frauen an die Spitze der Dynastie gelangen können, wenn es keine männlichen Erben gab. Karls älteste Tochter Maria Theresia, 23 Jahre alt, wurde deshalb zunächst Erzherzogin von Österreich und Königin von Ungarn.

Doch gegen Maria Theresias Aufstieg formierte sich Widerstand. Auf die Kaiserkrone, die seit gut 300 Jahren ausschließ-

lich Habsburger getragen hatten, erhob jetzt der Kurfürst von Bayern Anspruch. Auch der misogyne und machthungrige Friedrich erkannte eine Frau als Erbin nicht an und streckte seine Hand nach Schlesien aus.

Der frisch gekrönte Preußenkönig platzte vor Ehrgeiz und Tatendrang. »Jetzt ist der Zeitpunkt einer völligen Veränderung des alten Systems der Politik«, schrieb er Ende Oktober 1740 an den französischen Philosophen Voltaire. Friedrich wollte die Gunst der Stunde nutzen und seinem kleinen und schwach besiedelten Preußen die reichste Provinz der Habsburger einverleiben.

Maria Theresias Gatten Franz aus dem Hause Lothringen bat er heuchlerisch, ihn »als Ihren guten und sehr zärtlichen Vetter zu betrachten«. Maria Theresia ließ sich aber nicht täuschen und schrieb ihrem Botschafter in Berlin, »dass niemand als Preußen weniger zu trauen ist«.

Schon Mitte Dezember 1740 ließ Friedrich zwei Armeekorps die Oder überschreiten und in Schlesien einmarschieren. Seine

Soldaten eroberten kampflos das ganze Land, bis auf ein paar Festungen. Als er Maria Theresia ausrichten ließ, dass er die Wahl ihres Gatten zum Kaiser unterstützen würde, wenn sie auf Schlesien verzichtete, blieb die Österreicherin hart: »So lange er noch einen einzigen Mann in Schlesien stehen hat, werden wir lieber untergehen als mit ihm verhandeln.«

Wie schon zu Zeiten der Römer zogen sich im 18. Jahrhundert die Soldaten, wenn es frostig wurde, ins Winterlager zurück. Im Frühjahr wurde dann wieder Krieg geführt. Bereits im März 1741 marschierten die Österreicher in Schlesien ein, um die preußischen Usurpatoren zu vertreiben. Im April 1741 kam es bei Mollwitz, südlich von Breslau, zur Schlacht.

Die Österreicher verfügten über knapp 20 000 Soldaten, die Preußen hatten etwa ebenso viele. Als der Kampf verloren schien, forderte Generalfeldmarschall Kurt Christoph von Schwerin den jungen König auf, sich schnellstens vom Schlachtfeld zu entfernen. Die Preußen konnten schließlich das Blatt noch wenden, und nach einem weiteren Sieg Friedrichs schlossen die Österreicher im Sommer 1742, unter Vermittlung der Briten, zähneknirschend Frieden mit dem Preußenkönig. Maria Theresia erkannte den Verlust von Schlesien zwar an, schwor aber insgeheim Rache.

Friedrich schrieb mit dem Stolz eines rücksichtslosen Soldaten an Voltaire: »Ich habe Europa mit der Seuche des Krieges angesteckt.« SPIEGEL-Gründer Rudolf Augstein charakterisierte den Preußenkönig zwei Jahrhunderte später als »einen der treulosesten Politiker, die je agiert haben«. In den europäischen Hauptstädten galt er als gefährlicher Emporkömmling.

Maria Theresia war das Gegenteil des unheimlichen Preußen. Eine einnehmende, lebenskluge Frau. Als Herrscherin traf sie nicht wie Friedrich II. einsame Beschlüsse, sondern hatte stets Berater um sich, denen sie vertraute. »Ihre Stimme soll bezwingend und reizvoll gewesen sein«, schrieb Thomas Mann über sie.

»Hof und Volk vergötterten sie. Sie regierte fromm, klug, patriarchalisch und gemütlich.«

Von Machtpolitik verstand sie freilich auch etwas. Nach dem Friedensschluss mit Preußen ging Maria Theresia erst einmal gegen den bayerischen Kurfürsten Karl Albrecht vor. Der hatte sich 1742 von den Kurfürsten zum Kaiser des Heiligen Römischen Reichs wählen lassen. Aber die Habsburger beanspruchten die Krone wie seit Generationen für ihre Familie, in diesem Fall für Maria Theresias Gatten, Franz Stephan von Lothringen. Österreichische Truppen besetzten München, während der Bayer sich gerade in Frankfurt zum Kaiser krönen ließ. Nach dessen Tod 1745 war der Weg frei, der angeheiratete Habsburger wurde als Franz I. inthronisiert.

Friedrich blieb nicht untätig. Er versicherte sich der Unterstützung von Frankreich, um im August 1744 im österreichischen Böhmen einzufallen und den Zweiten Schlesischen Krieg zu beginnen. Seine Truppen eroberten zwar Prag, mussten sich angesichts zu langer Nachschubwege und massenhafter Desertationen aber nach Schlesien zurückziehen. Immerhin konnten sie in drei Schlachten die Gegenoffensive der Österreicher abwehren. Im Dezember 1745 akzeptierte Maria Theresia in einem in Dresden abgeschlossenen Friedensvertrag, dass Schlesien für immer preußisch bleiben sollte. Dafür erkannte Friedrich ihren Gatten Franz als Kaiser an.

Der französische Aufklärer Marquis de Mirabeau spottete, Preußen sei kein Staat, der eine Armee, sondern eine Armee, die einen Staat besitze. Bei der Thronbesteigung von Friedrich II. kam in Preußen auf 28 Bewohner ein Soldat, in Großbritannien auf 310. Da Preußen nur 2,24 Millionen Bewohner hatte, war die Armee mit 80 000 Mann noch relativ klein, verschlang aber 86 Prozent des Staatshaushalts. Friedrich verdoppelte seine Truppen bis 1760 und kultivierte jenen Militarismus, der erst 1945 sein Ende fand.

Im August 1756 fiel die preußische Armee ohne Kriegserklärung ins neutrale Sachsen ein, eine weitere Zerreißprobe für das Reich. Gut zwei Wochen nach dem Angriff erließ Kaiser Franz I. ein Dekret, mit dem er Friedrich II. als Kurfürsten von Brandenburg anwies, den Kurfürsten von Sachsen gefälligst in Frieden zu lassen. Andernfalls drohe ihm die Reichsacht.

Die nun folgenden Ereignisse zeigen: Reichspolitik Mitte des 18. Jahrhunderts bedeutete, den alten institutionellen Rahmen zu bewahren und gleichzeitig das europäische Machtspiel mitzuspielen. Beides gehörte zusammen und sorgte für den Fortbestand des schwachen, aber zählebigen Imperiums.

Knapp vier Monate nach dem kaiserlichen Dekret trat in Regensburg der Reichstag zusammen, eine Woche später verhängte er die Reichsacht über Friedrich II. und beschloss die Aufstellung einer Reichsexekutionsarmee, die den notorischen Usurpator aus Berlin in seine Schranken weisen sollte.

Friedrich hatte zwar Sachsen erobert, doch die Habsburger waren nun mit den Franzosen und den Russen im Bunde. Diese Allianz dreier etablierter Großmächte brachte Preußen in schwere Bedrängnis. Russische Truppen marschierten in Ostpreußen ein, die Franzosen drangen zusammen mit der Reichsarmee nach Sachsen vor, und die Österreicher attackierten Schlesien. Den Preußen gelang es zwar, die Gegner an allen Fronten zurückzudrängen, aber sie befanden sich fortan in der strategischen Defensive. Das wirtschaftlich schwache Land konnte sich keinen langen Krieg leisten; ihm drohten die Soldaten auszugehen.

Zwar unterstützen ihn seine britischen Verbündeten zunächst mit vier Millionen Talern jährlich, doch im August 1759 erlitt Friedrich die eingangs geschilderte verheerende Niederlage bei Kunersdorf. Österreicher und Russen ließen allerdings die Chance zur anschließenden Eroberung Berlins verstreichen, weil sie sich über das weitere Vorgehen nicht einig waren. Friedrich nannte die unerwartete Rettung das »Mirakel des Hauses Brandenburg«.

Doch die Reichsarmee und die Österreicher nahmen in Sachsen auf einen Schlag 13 000 preußische Soldaten gefangen. Bald schon marschierten Truppen der Habsburger durch Schlesien, wurden aber bei Liegnitz geschlagen. Einige Wochen später fielen österreichische, russische und sächsische Soldaten in Berlin ein und marodierten vier Tage lang in der Hauptstadt Preußens.

»Ich schwöre Ihnen, es ist ein Hundeleben«, schrieb Friedrich im November 1760 an die Gräfin von Camas, nachdem er bei Torgau die Österreicher in der blutigsten Schlacht des Krieges niedergekämpft hatte. »Kein Mensch außer mir und Don Quichotte hat so gelebt. Diese unaufhörlichen Geschäfte, diese stete Unruhe haben mich so alt gemacht. Auf der rechten Seite sind mir die Hare völlig grau geworden, meine Zähne werden mürbe und fallen aus. Mein Gesicht ist so voll Runzeln wie ein Frauenkleid von Falten, der Rücken krumm wie ein Fiedlbogen und mein Inneres so traurig und niedergeschlagen …«

Friedrichs Lage schien trotz des Sieges bei Torgau hoffnungslos, so übermächtig war die Koalition seiner Feinde. Doch es geschah ein zweites Mirakel, diesmal in Sankt Petersburg. Nachdem im Januar 1762 die Zarin Elisabeth gestorben war, kam ihr Neffe Peter III. an die Macht. Dieser bewunderte Friedrich und schloss, kaum fünf Monate auf dem Thron, Frieden mit Preußen. So zerfiel die antipreußische Koalition, und Maria Theresia musste zum dritten Mal zurückstecken. Nach Vermittlung durch den Zarenhof schlossen Preußen, Österreich und Sachsen im Dezember 1762 Frieden. Preußen durfte Schlesien behalten, Sachsen musste keine territorialen Verluste hinnehmen. Die Österreicher hatten nichts erreicht.

Der dritte Schlesische Krieg war ein Teil des Siebenjährigen Krieges, den Historiker einen »Weltkrieg im 18. Jahrhundert« nennen. Von 1756 bis 1763 rangen Briten, Franzosen und ihre jeweiligen Verbündeten um die Macht in den Kolonien, vor allem die in Nordamerika. Gekämpft wurde zudem in Portugal, Indien, der Karibik und auf den Philippinen.

In diesem Krieg etablierte Friedrich II., den Adolf Hitler über alles bewunderte, Preußen als fünfte europäische Großmacht. Erreicht hatte er dies als wagemutiger und auch glücklicher Feldherr. Da er seine Truppen oft persönlich anführte, konnte er größere Risiken eingehen als die Oberbefehlshaber seiner Feinde.

Doch die langen Jahre im Sattel und auf Schlachtfeldern forderten ihren Tribut. Im April 1762 schrieb er an einen Freund, dass seine »seelische Kraft völlig erschöpft« sei und »sich eine Hülle von Gleichgültigkeit und Unempfindlichkeit gebildet hat, die mich zu nichts mehr tauglich macht«. Der Preußenkönig klagte zudem über »völlig verheerte Landstriche, in denen die Spuren ehemaliger Siedlungen kaum noch zu finden waren«. 180 000 seiner Soldaten waren im Siebenjährigen Krieg gefallen. Mit der kostenlosen Verteilung von Land und Baumaterialien lockte Friedrich Migranten ins Land.

Wie hart und pragmatisch Maria Theresia sein konnte, bewies sie 1772, als sie mit Friedrich gemeinsame Sache machte und, zusammen mit den Russen, große Teile Polens unter den Vertragspartnern aufteilte. Doch den Raub Schlesiens verzieh sie dem Preußenkönig nie. Bis zu ihrem Tod blieb Friedrich II. für sie »der böse Mann«.

Die Kaiserin, die das Haus Habsburg zu einer neuen Blüte geführt hatte, starb Ende November 1780 im Kreise ihrer Familie in Wien. Sie war 63 Jahre alt. »Sie machte Frieden«, dichtete der Norddeutsche Matthias Claudius in einem Nachruf: »War ihres Volkes Lust und ihres Volkes Segen./ Und ging getrost und voller Zuversicht,/ Dem Tod als ihrem Freund entgegen./ Ein Welteroberer kann das nicht. Sie/ machte Frieden!«

Friedrich verunglimpfte Maria Theresia als eine der »drei ersten Huren Europas«. Doch das Gegenteil war wahr. Maria

Theresia legte höchsten Wert auf eheliche Treue und Anstand. Sie gebar 16 Kinder, von denen allerdings 6 starben, bevor sie erwachsen wurden.

Der Preußenkönig überlebte seine österreichische Gegenspielerin um sechs Jahre und starb kinderlos und einsam im August 1786 im Potsdamer Schloss Sanssouci. »Sein Lebensabend«, schrieb Thomas Mann, sei »kalt, trübe und abstoßend« gewesen. »Ausgebrannt, öde und bös, liebte er niemanden, und niemand liebte ihn.«

JUPITER UND SEIN ADLER

Goethe sah im Alten Reich vorwiegend ein politisches Überbleibsel. Ordnung ging ihm stets über Demokratie, sein Ideal aber war die deutsche Kulturnation.

Von JOHANNES SALTZWEDEL

Für die Säufer in Auerbachs Keller ist der Fall klar. Sie kennen, was ihr Kumpan da anstimmt: »Das liebe heil'ge Röm'sche Reich, wie hält's nur noch zusammen?«, grölt er los. Doch schon fährt der Banknachbar dazwischen: »Pfui, ein garstig Lied, ein politisch Lied, ein leidig Lied«, schimpft er. »Dankt Gott, dass euch das heilige Römische Reich nichts angeht.«

Nichts angehen? Ziemlich starker Tobak, den der junge Herr Goethe da serviert. Sicher, sein um 1772 angefangenes Drama, in dem es um den Pakt eines gewissen Doktor Faust mit dem Teufel geht, ist noch nicht fertig und spielt in ferner Lutherzeit. Doch der junge Jurist wagt einiges: Schließlich ist er Sohn eines Kaiserlichen Rats, hat kürzlich ein Praktikum beim ehrwürdigen Reichskammergericht in Wetzlar absolviert und übernimmt als Anwalt nun die ersten Mandate. Heikel, wenn so einer über Staatsdinge lästert, selbst als Bürger der Freien Reichsstadt Frankfurt.

Immerhin lässt er den Text auch erst Jahre später drucken, als er längst Minister des kleinen Herzogtums Sachsen-Weimar und Eisenach ist, einiges von Europa gesehen hat und sich die ersten

Schockwellen der Revolution verbreiten. 1790 ist es kaum noch riskant, ein paar Leipziger Schnapsnasen über das seltsame Amtsgebilde namens Reich spotten zu lassen, das mit seinen altertümlichen Paragrafen und Insignien deutsche Einheit mehr symbolisiert als verwirklicht. Die Endfassung von 1808 baut Goethe noch aus mit den Versen: »Ich halt' es wenigstens für reichlichen Gewinn,/Dass ich nicht Kaiser oder Kanzler bin.«

Skeptisch war und blieb der Dichter in seiner Haltung zum Deutschen Reich. Als Junge, während des Siebenjährigen Krieges zwischen Preußen und Österreich, hatte er wie sein Vater – und gegen den Großvater – »preußisch oder, um richtiger zu reden, fritzisch« empfunden. Trotzdem beeindruckte den 14-Jährigen dann auch die feierliche Krönung des Habsburgers Joseph II. zum deutschen König in Frankfurt. In der gut sortierten Bibliothek des Vaters fand sich allerlei über das Reich, und als ein Bekannter, der frühere Bürgermeister Johann Daniel von Olenschlager, eine »Neue Erläuterung der Guldenen Bulle Kaysers Carls des IV.« schrieb, lernte der angehende Student Goethe viel daraus.

Dennoch, das römisch-deutsche Imperium ließ ihn kalt, auch nachdem ihn 1770 in Straßburg der theologische Meisterdenker Johann Gottfried Herder für Volkslieder und deutsche Baukunst begeistert hatte. Allerdings empfahl ihm Herder den eben erschienenen Essay »Von dem Faustrechte«. Darin argumentierte der Osnabrücker Staatsmann Justus Möser, man solle mittelalterliche Rechtsformen nicht mit wohlfeilem Aufklärerdünkel dumpf und primitiv nennen, sondern sie als sinnvoll gewachsene Traditionen patriotischer Ganzheit achten.

Goethe fand das Plädoyer für historische Gerechtigkeit einleuchtend und sympathisch. Zudem half es ihm bei der Konzeption eines Dramas über den Ritter Götz von Berlichingen, der trotz eiserner Hand, kerniger Redlichkeit und deftiger Sprüche letztlich der Reichsgewalt unterliegt und im Gefängnis stirbt.

Kurz nachdem der junge Advokat 1774 sein nächstes Erfolgswerk, den Briefroman »Die Leiden des jungen Werthers«, zu schreiben angefangen hatte, bemerkte er einmal nebenbei, in Frankfurt halte man sich »gut kaiserlich«. Aber was sollte eine Reichsstadt auch anderes machen? Politik hat es mit Gemengelagen zu tun, wie Goethe bald zu Genüge erfahren sollte. Ein glücklicher Zufall half nach: Beim ersten Gespräch mit Weimars durchreisendem Prinzen lag auf Goethes Tisch Mösers neues Werk, die Feuilletonsammlung »Patriotische Phantasien«.

»Wenn man sonst dem Deutschen Reiche Zersplitterung, Anarchie und Ohnmacht vorwarf, so erschien aus dem möserischen Standpunkte gerade die Menge kleiner Staaten als höchst erwünscht zur Ausbreitung der Kultur im Einzelnen, nach den Bedürfnissen, welche aus der Lage und Beschaffenheit der verschiedensten Provinzen hervorgehn« – so fasste Goethe später in seiner Autobiografie zusammen, was er damals mit Sympathie referierte.

Der wohlwollende Blick auf die Kleinstaaterei schuf Vertrauen zwischen dem Dichter und seinem künftigen Arbeitgeber. 1775 wurde Carl August volljährig, trat als neuer Herzog in Weimar an und holte sogleich den Frankfurter Advokaten und Stardichter zu sich nach Weimar. Der musste sich dort erst einmal im »Geheimen Conseil«, dem obersten Regierungsgremium, gegen mehrere erprobte Verwaltungsjuristen behaupten. Aber sein noch jüngerer Dienstherr stand ihm bei. In Goethes Tagebuch steht für Carl August gewöhnlich das Sternzeichen »Jupiter«.

Blicke in den größeren politischen Kosmos Deutschlands oder gar Europas waren bei der kniffligen Verwaltung des Kleinfürstentums anfangs nicht möglich. Bald aber wollte Carl August sich auch jenseits der eigenen Grenzen profilieren. In Berlin sammelten er und eine kleine Reisegruppe 1778 Eindrücke über die Stimmung in Preußen. Auch Goethe war dabei.

Halb beeindruckt, halb entsetzt schrieb er an seine Geliebte Charlotte von Stein, hinter all dem Gewimmel, militärisch wie zivil, habe er das Staats-Uhrwerk in Funktion erlebt; nun ahne er »die verborgenen Räder« und hinter allem »die große alte Walze FR« (Fridericus Rex). Seinen Argwohn gegen die Drillmaschine Preußen sollte er nie verlieren; in einer Theatersatire spielte er 1780 sogar auf die »immer bereitwilligen Krallen« des preußischen Adlers an.

Der blutjunge Herzog Carl August dagegen hegte kühne Hoffnungen: Eifrig beteiligte er sich an Geheimverhandlungen, um Kaiser Josephs Hegemonialstreben mit einem »Fürstenbund« zu beantworten. Dafür reiste Goethe 1784 mit nach Braunschweig, sperrte sich dann aber gegen weitere diplomatische Missionen.

Die Erklärung hat der Historiker Wilhelm Mommsen in seiner grundlegenden Studie über »Die politischen Anschauungen Goethes« geliefert: Der Poet im Ministerrang sah ernüchternd deutlich, dass für den Zwergstaat Sachsen-Weimar »keine wirkliche Außenpolitik möglich war«. Seiner Vertrauten Charlotte von Stein gestand Goethe obendrein: »Ich bin recht zu einem Privatmenschen erschaffen und begreife nicht, wie mich das Schicksal in eine Staatsverwaltung und eine fürstliche Familie hat einflicken mögen.«

Weitere, allerdings fruchtlose Sondierungen für eine deutsche Union unter Preußens Führung musste der Herzog dann schon ohne seinen Dichter unternehmen: Anfang September 1786, wenige Tage nach dem Tod Friedrichs des Großen, war Goethe heimlich nach Italien abgereist. Knapp zwei Jahre blieb er dort. Nach der Rückkehr waren staatspolitische Aufgaben ihm erst recht zuwider. Dann aber brach die Französische Revolution aus. Plötzlich und unausweichlich erfasste der ideologische Richtungsstreit selbst die privatesten Kreise.

Goethe hatte sich längst gegen jede Revolte entschieden. Lange Monate vor dem Sturm auf die Bastille hatte er eine

Beschreibung des römischen Karnevals mit der Feststellung abgerundet, »dass Freiheit und Gleichheit nur in dem Taumel des Wahnsinns genossen werden können«. Nun war der Umsturz da. Wie eine »Cassandra« habe er »dieses schrecklichste aller Ereignisse« heraufziehen sehen, schrieb er später. Schon 1790 in Venedig resümierte er bitter:

Frankreichs traurig Geschick,
die Großen mögen's bedenken;

Aber bedenken fürwahr
sollen es Kleine noch mehr.

Große gingen zugrunde,
doch wer beschützte die Menge

Gegen die Menge? Da war Menge
der Menge Tyrann.

Pflichttreu folgte Goethe 1792 seinem Herzog in die Champagne, wo Weimars kleines Truppenkontingent glücklos am Koalitionskrieg gegen Frankreich teilnahm (siehe Seiten 216/217). Sein stets geringes Interesse für große Politik jedoch sank in diesen Jahren auf einen Tiefpunkt.

Treibe nur jeder sein Handwerk gewissenhaft – Monarchen inbegriffen –, dann bleibe zumindest die Ordnung erhalten: Getreu diesem Motto stellte er seither mehrfach die bewährten Bürgertugenden öffentlich über jedes Freiheitsbedürfnis, vor allem in dem sehr erfolgreichen Versepos »Hermann und Dorothea« (1797). Ministeriell kümmerte er sich fast nur noch um Kultur und Wissenschaft, und auch privat hielt er in ausgedehnter Lektüre, Theorieausflügen mit Schiller und viel Naturforschung während der folgenden Jahre möglichst weiten Abstand von den täglichen Schreckensmeldungen.

Im August 1806 war Goethe in Karlsbad und Umgebung eifrig mit geologischen Studien beschäftigt. Als er während der Rückreise davon erfuhr, dass der auf Druck Napoleons entstandene Rheinbund das Ende des alten Imperiums eingeläutet habe, notierte Goethe im Tagebuch beinahe abfällig, ein »Zwiespalt des Bedienten und Kutschers auf dem Bocke« habe ihn und die Mitreisenden bei der letzten Kutschfahrt mehr »in Leidenschaft« versetzt »als die Spaltung des Römischen Reichs«.

Da hatte selbst seine alte Mutter in Frankfurt mehr Mitleid. Die 75-jährige Catharina Elisabeth Goethe erlebte das Ende des Kaisertums, »als wenn ein alter Freund sehr krank ist, die Ärzte geben ihn auf, man ist versichert, dass er sterben wird und mit aller Gewissheit wird man doch erschüttert, wenn die Post kommt, er ist tot«. Der Geheime Rat dagegen hielt offenbar jedes Nachdenken über so Abgelebtes von vornherein für zwecklos. Denn mehr als fast alle seine Gesprächspartner respektierte Goethe die Urgewalt Napoleons, der das Revolutionschaos gebändigt und genutzt hatte.

Das sollte sich auszahlen. Als im Oktober 1806 die französischen Truppen bei Jena und Auerstedt gesiegt hatten, plünderten sie auch in Weimar – aber Haus und Sammlungen des Dichters blieben weitgehend verschont. Und als Europas neuer starker Mann 1808 in Erfurt einen Fürstenkongress inszenierte, durfte Goethe dem dämonischen Korsen sogar offiziell gegenübertreten. Napoleon sprach über seine »Werther«-Lektüre und die Aufgaben des Theaters. Wenige Tage später empfing Goethe den Orden der Ehrenlegion. Bald hieß es auch, Napoleon habe ihn mit dem Satz »vous êtes un homme« (»Sie sind ein ganzer Mann«) gewürdigt.

So ehrenvoll das klingen mochte: Goethes ordnungspolitische Ablehnung demokratischer Freiheiten und seine wiederholten Verbeugungen vor der Macht kosteten ihn viele Sympathien. Es kümmerte ihn nicht. Selbst die Familie blieb von seinen Überzeugungen nicht verschont. So notierte der literarische Assistent und Hausgenosse Friedrich Wilhelm Riemer am 12. Januar 1811, er habe mit Goethes Sohn August und dem Drucker Frommann »gegen Goethes Abneigung und Schelten auf die Deutschen« anzureden versucht – offenbar ohne Erfolg.

Das alte mösersche Ideal einer Kulturnation aus vielen Stämmen und Städten hatte der Dichter indessen nicht begraben. Als ihn Ende 1813 der Publizist Heinrich Luden um Unterstützung für sein neues Journal »Nemesis« bat, das der vaterländischen Freiheit dienen sollte, erwiderte ihm Goethe nachdenklich: »Ich spreche über solche Dinge sehr, sehr ungern, und Sie dürfen überzeugt sein, dass ich meine guten Gründe habe … Sie wollen in dieser wunderlichen und furchtbaren Zeit ein Journal herausgeben, ein politisches Journal. Sie gedenken dasselbe gegen Napoleon zu richten und gegen die Franzosen. Aber glauben Sie mir: Sie mögen sich stellen, wie Sie wollen, so werden Sie auf dieser Bahn bald ermüden.«

Diese Skepsis beruhe keineswegs auf feiger Bequemlichkeit: »Glauben Sie ja nicht, dass ich gleichgültig wäre gegen die großen Ideen Freiheit, Volk, Vaterland. Nein; diese Ideen sind in uns; sie sind ein Teil unsers Wesens, und niemand vermag sie von sich zu werfen. Auch liegt mir Teutschland warm am Herzen. Ich habe oft einen bitteren Schmerz empfunden bei dem Gedanken an das teutsche Volk, das so achtbar im Einzelnen und so miserabel im Ganzen ist.«

Und dann wagte Goethe einen vorsichtigen Ausblick: »Das Schicksal der Teutschen ist, mit Napoleon zu reden, noch nicht erfüllt. Hätten sie keine andere Aufgabe zu erfüllen gehabt, als das Römische Reich zu zerbrechen und eine neue Welt zu schaffen und zu ordnen, sie würden längst zugrunde gegangen sein. Da sie aber fortbestanden sind, und in solcher Kraft und Tüchtigkeit, so müssen sie, nach meinem Glauben, noch eine große Bestimmung haben … Uns Einzelnen bleibt inzwischen nur übrig, einem jeden nach seinen Talenten, seiner Neigung und seiner Stellung, die Bildung des Volkes zu mehren, zu stärken und durch dasselbe zu verbreiten nach allen Seiten.«

Die damals zahlreich diskutierten Entwürfe einer Gesamtnation hielt der nun 64-jährige Goethe ohnehin für realitätsfremde Wunschbilder. Allenfalls unterstützte er fortan Friedenshoffnungen, zumal in den bedrohlichen Zeiten der Freiheitskriege.

Mochte Fürst Metternich noch so obrigkeitlich denken, Goethe traute den Künsten des gebürtigen Koblenzers, der nun nach dem Sieg über Napoleon restaurativ aufräumte. Er billigte rundweg, dass beim Kongress, den er einmal »Wiener Wirrwarr« nannte, letztlich die alten Machtbalancen restituiert wurden. Und zur im Herbst 1815 proklamierten ›Heiligen Allianz‹ zwischen Russland, Österreich und Preußen bemerkte er einmal, es sei »nie etwas Größeres und für die Menschheit Wohltätigeres erfunden worden«.

Dass Weimars Landesherr sich fortan Großherzog nennen konnte und dass er 1816 sogar als einer der ersten deutschen Fürsten dem Land eine Verfassung gab, scheint den alternden Goethe hingegen kaum berührt zu haben. Weit mehr interessierte es ihn, für eine neue Gesamtausgabe seiner Werke ein Privileg gegen Nachdrucker zu erwirken, das möglichst im ganzen deutschen Sprachgebiet gelten sollte.

Tatsächlich verpflichteten sich alle Teilstaaten, die »Ausgabe letzter Hand« zu schützen – so wurde der inzwischen weltberühmte Dichter aus finanziellem Interesse nebenbei ein Pionier des künftigen deutschen Urheberrechts. Allen Parolen für einen Gesamtstaat jedoch misstraute er weiter. Zwar sei ihm »nicht bange, dass Deutschland nicht eins werde«, ließ er wissen, aber das sollte in erster Linie für Maße und Gewichte, Zölle und Passhindernisse gelten. Eine »einzige große Residenz« nach französischem Muster hielt er dagegen schlicht für einen »Irrtum«, denn Deutschlands »bewundernswürdige Volkskultur« beruhe nun einmal auf Vielfalt.

Im Übrigen blieb er seinen alten Zweifeln an politischer Reichseinheit treu. Das belegt noch sein poetisches Vermächtnis, der zweite Teil des »Faust«-Dramas. In dem formensprengenden Menschheits- und Geschichtspanorama sind Kaiser und Reich markante Größen, aber denkbar dubiose.

Kaum im Staatsrat aufgetreten, muss der Kanzler gestehen, dass »Ungesetz gesetzlich überwaltet«. Auch seine Kollegen lamentieren: Der Heermeister sieht das Reich chaotisch »geplündert und verheert«, der Schatzmeister klagt über leere Kassen, der Marschalk über Verpflegungsnöte. Erst durch das Papiergeld, von Faust und seinem Helfer Mephisto mit magischer Kunst verbreitet, scheint die Schuldenkrise bewältigt. Als dann im vierten Akt noch ein Gegenkaiser überwunden ist – wieder nur dank teuflischer Nachhilfe –, teilt der Kaiser nach altem Brauch Lehensgüter aus. Am Ende schwant ihm die böse Wahrheit: Trotz aller Hexerei, vielleicht auch ihretwegen, bleibt eigentlich nichts übrig.

Damit sachlich alles stimmte, lieh Goethe für diese Szenen im Juli 1831 aus der Herzoglichen Bibliothek in Weimar das altvertraute Fachbuch seines Landsmanns und Mentors Olenschlager über die Goldene Bulle aus. Nach letzten Ergänzungen versiegelte er die Handschrift des zweiten »Faust«-Teils und überließ sie kommentarlos der Nachwelt.

»Das politische aber ist etwas Vorübergehendes, ewig Wechselndes«, hatte er seinem Gesprächspartner Eckermann einmal anvertraut. Als der im März 1832 noch einmal nachfragte, brach es aus Goethe heraus: »Sowie ein Dichter politisch wirken will, muss er sich einer Partei hingeben; und sowie er dieses tut, ist er als Poet verloren.« Darum habe er »politische Parteiungen« stets gemieden: »Um diesen Leuten recht zu sein, hätte ich müssen Mitglied eines Jakobinerklubs werden und Mord und Blutvergießen predigen! – Doch kein Wort mehr über diesen schlechten Gegenstand, damit ich nicht unvernünftig werde, indem ich das Unvernünftige bekämpfe.«

Der wahre Dichter jedenfalls, so sein Fazit, bleibe reichsunmittelbar – es gehe ihm nun einmal um »das Gute, Edle und Schöne, das an keine besondere Provinz und an kein besonderes Land gebunden ist und das er ergreift und bildet, wo er es findet«. Hierin sei der Poet »dem Adler gleich, der mit freiem Blick über Ländern schwebt, und dem es gleichviel ist, ob der Hase, auf den er hinabschießt, in Preußen oder in Sachsen läuft«. Gegen solche Höhen der Poesie wirkt allerdings selbst der Reichsadler wie ein trauriger Tiefflieger.

»WIR WERDEN INS VERDERBEN RENNEN

Goethe in der Kanonade von Valmy 1792

Von JOHANNES SALTZWEDEL

Wenige Zitate sind so abgedroschen wie die Sentenz, die Goethe im Feldzug gegen das revolutionäre Frankreich am 20. September 1792 während der Kanonade von Valmy geäußert haben will: »Von hier und heute geht eine neue Epoche der Weltgeschichte aus, und ihr könnt sagen, ihr seid dabei gewesen.« Hat der Dichter in seinem Erinnerungswerk »Campagne in Frankreich« – erschienen drei Jahrzehnte später – die Szene aus Eigenlob erfunden? Was erlebte Goethe wirklich in der Champagne?

Zweifler müssen hinnehmen, dass Goethe nur Tage später seinem Weimarer »Urfreund«, dem Major Knebel, die Ereignisse brieflich geschildert hat und dabei einen lateinischen Halbvers auf sich selbst bezog: »et quorum pars minima fui«, »deren ganz geringes Teil ich war«. Ob er aber in Sturm, Regen und Morast – Zelte schimmelten, man konnte kaum ein wärmendes Feuer machen – wirklich so kluge Sprüche parat hatte, weiß niemand.

Goethe-Biograf Nicholas Boyle zweifelt am Wortlaut schon deshalb, weil man 1792 »nicht so eilfertig von ›Epochen der Weltgeschichte‹« geredet habe und auch keineswegs sicher war, »dass der Feldzug … zu Ende sei: Die Franzosen jedenfalls waren auf eine noch schwerere Schlacht gefasst und fanden es nicht einmal der Mühe wert, die Kanonade nach Paris zu melden.« Tatsächlich bildete sie nur den Anfang vom Ende des Unternehmens, das auch ein Kriegszug des Heiligen Römischen Reiches war.

Goethe, als Begleiter seines Herzogs Carl August im eigenen Wagen mitgereist, registrierte die Vorgänge mit der nüchternen Neugier eines Naturforschers. Für kurze Zeit setzte er sich sogar dem massiven Sperrfeuer der Franzosen aus, um das berüchtigte »Kanonenfieber« im Selbstversuch kennenzulernen.

»Der Ton ist wundersam genug, als wär' er zusammengesetzt aus dem Brummen des Kreisels, dem Butteln [Blubbern] des Wassers und dem Pfeifen eines Vogels … Unter diesen Umständen konnt' ich jedoch bald bemerken, dass etwas Ungewöhnliches in mir vorgehe … Es schien, als wäre man an einem sehr heißen Orte und zugleich von derselben Hitze völlig durchdrungen, sodass man sich mit demselben Element, in welchem man sich befindet, vollkommen gleich fühlt. Die Augen verlieren nichts an ihrer Stärke, noch Deutlichkeit; aber es ist doch, als wenn die Welt einen gewissen braunrötlichen Ton hätte.«

Das durch eine Ruhr-Epidemie zusätzlich geplagte alliierte Heer wurde am westlichen Rand der Argonnen in so aussichtslose Stellungen gedrängt, dass nur der Rückzug blieb. Am 30. September war keine Hoffnung mehr, Paris zu erobern; die vorwiegend deutschen Einheiten, von Hunger, Schmutz, Krankheit und Verwundungen geplagt, mussten gedemütigt abmarschieren und durften froh sein, dass die Franzosen ihnen nicht nachsetzten.

Weimars Engagement beurteilte Goethe im Brief an einen Ministerkollegen schon Mitte Oktober offen als Torheit: »Wir werden also auch mit der Herde ins Verderben rennen.« Raunend fuhr er fort: »Europa braucht einen Dreißigjährigen Krieg, um einzusehen was 1792 vernünftig gewesen wäre.« Er selbst entkam dem Debakel glimpflich: In Trier angelangt, fand er einen Landsmann wieder und konnte ihm »mit einer gewissen ernsten, … symbolischen Feierlichkeit« eine französische Kanonenkugel zeigen, die er als Andenken mitgenommen hatte.

»DEUTSCHLAND? ABER WO LIEGT ES?«

Wie dachten Dichter und Denker über die deutsche Geschichte? Was bedeutet ihnen das alte Kaisertum im aufkommenden nationalen Fieber? Das Reich in Zitaten des 18. und 19. Jahrhunderts

Deutschland? Aber wo liegt es? Ich weiß das Land nicht zu finden. Wo das gelehrte beginnt, hört das politische auf.

Friedrich Schiller (1759 bis 1805), *der Dichter, dessen dramatischer Erstling »Die Räuber« sich gegen »Tyrannen« richtete, hat sich zeitlebens mit der Fürstenherrschaft auseinandergesetzt.*

Nachdem der Unsinn der Einrichtung, welcher Deutsches Reich genannt und wohl am richtigsten von einem wenigstens geistreichen Geschichtsschreiber als die Konstituierung der Anarchie bezeichnet worden ist, endlich sein verdientes und ihm auch in der äußeren Art und Weise gemäßes schimpfliches Ende erreicht hatte, erhielt das vormalige Württemberg nicht nur eine Vergrößerung um mehr als das Doppelte gegen seinen vorherigen Bestand, sondern dieses Ganze, dessen Teile vorher deutsche Reichslehen, der Teil, der das Herzogtum ausgemacht hatte, auch ein böhmisches Afterlehen gewesen war, warf diese Unterordnung ab, trat mit der königlichen Würde des Fürsten in die Souveränität über und in die Stellung eines

Staates, – eines von den wirklichen deutschen Reichen, die den Platz des Undings einnehmen, das nur noch den leeren Namen eines Reichs geführt hatte.

***Georg Wilhelm Friedrich Hegel (1770 bis 1831)** gilt als »preußischer Staatsphilosoph« und intellektuelles Fundament für Karl Marx.*

Friede den Hütten! Krieg den Palästen! Weil das deutsche Reich morsch und faul war und die Deutschen von Gott und von der Freiheit abgefallen waren, hat Gott das Reich zu Trümmern gehen lassen, um es zu einem Freistaat zu verjüngen … Er hat den Gewaltigen und Fürsten, die in der Finsternis herrschen … Gewalt gegeben, daß sie Bürger und Bauern peinigten und ihr Blut aussaugten … – Aber ihr Maß ist voll!

***Georg Büchner (1813 bis 1837),** damals Medizinstudent, verfasste 1834 die Flugschrift »Der Hessische Landbote«, das wohl schärfste Pamphlet des Vormärz.*

Deutscher Kaiser! Deutscher Kaiser! Säumst du? Schläfst du? Auf, erwache! Komm' zur Sühne, komm' zur Rache – Sei ein Rudolf, sei ein Karl!

Ruf' uns in des Reiches Namen, lenk' uns mit den alten Fahnen, auf des deutschen Adlers Bahnen Blüht uns immer noch der Sieg.

***Max von Schenkendorf (1783 bis 1817)** gilt als bedeutender Lyriker der Befreiungskriege gegen Napoleon. Das Gedicht »Die Deutschen an ihren Kaiser« schrieb er 1813.*

Im Jahre achtundvierzig hielt,
zur Zeit der großen Erhitzung,
das Parlament des deutschen Volks
zu Frankfurt seine Sitzung.

Damals ließ auch auf dem Römer dort
sich sehen die weiße Dame,
das unheilkündende Gespenst;
die Schaffnerin ist sein Name.

Man sagt, sie lasse sich jedesmal
des Nachts auf dem Römer sehen,
so oft einen großen Narrenstreich
die lieben Deutschen begehen.

Dort sah ich sie selbst um jene Zeit
durchwandeln die nächtliche Stille
der öden Gemächer, wo aufgehäuft
des Mittelalters Gerülle.

Da liegen die Kaiserinsignia,
da liegt die Goldne Bulle, der Zepter,
die Krone, der Apfel des Reichs
und manche ähnliche Schrulle.

Da liegt das alte Kaiserornat,
verblichen purpurner Plunder,
die Garderobe des deutschen Reichs,
verrostet, vermodert jetzunder.

Die Schaffnerin schüttelt wehmütig das Haupt
bei diesem Anblick, doch plötzlich
mit Widerwillen ruft sie aus:
Das alles stinkt entsetzlich!

Wahrhaftig, auf diesem Hermelin,
dem Krönungsmantel, dem alten,
haben die Katzen des Römerquartiers
ihr Wochenbett gehalten.

Und wisset, wenn es den Kaiser juckt,
so müssen die Völker sich kratzen
– O Deutsche! Ich fürchte, die fürstlichen Flöh',
die kosten euch manchen Batzen.

Jedoch wozu noch Kaiser und Flöh'?
Verrostet ist und vermodert
das alte Kostüm – Die neue Zeit
auch neue Röcke fodert.

Doch wollt ihr durchaus ein Kaisertum,
wollt ihr einen Kaiser küren,
ihr lieben Deutschen! laßt euch nicht
von Geist und Ruhm verführen.

Erwählet kein Patrizierkind,
erwählet einen vom Plebse,
erwählt nicht den Fuchs und nicht den Leu,
erwählt den dümmsten der Schöpse.

Erwählt den Sohn Colonias,
den dummen Kobes von Köllen;
der ist in der Dummheit fast ein Genie,
er wird sein Volk nicht prellen.

Das Gedicht »Kobes I.« von ***Heinrich Heine*** *ist wahrscheinlich zwischen 1849 und 1850 entstanden.*

Franzosen und Russen gehört das Land, das Meer gehört den Briten, wir aber besitzen im Luftreich des Traums die Herrschaft unbestritten.

Hier üben wir die Hegemonie, hier sind wir unzerstückelt; die andern Völker haben sich auf platter Erde entwickelt.

Heinrich Heine (1797 bis 1856) *veröffentlichte seinen zeitkritischen Reisebericht »Deutschland. Ein Wintermärchen« 1844.*

Könnte ich aber einen Zustand wieder aus der Vergangenheit hervorrufen, so wäre es der unter unseren großen Kaisern des 10. bis 13. Jahrhunderts, welche die deutsche Verfassung durch ihren Wink zusammenhielten und fremden Nationen Schutz und Gesetze gaben. Das Land zwischen Oder, Rhein, Maas, Schweiz, Italien und denen österreichischen Staaten würde alsdann ein großes Ganzes bilden, das alle physischen und intellektuellen Elemente zu einem glücklichen, kräftigen, freien Staat in sich faßt und dem Ehrgeiz und dem wilden Treiben Frankreichs sich zu widersetzen vermag.

Der preußische Beamte ***Karl Freiherr vom Stein (1757 bis 1831)*** *schrieb diese Denkschrift 1812 an den russischen Zaren Alexander I., dessen Berater er damals war.*

Erbebt! Denn alles Volk ruft Einheit, Ehr' und Macht,
Es schreit den Ruf in alle Winde,
Wo es den deutschen Kaiser finde.
Ihr Könige, gebt acht!
Schaut, horcht, woher es blitzt und kracht.

Ernst Moritz Arndt (1769 bis 1860) *gilt als einer der bedeutendsten Lyriker der Freiheitskriege und wahlweise als demokratisch gesinnter Patriot oder verbohrter Nationalist. Das Gedicht »Ihr Könige, gebt acht!« schrieb er 1849.*

Der Kronprinz ist der dümmste und eitelste Mensch und stirbt noch einmal am Kaiserwahnsinn.

Otto von Bismarck (1815 bis 1898), *der Reichskanzler, hielt nicht besonders viel von Friedrich III., der 1888 nur wenige Monate krank auf dem Kaiserthron saß.*

»Das Band gelöst«

So endete das Heilige Römische Reich.

Der Siegeszug Napoleons durch Europa brachte das Reich in schwere Bedrängnis. 1803 verabschiedeten die Deputierten in Regensburg eine grundlegende Neuordnung der Macht- und Besitzverhältnisse (»Reichsdeputationshauptschluss«): Fürsten, die durch den Konflikt mit Frankreich territoriale und andere Verluste erlitten hatten, erhielten Entschädigung, kirchliche Güter und Gebiete wurden verweltlicht, die meisten Reichsstädte kamen unter die Herrschaft der benachbarten Fürstentümer.

Als Napoleon im Mai 1804 durch den Verfassungsrat seines Landes zum Kaiser der Franzosen erhoben wurde, beschloss der seit 1792 amtierende Kaiser Franz II., sich zusätzlich zum Kaiser von Österreich zu erklären. Dies war ein klarer Rechtsbruch, aber politisch vorausschauend, um die Kaiserwürde für das Haus Habsburg zu sichern. Das Reich und seine Institutionen waren bereits so schwach, dass sich kein ernsthafter Widerstand regte. Seine Begründung in der »Allerhöchsten Pragmatikal-Verordnung vom eilften August 1804« lautete:

> Obschon Wir durch göttliche Fügung und durch die Wahl der Kurfürsten des Römisch-Deutschen Reiches zu einer Würde gediehen sind, welche Uns für Unsere Person keinen Zuwachs an Titel und Ansehen zu wünschen übrig lässt, so muss doch Unsere Sorgfalt, als Regent des Hauses und der

> Monarchie von Oesterreich, dahin gerichtet seyn, dass jene vollkommene Gleichheit des Titels und der erblichen Würde mit den vorzüglichsten Europäischen Regenten und Mächten aufrecht erhalten und behauptet werde, welche den Souveränen Oesterreichs, sowohl in Hinsicht des uralten Glanzes Ihres Erzhauses, als vermöge der Grösse und Bevölkerung Ihrer, so beträchtliche Königreiche und unabhängige Fürstenthümer in sich fassenden Staaten, gebühret, und durch völkerrechtliche Ausübung und Tractaten versichert ist.

Eine Gruppe von 16 Reichsfürsten, die sich mit Napoleon verbündet hatten, schloss sich am 12. Juli 1806 zum Rheinbund zusammen. Sie traten damit aus dem Heiligen Römischen Reich aus, Bayern und Württemberg erhielten von Napoleon die Königswürde. Als Reaktion darauf dankte Franz II. am 6. August als römisch-deutscher Kaiser ab und löste das Reich auf:

> Wir Franz der Zweyte, von Gottes Gnaden erwählter römischer Kaiser, zu allen Zeiten Mehrer des Reichs, Erbkaiser von Oesterreich etc., König in Germanien, zu Hungarn, Böheim, Croatien, Dalmazien, Slavonien, Galizien, Lodomerien und Jerusalem, Erzherzog zu Oesterreich, etc. (…)
>
> Bey der hierdurch vollendeten Ueberzeugung von der gänzlichen Unmöglichkeit, die Pflichten Unseres kaiserlichen Amtes länger zu erfüllen, sind Wir es Unsern Grundsätzen und Unserer Würde schuldig, auf eine Krone zu verzeihen, welche nur so lange Werth in Unsern Augen haben konnte, als Wir dem, von Kurfürsten, Fürsten und Ständen, und übrigen Angehörigen des deutschen Reichs Uns bezeigten Zutrauen zu entsprechen und den übernommenen Obliegenheiten ein Genügen zu leisten im Stande waren.

> Wir erklären demnach durch Gegenwärtiges, daß Wir das Band, welches Uns bis jetzt an den Staatskörper des deutschen Reichs gebunden hat, als gelöst ansehen, daß Wir das reichsoberhauptliche Amt und Würde durch die Vereinigung der confönderirten rheinischen Stände als erloschen und Uns dadurch von allen übernommenen Pflichten gegen das deutsche Reich los gezählt betrachten und die von wegen desselben bis jetzt getragene Kaiserkrone und geführte kaiserliche Regierung, wie hiermit geschieht, niederlegen.
>
> Wir entbinden zugleich Kurfürsten, Fürsten und Stände und alle Reichsangehörigen, insonderheit auch die Mitglieder der höchsten Reichsgerichte und die übrige Reichsdienerschaft von ihren Pflichten, womit sie an Uns, als das gesetzliche Oberhaupt des Reichs, durch die Constitution gebunden waren.

Als Franz I. regierte er bis 1835, die Habsburgermonarchie ging 1918 nach der Niederlage im Ersten Weltkrieg unter.

NAIVE GENIES

Die lebenslustige Französin Germaine de Staël prägte im 19. Jahrhundert das Bild der Deutschen in der Welt.

Von PETER MAXWILL

Friedrich Schiller war gereizt. Endlich wollte er die Arbeit an seinem Drama »Wilhelm Tell« beenden, doch daran war in diesen ersten Tagen des Jahres 1804 gar nicht zu denken. Und zwar wegen einer Französin: »Madame de Staël will noch 3 Wochen hier bleiben«, schrieb der Dichter am 14. Januar entnervt seinem Freund Johann Wolfgang von Goethe. Die »streitfertigste und redseligste« Schriftstellerin, die schon seit drei Wochen in Weimar weilte, werde aber schon noch lernen, »dass man wissen muss zu rechter Zeit zu gehen«. Ihm sei, schrieb er sechs Wochen später, »nach der Abreise unsrer Freundin nicht anders zu Mut, als wenn ich eine große Krankheit ausgestanden hätte«.

Schillers Frust bezog sich auf die zu dieser Zeit wohl einflussreichste Frau der intellektuellen Welt des Kontinents. Anne Louise Germaine de Staël-Holstein, streitbare Autorin mit Hang zum Monologisieren, prägte das Bild von Deutschland als Nation der Dichter und Denker wie niemand zuvor oder danach.

Dass diese Formel binnen kurzer Zeit um die Welt ging, erreichte die Baronin mit ihrem Buch »De l'Allemagne«, »Über Deutschland«. Es erschien 1813 und entfaltete im 19. Jahrhundert rasch enorme Wirkung. Grundlage ihres Werks waren Beobachtungen, die Staël auf langen Reisen durch unzählige Fürstentümer und Städte östlich des Rheins zwischen 1803 und 1808 gesammelt hatte. Sie schöpfte aus Begegnungen mit dem preußischen Königspaar und mit Denkern wie Johann Gottfried Herder, Christoph Martin Wieland und August Wilhelm Schlegel, sie hatte große Auftritte in Berlin und Wien und galt schon bald als eine der berühmtesten Europäerinnen ihrer Zeit.

Geplant hatte Staël all das nicht. Die Tochter des letzten Finanzministers der französischen Monarchie, 1766 in Paris geboren, gehörte seit ihrer Jugend zur intellektuellen Elite des Landes und war eine der reichsten Erbinnen Europas. Nach der Hochzeit mit dem schwedischen Botschafter Eric Magnus Baron Staël von Holstein 1786 führte sie in der Pariser Rue du Bac einen hoch angesehenen Salon, verfasste nebenbei Romane und politische Schriften, traf regelmäßig Adlige, Diplomaten und ausländische Gäste. In diesen Jahren entwickelte die wohlbeleibte Brünette jenes Selbstbewusstsein, mit dem sie Staatsmänner und Professoren gleichermaßen vereinnahmte.

Schon zu dieser Zeit begann sie, sich auch in Deutschland einen Namen zu machen. Die politischen und philosophischen Gedanken, die ihrem Pariser Salon entstammten, gelangten bis nach Weimar. Im Oktober 1795 setzte sich Goethe an die Übersetzung von Staëls literaturtheoretischem »Essai sur les fictions«. Über eine andere Schrift der Autorin schrieb Schiller später, er erwarte diese »mit Begierde«.

Staëls Engagement blieb jedoch zunächst vor allem politischer Natur. Mit ihren unverhohlenen Sympathien zunächst für royalistische, später republikanische Ideen handelte sie sich bereits 1795 den ersten Landesverweis ein – und wenige Jahre später einen mächtigen Feind: Napoleon Bonaparte. Von dem Herrscher seit 1803 aus Paris verbannt, bereiste Staël fortan Mitteleuropa.

Vor allem das in unzählige Territorien zersplitterte Deutschland interessierte die Exilantin immer mehr. Bereits 1795 schwärmte sie von Goethes Briefroman »Die Leiden des jungen Werthers«, fünf Jahre später nahm sie Deutschunterricht bei Wilhelm von Humboldt. »Ich glaube mit Ihnen«, schrieb sie schließlich 1802 dem Philosophen Charles de Villers, »dass der Genius der Menschheit, der von einem Lande zum anderen zu ziehen scheint, jetzt in Deutschland zu finden ist.« Sie zeigte sich überzeugt, »dass ich nur dort neuen Gedanken und neuen Gefühlen begegnen werde«.

Die Suche danach führte sie 1803 über Frankfurt, Fulda und Gotha nach Weimar. Dort traf sie zunächst Schiller, der von ihrem vereinnahmenden Wesen ebenso fasziniert wie überfordert war. »Ihr schöner Verstand erhebt sich zu einem genialischen Vermögen«, schrieb er einmal Goethe und fügte hinzu: »Das einzig Lästige ist die ganz ungewöhnliche Fertigkeit ihrer Zunge, man muss sich ganz in ein Gehörorgan verwandeln, um ihr folgen zu können.«

Von Weimar aus reiste sie weiter nach Berlin und schließlich zurück in das Schloss Coppet am Genfer See. Auf dem feudalen Anwesen ihrer Eltern zeigte sich anhand der Unbeständigkeit in anderen Lebensbereichen, wie außergewöhnlich ihr beständiges Interesse an den Deutschen war. Im Mikrokosmos Coppet ließ Staël ihrem Drang nach ständigem Austausch mit anderen Männern freien Lauf, intellektuell und erotisch: Unzählige Denker und Künstler aus allen Teilen Europas verwandelten den Musenhof in eine europäische Denkfabrik fast ohne Tabus: Staël und mancher Besucher konsumierten reichlich Opium, und mit einigen Gästen ging die Hausherrin stürmische Affären ein.

Fünf Kinder brachte Germaine de Staël zur Welt, das jüngste mit fast 46 Jahren, vermutlich gab es vier verschiedene Väter. Ihrer ersten Ehe folgten Liebschaften mit dem zwischenzeitlichen Kriegsminister Louis de Narbonne-Lara, dem Staatstheoretiker Benjamin Constant, dem früheren Bischof Abbé de Talleyrand, dem Historiker Prosper de Barante, dem Ratsherrnsohn John Rocca. Und das sind nur einige der Beziehungen Staëls, über die es schon zu Lebzeiten hieß: »Die Royalisten empfing sie am Morgen, die Girondisten zum Dinner, die Jakobiner zum Souper – und bei Nacht empfing sie jedermann.«

Eine Konstante dieser Jahre blieb ihre Neugier auf die Menschen zwischen Köln und Königsberg, wenngleich dieses Interesse bald auch von politischen Erwägungen bestimmt war: Östlich des Rheins wollte sie ihren Einfluss nutzen, um Widerstand gegen ihren Erzfeind Napoleon anzufachen. Ende 1807 brach die 41-Jährige erneut auf, diesmal zunächst nach Süddeutschland und Österreich. Nach Stationen in Ulm und Günzburg sowie einem Treffen mit dem Philosophen Friedrich Schelling in München erreichte Staël am 28. Dezember Wien.

Dort traf sie während ihres viermonatigen Aufenthalts Fürsten, Botschafter und Minister, sie lernte Kaiser Franz und dessen Frau Maria Ludovika kennen und ließ sich von Adligen aus ganz Europa einladen. Die prominente Gegnerin des in Österreich verhassten Napoleon genoss einen euphorischen Empfang, wohingegen ihr Deutschland-Buchprojekt auf Skepsis stieß. So befand Wilhelm von Humboldt: »Sie ist nicht innerlich, nicht natürlich und nicht idealistisch genug dazu.«

Tatsächlich war Staëls Blick auf die deutsche Literatur wohl mehr von Sympathie als von Kenntnis getragen, ihre tiefe Verbundenheit mit Deutschland lässt sich aber kaum bestreiten: »Von den Alpen bis zum Meere, zwischen dem Rhein und der Donau, findet man ein mit Eichen und Fichten bewachsenes Land, von majestätisch-schönen Flüssen durchschnitten, von Bergen malerischer Art durchkreuzt« – das war für sie die eine Seite des Landes, das ihr auch eine andere gezeigt hatte: »Aber unabsehbare Heiden, Sandschollen, oft vernachlässigte Wege, ein raues Klima erfüllen im ersten Augenblicke die Seele mit Traurigkeit.«

Als Staël 1810 die Arbeiten an »De l'Allemagne« beendete, hatte sie auf Hunderten Seiten ein ebenso facettenreiches wie subjektives Panorama entworfen: Im ersten Teil geht es um »die Sitten der Deutschen«, dann folgen 32 Kapitel über Schriftsteller und ihre Werke sowie zwei kürzere Abhandlungen über Philosophie und Religion. Durchzogen ist das ganze Buch von der Idee, das »Herz von Europa« sei das Gegenbild ihrer Heimat: Frankreich war demnach militaristisch, Deutschland friedliebend. Frankreich ließ sich von Napoleon unterjochen, in Deutschland waren zumindest die Gedanken frei.

Womöglich auch wegen dieser verengten und verzerrten Perspektive geriet Staëls Deutschlandporträt ziemlich unvollständig. Der Name ihres berühmten Zeitgenossen Ludwig van Beethoven taucht im Musikkapitel gar nicht auf, und die Autorin bestreitet die Existenz bemerkenswerter Gebäude in deutschen Städten abseits einiger gotischer Kleinode. Die Prachtbauten des preußischen Baumeisters Karl Friedrich Schinkel gab es während ihres Berlin-Besuchs noch nicht.

Und die Deutschen selbst? Richtig gut kommen sie erst einmal nicht weg. Sie sind Staël zufolge »aufrichtig und treu«, trinken aber in überheizten, vollgequalmten Räumen literweise Bier und raffen sich nur allzu ungern zu Entscheidungen oder gar Abenteuern auf. »Die Liebe zur Freiheit ist bei den Deutschen nicht entwickelt«, behauptete die Autorin, ein wenig im Widerspruch zu ihrem Urteil über die Gedankenfreiheit. Nicht gerade schmeichelhaft auch dies: »Dem Deutschen fehlt es, mit wenigen Ausnahmen, an Fähigkeiten zu allem, wozu Gewandtheit und Geschicklichkeit erfordert wird.« Schon 1804 hatte Staël in ihrem Reisetagebuch mit Blick auf die individuelle Bildung der Deutschen die Sorge geäußert, »dass die harmlose Philosophie aus dem Norden Deutschlands vielleicht nicht lange großen Einfluss auf die Verbesserung des Menschengeschlechts haben wird«.

Begeisterung spricht hingegen aus Staëls Zeilen in »De l'Allemagne« über Sprache, Musik, Kunst. »Es gibt in Deutschland Schätze von Ideen und Kenntnissen, welche die übrigen Nationen Europas in sehr langer Zeit nicht erschöpfen werden«, schrieb sie. Zwar überließen deutsche Geistesgrößen »den irdischen Machthabern die ganze Wirklichkeit des Lebens«, doch könne man sich, so formulierte sie es schon vor Veröffentlichung ihres Buches, »keine Vorstellung davon machen, wie verbreitet die Bildung in Deutschland ist«. Die deutsche Sprache war in ihren Augen elegant und präzise, deutsche Universitäten »die besten von ganz Europa«. Badener und Preußen, Holsteiner und Bayern waren demnach: ein Volk naiver Genies.

Viele Deutsche, die bereits einen genauen Blick in das Manuskript werfen konnten, fühlten sich missverstanden. Manche beklagten, »De l'Allemagne« nehme vor allem die Perspektive des Literaturhistorikers Schlegel ein, der Staël seit 1804 als Berater und Kindererzieher begleitete. Besonders hart fiel das Urteil des Schriftstellers Karl August Varnhagen von Ense aus, der das Werk als »sehr lächerliches, abgeschmacktes Buch voller Karikatur« verriss.

Aussagen, die verletzend wirken können, finden sich reichlich. Die Deutschen möchten, schrieb sie, »dass Ihnen in Bezug auf ihr Verhalten jeder einzelne Punkt vorgeschrieben werde«. So komme es, »dass sie die größte Gedankenkühnheit mit dem untertänigsten Charakter vereinen«. An anderer Stelle heißt es sogar: »Leider muss man bekennen, dass die Deutschen der Jetztzeit das, was man Charakter nennt, nicht besitzen.«

Dass sich viele gegen solche Zuweisungen sträubten, hängt wohl auch mit methodischen Problemen zusammen. Zwar wusste die Autorin etwa um die schier unlösbare Schwierigkeit, »wie man so verschiedenartige Religionen, Regierungsformen, klimatische Verhältnisse, ja Völker unter einen und denselben Gesichtspunkt bringen soll«. Doch ihre so objektiv und kritisch daherkommende Studie stützte sich auf keinerlei echte Empirie, sondern verallgemeinerte Einzelbeobachtungen aus den Wohnstuben der deutschen Geisteselite. So ist Staëls Werk vor allem der Erfahrungsbericht einer Reporterin, darüber hinaus auch Vorläufer einer neuen Wissenschaftsgattung: der Literatursoziologie.

Einem Erfolg des Buches stand im Herbst 1810 nur noch einer im Weg: Napoleon. Denn jetzt lagen die Korrekturfahnen für die dreibändige Ausgabe vor, sie hatte sich selbst auf Schlössern an der Loire darum kümmern können, und die französische Zensurbehörde schickte lediglich kleinere Änderungswünsche.

Kurz vor der geplanten Auslieferung der ersten 10 000 Exemplare erhielt die Autorin Ende September einen unerfreulichen Brief: »Ihr letztes Werk ist kein französisches, ich habe dessen Druck verhindert«, teilte Napoleons Polizeiminister Anne-Jean-Marie-René Savary darin mit und forderte Staël sogleich auf, »binnen drei Tagen Frankreich zu verlassen«. Ein schwerer Schlag für Staël. »Ich habe so sehr auf die Wirkung meines Buches gezählt, es sollte die Krönung meiner Arbeiten sein«, schrieb sie an eine Bekannte. »Jetzt aber sind sechs Jahre Mühen, sechs Jahre Reisen und Studien vergebens gewesen.«

Das wusste die Gedemütigte dann aber doch zu verhindern: Staël zog sich erst einmal wieder auf Schloss Coppet zurück, reiste dann heimlich über Wien, Moskau, St. Petersburg und Stockholm nach England und veröffentlichte »De l'Allemagne« schließlich 1813 von London aus. Binnen drei Tagen war die erste Auflage vergriffen, innerhalb weniger Wochen wurden in ganz Europa etwa 70 000 Exemplare verkauft. Ein Jahr später, nach dem Sturz Napoleons, kehrte Staël zurück nach Paris und veröffentlichte ihr Buch auch in Frankreich und Deutschland.

Die Reaktionen hätten unterschiedlicher kaum ausfallen können. Goethe bezeichnete das Buch zwar 1830 als »mächtiges Rüstzeug« gegen Vorurteile über Deutschland, die Kommentare seiner Landsleute fielen jedoch oft verächtlich aus. Dass Staël die Deutschen nicht nur zu musisch begabten Denkern stilisierte, sondern eben auch zu weltfremden Stubenhockern, kam nicht gut an. »Denn welches Volk«, soll Schiller gesagt haben, »würde es sich gefallen lassen, seine größten Anstrengungen in Kunst und Philosophie, seine ausgezeichnetsten Männer und die Eigentümlichkeiten seines Charakters von unwissenden Fremdlingen so absprechend beurteilen zu lassen?«

Zu einem ähnlichen Ergebnis kam später auch Heinrich Heine, der Staël als »Sturmwind in Weibskleidern« verspottete: »Die gute Dame sah bei uns nur, was sie sehen wollte: ein nebelhaftes Geisterland, wo die Menschen ohne Leiber, ganz Tugend, über Schneegefilde wandeln und sich nur von Moral und Metaphysik unterhalten!« Bis weit ins 20. Jahrhundert hinein warfen Kritiker der Autorin vor, solche Missverständnisse über die deutsche Kultur in die Welt gesetzt zu haben.

In Frankreich hingegen setzte ein regelrechter Deutschland-Hype ein. Die Vorstellung vom schlichten und dennoch philosophisch höchst reflektierten Romantiker als Prototyp-Deutschen berauschte die Grande Nation. »Er hat fast das Gefühl eines Sohnes für dieses edle und heilige Vaterland aller Denker«, schrieb der Schriftsteller Victor Hugo 1842 über sich selbst: »Wenn er nicht Franzose wär, möchte er Deutscher sein.«

Nicht nur den Franzosen, auch Engländern und Russen kam es nach ihrer Lektüre des Buches so vor, als ob mitten in Europa eine neue Kulturnation entstanden wäre. Staël entfesselte eine Deutschland-Begeisterung, die bald außergewöhnliche Formen annahm: Die Werke Goethes und Schillers erschienen auf Französisch, deutsche Romantiker wie E. T. A. Hoffmann stiegen zu französischen Literaturstars auf, und Weimar entwickelte sich weltweit zum Inbegriff moderner Literatur und zum Pilgerort für Intellektuelle aus ganz Europa.

Kein anderer Text sollte die Wahrnehmung dieser Nation im Herzen Europas so nachhaltig prägen wie »De l'Allemagne«, kein anderer Text steht aber auch so sehr für die Klischees: Jahrzehntelang galten Deutsche in weiten Teilen der Welt als unpolitische, zart besaitete Dichter und Denker, doch mit Ausbruch des Deutsch-Französischen Kriegs setzte 1870 urplötzlich eine Dämonisierung ein. Nun wandelten sich die Deutschen vor allem in den Augen vieler Franzosen zu kriegslüsternen Barbaren.

Germaine de Staël selbst erlebte die gewaltige Nachwirkung ihres Buchs nicht mehr. Vorzeitig gealtert und von einem Schlaganfall gezeichnet, starb die erst 51-Jährige am 14. Juli 1817 in Paris.

DOPING FÜRS DEUTSCHTUM

Friedrich Ludwig Jahn, der als »Turnvater« berühmt wurde, war ein früher Nationalist.

Von STEFAN BERG

Als Kind schaute er gern den Affen zu, die der Herzog von Mecklenburg am Schloss Ludwigslust hielt. Von ihnen, schrieb Friedrich Ludwig Jahn in seinen Erinnerungen, habe er sich das Klettern abgeschaut. Frühzeitig habe er auch das »Fußwandern« geliebt. Dass aus dem sportlichen Jungen einmal der »Turnvater« des Volkes werden sollte, ein Urahn der heutigen Fitnessbewegung, das war gewiss nicht seine Absicht.

Mit seiner Parole »Frisch, fromm, fröhlich, frei« trieb er die Menschen zwar in Scharen auf die Sportplätze, aber es ging ihm um mehr als Leibesübungen und Körperertüchtigung. Um Laktatwerte schon gar nicht. Der Sport war für ihn Doping fürs Deutschtum, er gehörte bei ihm in ein erzieherisches Komplettprogramm – durchaus vergleichbar mit dem Anspruch späterer Staatspädagogen, die »neue Menschen« oder »sozialistische Persönlichkeiten« schaffen wollten.

Schon 1810 hatte Jahn seine Erziehungsziele formuliert und als Buch unter dem Titel »Deutsches Volkstum« unter die Leute gebracht, wofür er in den Zeitungen viel Lob erhielt. Stets das »Wohl des Vaterlandes« vor Augen, entwarf der in der Westprignitz geborene Pfarrerssohn ein Rundumprogramm in Deutschtum – von einer »allgemeinen Ausbildung der Muttersprache« bis zur »allgemeinen Waffenfertigkeit«. Sport gehörte natürlich auch dazu, doch sind nur 7 von 300 Seiten in seinem Grundsatztraktat den Leibesübungen gewidmet.

Jahn notierte allerdings nicht nur die Dinge, die er dem Deutschtum für zuträglich hielt, sondern auch alles, was er nun gar nicht mochte. Und sein Tonfall war dabei nicht geschmeidig. Unterhaltungsbücher etwa, »zusammengeschmiert von Hungerleidern«, verdammte er, »roh« in der Sprache, »plump« in der Darstellung und »flügellahm« die Einbildungskraft. Stattdessen sollten die Deutschen »mustergültige volkstümliche Schriften« lesen, Goethe, Schiller etwa, Bücher, die zur »Herzensveredlung« beitrügen. Ein Dorn im deutschen Auge war ihm auch die »Ausländerei«, die Vorliebe für fremde Sprachen. Seine Forderung: »Keine Sprache eines andern noch lebenden Volks darf Hof- und Staatssprache« sein. Drastisch warnte er vor dem »Selbstmord« der eigenen »Volkstümlichkeit«.

Die Grenze zwischen der Pflege deutscher Traditionen, dem Volkstum also, und der Volkstümelei mit Tendenz zur nationalen Überheblichkeit überschritt Sportsfreund Jahn locker. Er träumte von einem Großdeutschland mit der Hauptstadt »Teutonia« in Thüringen und wollte aus Turnern eine Art Guerillatruppe gegen die napoleonische Herrschaft formieren. Derlei Rigorismus brachte ihm den Ruf eines Nationalisten ein, und deshalb vereinnahmten ihn später die Nationalsozialisten. Selbst schuld.

Jahns patriotische Ertüchtigungspläne trugen auch kompensatorische Züge. Obwohl er nie das Abitur schaffte, hing er – teils unter falschem Namen – an verschiedenen Universitäten herum. Über Hauslehrerstellen kam er kaum hinaus, und ihn plagte die Sorge, er müsse seinen 29. Geburtstag als »ein Nichts« begehen. Zwei Jahre später bat er »untertänigst« um eine Stelle an der Universität von Berlin oder als Oberlehrer in Königsberg, aber dann wurde der 9. April 1810 ein Tag großer Enttäuschung. Schriftlich erhielt er die Auskunft, dass er zum Gelehrten nicht tauge – ein Fiasko. Dabei war er sich doch so sicher gewesen, hatte in der Hoffnung auf einen gut dotierten Posten bereits eine Kutsche bestellt. Und nun dieses Urteil: Zu wenige Kenntnisse in Philosophie, zu wenige in Latein, und außerdem seien seine Erziehungsmethoden schwach. Zwei große deutsche Intellektuelle haben Jahn derart gedemütigt, der Philosoph und Theologe Friedrich Schleiermacher, der das Zeugnis unterzeichnete, und der Wissenschaftler Wilhelm von Humboldt, der dem Kandidaten riet, sich ein Jahr später noch einmal zu bewerben. Jahn, der sich zu Höherem berufen fühlte, wurde Hilfslehrer, also doch ein »Nichts«.

Auch sein Volkstum hatte es nicht ganz leicht, schließlich hatte ein anderes Völkchen in deutschen Landen das Sagen, die napoleonischen Truppen hielten Preußen besetzt, ein einheitliches Deutschland war noch nicht in Sicht. Jahn suchte Gleichgesinnte für einen Männerbund, der selbstverständlich im Geheimen agieren musste. In einem Berliner Lokal mit dem passenden Namen »Dusterer Keller« begoss man die Gründung eines »Deutschen Bundes«. Das Tagebuch dieses Bundes wurde in Geheimschrift geführt.

Unweit des Lokals, in der Berliner Hasenheide, entstand 1811 der erste öffentliche Turnplatz. Jahn erwies sich dabei als guter Organisator. Er begeisterte, er gewann Anhänger, die schon bald »Jünger« genannt wurden. Selbstverständlich gab es Mitgliedsausweise und einheitliche Turnkleidung. Die französischen Besatzer hielten die plötzlich ausgebrochene Liebe zum Sport für einen deutschen Spleen. Dass en passant die deutsche Gesinnung trainiert wurde, das blieb ihnen verborgen.

1813 kam nun die Bewährungsprobe. Jahn und viele andere Geheimbündler schlossen sich dem Freikorps des legendären Majors Ludwig Adolf von Lützow an.

In der Völkerschlacht bei Leipzig, im Oktober des Jahres, wurde Napoleon entscheidend geschlagen.

So sah der erste, 1811 eröffnete Turnplatz in der Berliner Hasenheide aus (zeitgenössische Zeichnung).

Nach Ende der französischen Besatzung war Sportsfreund Jahn ein gefeierter Patriot, er bekam einen Ehrensold zugesprochen, er wurde Berater des preußischen Staatskanzlers Karl August von Hardenberg. 1814, bei den Festen zur Erinnerung an die Völkerschlacht, waren die Turner wieder dabei. Große Reden wurden landauf, landab gehalten. Bislang unbekannte Sportgeräte wurden auf Namen wie Reck oder Barren getauft. Doch die Freude währte nur kurz. Der preußischen Obrigkeit dämmerte allmählich, dass die athletischen jungen Männer nach Napoleon auch ihnen das Leben schwer machen könnten. Schließlich wollten Jahns Leute ein großes Deutschland – nicht ein stolzes Preußen.

Sein Einfluss auf studentische Burschenschaften wurde den Preußen nach und nach zum Ärgernis, seine Vorträge über deutsches Volkstum waren gut besucht, so gut, dass bald Spitzel geschickt wurden, Staatskanzler Hardenberg entzog Jahn das Vertrauen. Plötzlich stand die Turnerei im Verdacht der Aufwiegelei, Turner wurden geheimer Umtriebe verdächtigt, Jahn selbst als Jugendverderber und Staatsfeind verunglimpft.

Dann schlug die Staatsmacht zu. Erst wurde der Turnbetrieb eingestellt. In der Nacht zum 14. Juli 1819 folgte Jahns Verhaftung, den Vorwand dafür lieferte die Tat eines Theologiestudenten, der einen Schriftsteller und Konsul Russlands erstochen hatte. Zuvor hatte der Täter Jahn in Berlin besucht, das reichte, um den populären Sportsmann aus dem Verkehr zu ziehen. Die Demagogenverfolgung, so die offizielle Bezeichnung, lief auf Hochtouren.

Doch in Preußen gab es durchaus schon preußische Tugenden, etwa rechtsstaatliches Bewusstsein. Und Jahn geriet zu seinem großen Glück an einen klugen Untersuchungsrichter: Es war der vor allem als Dichter bekannte E. T. A. Hoffmann. Dieser vernahm Jahn, studierte Berichte, hörte Zeugen und kam zu dem Schluss, dass die Vorwürfe gegen Jahn konstruiert waren. Energisch forderte Hoffmann die Freilassung Jahns, dessen Thesen zu Deutschland er keineswegs mochte und dessen Anhänger er »junge Strudelköpfe« schalt. Hoffmann warnte seine Vorgesetzten vor »heilloser Willkür« und der »Nichtachtung aller Gesetze«. Letztlich wurde Jahn von allen Vorwürfen freigesprochen – im Jahr 1825.

Es sollten noch Jahre vergehen, bis sich ein Traum Jahns erfüllte, die Wiederzulassung des Turnens und die Einführung als Schulfach. Sein 70. Geburtstag wurde im Jahr 1848 – in Berlin auf der Hasenheide – und auf vielen anderen Sportplätzen gefeiert. Stolz trug er das Eiserne Kreuz. Im Alter von 74 starb er.

In der etwas monströs ausgefallenen Ruhmeshalle der Deutschen, der Walhalla über der Donau bei Regensburg, hat der »Turnvater« einen Platz gefunden, den er im Leben nicht erreichte. Seine Büste steht in der Nähe der Abbilder des Komponisten Franz Schubert und des Publizisten Johann Josef von Görres, der den »Rheinischen Merkur« gegründet hatte.

»PREUSSEN MUSS UNTERGEHEN«

Seine Romane sind weltberühmt, seine Zeitungsartikel fast vergessen: 1848 hielt Theodor Fontane noch zur demokratischen Linken, in der Bismarck-Ära stand er aufseiten der Konservativen.

Von MARTIN DOERRY

Die deutsche Revolution begann für Theodor Fontane in der Requisitenkammer des Königstädter Theaters zu Berlin: Am 18. März des Jahres 1848 stürmte der damals 28-Jährige zusammen mit einer Schar rauflustiger Mitstreiter den Fundus der Bühne, um die dort lagernden Waffen zu erbeuten. Ein kleiner Karabiner samt Bajonett, der einst in dem Erfolgsstück »Sieben Mädchen in Uniform« zum Einsatz gekommen war, machte plötzlich aus dem approbierten Apotheker Fontane einen kampfbereiten Revolutionär.

Nachdem man sich noch Pulver beschafft hatte, kletterte die Truppe auf die in der Nähe des Alexanderplatzes errichteten Barrikaden, die ebenfalls aus Theaterbeständen stammten. Es handelte sich, wie Fontane später notierte, um zwei große Berg- und Waldlandschaften, die schon bald von den Kugeln der königlichen Soldaten durchsiebt worden seien.

Beim Aufmunitionieren der musealen Waffe überkamen den Barrikadenkämpfer allerdings erhebliche Zweifel an der Tauglichkeit seines Schießgeräts. Der Karabiner erwies sich als komplett verrostet und stellte für den Schützen eine größere Gefahr dar als für jedes Zielobjekt in den feindlichen Linien. Und als dann auch noch ein Passant Fontanes Bemühungen beim Laden des Gewehrs mit der abfälligen Bemerkung »Na, hören Sie …« kommentierte, war es um den revolutionären Elan des jungen Mannes schon wieder geschehen. Angeblich noch vor dem ersten Schuss zog sich Fontane in den Schutz seiner Wohnung zurück und diente der deutschen Revolution ab sofort nur noch mit der Feder: als Journalist und Chronist verschiedener Blätter in Berlin und Dresden.

Für diese Episode aus den jungen Jahren des großen Romanciers gibt es freilich nur eine einzige Quelle: den Dichter selbst, der das alles in seinen Memoiren mit der ihm eigenen leisen Ironie zu schildern wusste. Fontanes Biografen hegen Zweifel an der Authentizität dieser Erzählung. Womöglich hat der alte Mann beim Abfassen der Passage fast fünfzig Jahre nach den Ereignissen seine revolutionäre Begeisterung kleiner gemacht, als sie damals war.

Denn tatsächlich war der junge Fontane ein Mann der Demokratie durch und durch – und das nicht nur als Journalist: Er amtierte als Wahlmann für die Wahlen zur Frankfurter Nationalversammlung, in Briefen an Freunde und Bekannte attackierte er die Willkürherrschaft deutscher Fürsten und Könige. Mit der Revolution von 1848 wurde aus dem mittellosen Apotheker und werdenden Schriftsteller Theodor Fontane ein politisch aktiver Zeitgenosse, der den Prozess der deutschen Einigung zunächst unterstützte, dann in den Jahren der Reaktion eher bremste und schließlich, in der Ära der Kriege gegen Dänemark, Österreich und Frankreich, publizistisch sogar beförderte.

Seine erste Reise nach England, 1844, hatte Fontane zum Bewunderer dieser damals modernsten Gesellschaft Europas gemacht. »Ich lobe mir das Land der Preßfreiheit, der Meetings und der Klubs«, schrieb der junge Mann in seinen »Englischen

© Sammlung Rauch/Interfoto

Im März 1848 war das revolutionäre Berlin Schauplatz heftiger Straßenkämpfe (Lithografie, 19. Jahrhundert).

Tagebüchern«. Wieder daheim in Berlin schloss sich Fontane als ordentliches Mitglied dem Verein »Tunnel über der Spree« an, einem Schriftstellerklub, der sich aber aus der Tagespolitik prinzipiell heraushielt.

Fontane verdiente seinen Lebensunterhalt in der Jungschen Apotheke unweit des Alexanderplatzes. Nebenbei schrieb er Balladen, denn eigentlich wollte er unbedingt Schriftsteller werden. Und der »Tunnel« bot ihm das Forum zur Präsentation seiner Werke.

Sein Vater war bereits Apotheker gewesen, allerdings mit geringem Erfolg, 1850 ging Fontane senior endgültig pleite. Anfangs hatte sich der Sohn noch um eine eigene selbstständige Existenz in dem ungeliebten Beruf bemüht, doch es fehlten ihm die Mittel zum Kauf einer Apotheke. Und auch ein Studium kam nicht infrage, Theodor Fontane war ein miserabler Schüler gewesen und hatte das Gymnasium vor dem Abitur abgebrochen.

Entsprechend empfänglich war er für die revolutionären Stimmungen im Vormärz. Eine neue, bessere Zukunft bahnte sich an. Fontane wollte daran teilhaben, politisch und persönlich. Nach dem misslungenen militärischen Intermezzo am 18. März 1848 publizierte er im Spätsommer und Herbst vier große Artikel in der »Berliner Zeitungshalle«, einem Kampfblatt des »Zentralausschusses der deutschen Demokraten«. Während die Abgeordneten der Frankfurter Nationalversammlung lange Debatten um eine Verfassung führten, beschrieb er schon die rosigen Zeiten eines vereinigten, demokratischen Vaterlandes. Die »Auferstehung Deutschlands«, so prognostizierte er in dem Artikel »Preußens Zukunft«, werde allerdings »schwere Opfer« kosten: »Das schwerste unter allen bringt Preußen. Es stirbt. Jeder andere Staat kann und mag in Deutschland aufgehen; gerade Preußen muss darin untergehen.« Es war eine Position, von der er sich aus Nostalgie und Opportunismus bald abwenden sollte.

Fontane hatte damals erkannt, dass ein vom rheinischen Kleve bis ins litauische Memel reichendes Königreich zur erdrückenden Vormacht in dem geplanten föderativen Nationalstaat werden würde. Seine Forderung nach Auflösung Preußens erfüllte sich freilich erst hundert Jahre später, durch Beschluss der alliierten Siegermächte nach dem Ende des Zweiten Weltkriegs.

Zunächst wurde es zum Hort des Widerstands gegen alles, was nach Umsturz und Neubeginn aussah. König Friedrich Wilhelm IV. hatte nach den blutigen Märztagen von 1848 zwar seine Truppen aus Berlin abgezogen und eine Verfassung in Auftrag gegeben. Tatsächlich aber arbeiteten seine Gefolgsleute sofort an einer Wiederherstellung des Status quo ante. Fontane registrierte diesen Prozess genau und kritisierte in einem weiteren Artikel die Kamarilla des Königs, die nichts unversucht lasse, um die Revolutionäre zu diskreditieren. Wenn man wirklich glaube, dass »man das Alte, die sogenannte göttliche Ordnung der Dinge, um jeden Preis konservieren müsse«, dann möge man doch »dem ganzen Krame ein Ende« machen und die demokratische Bewegung mit Gewalt niederschlagen.

Doch der preußische König war klug beraten, einen solchen offenen Konflikt zu vermeiden, zumal sich die in Frankfurt versammelten Abgeordneten in zahlreichen Kompromissen mit den Vertretern des Ancien Régimes verhedderten. Im vierten »Zeitungshallen«-Artikel (Titel: »Freiheit oder Einheit«) geißelte Fontane die Strategie der Abgeordneten, um der Einheit willen auf die Freiheit zu verzichten: »Ohne Freiheit gibt es wohl eine Einheit der Kabinette, eine Einheit der Polizei, nur nicht eine Einheit des deutschen Volks.«

Der Appell blieb ohne Wirkung. Nur wenige Revolutionäre kämpften noch für ihre Ideale, vergebens. Bald stand alles wieder unter Kontrolle der Polizei, demokratische Vereine wurden aufgelöst. Und Fontane musste mit seinem publizistischen Engagement ins Königreich Sachsen ausweichen.

Zwischen November 1849 und April 1850 veröffentlichte er 29 Artikel in der »Dresdner Zeitung«. Fontane wusste, dass die großen Ziele in weite Ferne gerückt waren, und kämpfte nur noch für das Naheliegende, Rechtsstaatlichkeit vor allem. In mehreren Beiträgen engagierte er sich für den Juristen und ehemaligen linken Abgeordneten der preußischen Nationalversammlung Benedikt Franz Leo Waldeck, dem der Prozess wegen revolutionärer Umtriebe gemacht wurde. Waldeck kam wider Erwarten frei, jubelnde Anhänger begleiteten ihn durch Berlin, und Fontane kommentierte: »Die Liebenswürdigkeit unseres Volkes und die Unerträglichkeit unserer Polizei stehen nebeneinander in Blüte.«

Fontane empörte sich über die Unbelehrbarkeit des Königs und über die Schikanen des preußischen Polizeistaats. Doch gegen Ende des Jahres 1849 hatte er den Glauben an die Revolution verloren. Am 8. Dezember schrieb der Journalist gar einen so preußenfreundlichen Artikel, dass die Redakteure der »Dresdner Zeitung« erstmals den Abdruck verweigerten. Fontane hatte sich eines rhetorischen Tricks bedient: Er beschwor das Ideal des alten preußischen Militärstaats, der zugleich ein Rechtsstaat gewesen sei, und verglich ihn mit dem Polizeistaat aktueller Prägung, der genau diese Qualität vermissen ließe. Aber kein Wort mehr von Revolution oder Demokratie.

Tatsächlich war Fontane im Begriff, die Seiten zu wechseln. Keiner seiner Biografen vermag so richtig zu erklären, warum er sich von den Forderungen der 48er abwandte. War es nur eine nüchterne Einschätzung der politischen Lage, war es ein Wandel seiner Überzeugungen oder gar purer Opportunismus? Wahrscheinlich von allem etwas.

Jedenfalls trat der verhinderte Barrikadenkämpfer Theodor Fontane, dank der Hilfe eines einflussreichen Freundes, am 1. August des Jahres 1850 eine Stelle im finstersten Winkel der Reaktion an, im »Literarischen Kabinett«. Die preußische Behörde verfolgte nur einen Zweck: die Steuerung der Presse im Sinne der konterrevolutionären Regierung des kommenden Ministerpräsidenten Otto von Manteuffel.

Der Job bei der Zensur war langweilig und unerquicklich, hatte jedoch einen entscheidenden Vorteil: Fontane konnte dank des regelmäßigen Einkommens endlich heiraten. Noch im Oktober desselben Jahres vermählte er sich, nach fünfjähriger Verlobungszeit, mit Emilie Rouanet-Kummer, einer selbstbewussten jungen Frau, die wie er selbst hugenottische Wurzeln hatte.

Emilie erwies sich als ebenbürtige und kritische Lebensgefährtin des unsteten Literaten. Wann immer Fontane die berufliche Sicherheit zugunsten seiner literarischen Ambitionen opfern wollte, erinnerte sie ihn an seine familiären Pflichten, an die wachsende Zahl seiner Kinder (er hatte auch noch zwei uneheliche Sprösslinge) und an das äußerst bescheidene Wohnquartier, in dem die Fontanes nach wie vor hausten.

Der junge Familienvater litt unter dieser Verantwortung, aber noch mehr setzte ihm anfangs das schlechte Gewissen zu: Zwar wurde er schon nach einigen Monaten aus dem Literarischen Kabinett wegen politischer Unzuverlässigkeit entlassen, doch materielle Not zwang ihn wenig später zu einem untertänigen Hilfsappell an den preußischen König, einen Kotau also vor jenem Mann, den er noch vor Kurzem so entschieden bekämpft hatte.

Fontane bekam tatsächlich einen neuen Job in der staatlichen »Centralstelle für Preßangelegenheiten«. Er musste Lobgedichte auf die Regierenden sowie Artikel für regierungsnahe Blätter verfassen – und schämte sich: »Ich habe mich heute der Reaktion für monatlich 30 Silberlinge verkauft«, schrieb er im Oktober 1851 an einen Freund. »Man kann nun mal als anständiger Mensch nicht durchkommen.« Er habe ein »Gefühl im Leib, als hätt' ich gestohlen«.

Und doch galt auch für den »Regierungsschweinehund« Fontane – so verspottete ihn ein Kollege – der in diesen Jahren von Karl Marx geprägte Satz »Das Sein bestimmt das Bewusstsein«. Denn die Schreiberei im Auftrag des reaktionären Regimes erledigte er schon bald ziemlich routiniert. Spätestens als er 1855 für gut drei Jahre als staatlich besoldeter Korrespondent nach London wechseln durfte, war ihm der konservative Blick auf die Welt zur zweiten Natur geworden.

Von seiner Begeisterung für das liberale, demokratische Großbritannien des Jahres 1844 blieb nur noch wenig übrig. Der nach London Entsandte sah nun allein die Schattenseiten der modernen kapitalistischen Gesellschaft. Fontane berichtete den Lesern deutscher Zeitungen von der Hektik im Londoner »Riesentreiben«, vom Elend in der Großstadt. »Es herrschen hier mehr

Mißstände als irgend wo anders«, notierte er 1856. Das »Gefühl der persönlichen Freiheit« lasse das Volk zwar »glücklicher und behaglicher« leben, »die Mißbräuche andererseits sind schreiend geworden und verlangen Heilung«.

Auch die von ihm einst so gelobte Pressefreiheit war ihm nun suspekt. In einem langen Artikel über die Londoner »Times« lobte er die Professionalität der Kollegen. Ansonsten beklagte er die Machtfülle des Blattes und dessen Abhängigkeit von der öffentlichen Meinung. »Die Fabrikanten dieser Leitartikel«, so schrieb er einem Freund, seien »zwar grundgescheite Leute«, aber alles, was sie produzierten, sei am Ende eben doch nur eine flüchtige »Ware«.

Zurück in der Heimat übernahm Fontane im Jahr 1860 die Englandberichterstattung der preußischen »Kreuzzeitung«, eines Blatts, das mitunter noch reaktionärer war als die ein Jahr zuvor eingesetzte Regierung der »Neuen Ära«. Gegenüber dem Schriftsteller und »Tunnel«-Kollegen Paul Heyse begründete er diesen Schritt mit dem Bekenntnis: »Man wird mit den Jahren ehrlich und aufrichtig konservativer und lässt sich immer weniger in den großen Prinzipien beirren.«

Während die bürgerlichen Kräfte Hoffnungen auf eine langsame Liberalisierung im Lande hegten, erklärte der Redakteur Fontane seinen Lesern nur die Untauglichkeit des demokratischen Vorbilds Großbritannien. Derselbe Journalist, der 1848 für die Demokratie in Deutschland gekämpft hatte, beklagte nun das »heillose Prinzip des allein beglückenden Stimmzettels«. Und die Diskussion der Briten um eine Ausdehnung des Wahlrechts auf die unteren Schichten konnte er schon gar nicht verstehen. Am Ende, so prophezeite er, werde der Machtgewinn der »Wähler der Manufakturdistrikte« dazu führen, »dass soziales Grundwasser alles überschwemme«.

Die von Fontane gezeichneten Korrespondentenberichte aus England entstanden übrigens an seinem Schreibtisch in Berlin –

ein damals übliches Verfahren. Manche Beiträge waren mehr oder weniger aus der »Times« abgeschrieben, nicht wenige Episoden hatte er auch einfach hinzuerfunden. Der Journalismus des 19. Jahrhunderts folgte noch nicht jenen strengen Unterscheidungen zwischen Realität und Fiktion, wie dies heute – in der Regel – der Fall ist.

Auch deswegen ließ ihm der Job bei der »Kreuzzeitung« genug Zeit für seine literarischen Interessen, für die Abende im »Tunnel« und für neue Balladen. Damals begab sich der Altpreuße auf seine »Wanderungen durch die Mark Brandenburg«. Der erste Band mit den heimatlichen Reiseberichten erschien bereits im November 1861 und wurde – wie das ganze Projekt – ein großer Publikumserfolg. Denn Fontanes Geschichten aus der beschaulichen Provinz, von sagenumwobenen Schlössern, Gutsherrn und ihrem Gesinde, bedienten ein romantisches Bedürfnis nach Stillstand und Nostalgie. Je mehr die Industrialisierung das Land veränderte, desto faszinierender schien die Vergangenheit. Er schreibe diese Bücher, so versicherte er seinen Lesern, aus purem Patriotismus und in dem Bewusstsein, dass hier »unsere allerbesten Kräfte wurzeln, Keime eines echten Konservatismus«.

Eher liberalen Zeitgenossen ging Fontanes Hommage an die verblassende Welt der Grafen und Freiherrn gegen den Strich. Dabei lassen sich schon in den »Wanderungen« kritische Bemerkungen über den Adel entdecken, den Landadel insbesondere, in dem Fontane immer weniger alteingesessene Familien und immer mehr Parvenüs zu erkennen glaubte. Der Schriftsteller selbst war empört über die ihm gemachten Vorhaltungen und schrieb seinem Verleger, seine »völlig freie nur allzu oft gegnerische Stellung unsrem Adel gegenüber« sei doch vollkommen unzweifelhaft.

Tatsächlich findet sich dieses unbefangene kritische Urteil über die in Preußen herrschende Kaste von nun an immer häufiger in den Texten Fontanes, vor allem natürlich in den großen Romanen, die er seit den Achtzigerjahren veröffentlichte. Ob in »L'Adultera«, »Cécile«, »Irrungen, Wirrungen« oder »Effi Briest«: Immer sind es die Dünkel der besseren Stände, die jene Beziehungskatastrophen auslösen, über die der Schriftsteller mit Vorliebe schrieb. Die Weisheit des großen Menschenkenners Fontane, sein kluger Blick in die Abgründe der Seele und sein scharfes Urteil über die sozialen Schranken und Vorurteile – diese genialen Momente seines Werkes blitzen freilich in seinen frühen journalistischen Arbeiten nur selten auf.

Und damit zurück in die Sechzigerjahre: Bald schon machte sich der vom Halbtagsjob in der »Kreuzzeitung« nicht ausgelastete Publizist an ein neues Großprojekt, eine Chronik des deutsch-dänischen Kriegs. Schon wenige Wochen nach der Schlacht auf den Düppeler Schanzen suchte Fontane den Kriegsschauplatz bei Sonderburg auf, um das Geschehen zu rekonstruieren. Bis ins letzte Detail beschrieb er den Vormarsch der preußischen und österreichischen Bataillone, die ersten Kampfhandlungen mit den dänischen Verteidigern, das Wüten der Artillerie und schließlich den blutigen Nahkampf Mann gegen Mann. So genau freilich wollte das niemand wissen: Fontanes Buch über den »Schleswig-Holsteinischen Krieg im Jahre 1864« war im Handel ein Misserfolg.

Nicht viel besser erging es ihm mit einem zweiten Werk dieser Art, seiner Darstellung des »Deutschen Kriegs von 1866« zwischen Preußen und Österreich, und schließlich dem Abschluss der Kriegstrilogie, dem Buch »Der Krieg gegen Frankreich 1870–1871«.

Noch während der deutsch-französische Krieg im Herbst 1870 ausgefochten worden war, hatte Fontane bereits die Grenze nach Frankreich überschritten, um für dieses dritte Kriegsbuch zu recherchieren. Da er einen Revolver und – nicht ganz regelkonform – eine Rot-Kreuz-Binde trug, hielt man ihn für einen preußischen Spion und verhaftete ihn. Fontane geriet für mehrere Wochen in französische Gefangenschaft, aus der ihn erst eine Intervention des preußischen Ministerpräsidenten Otto von Bismarck befreite.

Seine in zwei Teilbänden vorgelegte Geschichte des deutsch-französischen Kriegs brachte es auf 2600 Seiten. Die Militärexperten waren von so viel Präzision beeindruckt, ein wirtschaftlicher Erfolg indes blieb auch diesem Projekt versagt. Die Leser hätten vielleicht ein siegestrunkenes Propagandapamphlet akzeptiert, nicht aber eine peinlich genaue Aufbereitung sämtlicher Schlachten.

Bei aller Detailverliebtheit hatte Fontane den Krieg allerdings auch nicht verharmlost. »Nirgends verleugnet er die Grausamkeit des Kriegsgeschehens«, urteilt der Fontane-Biograf Wolfgang Hädecke. Der Schriftsteller berichte vielmehr »mit großer Offenheit und statistischer Genauigkeit über die enormen Menschenverluste an Gefallenen, Verwundeten, Verkrüppelten«. Er kritisiere, so Hädecke, zudem viele Entscheidungen der militärischen Führer, auf französischer wie auf deutscher Seite.

Ganz seiner Zeit verhaftet zeigte sich der Berichterstatter Fontane nur dann, wenn es um die Ursachen der drei Einigungskriege ging: Die Dänen, so urteilte er in seinen Büchern, hätten mit ihrer neuen Verfassung, die Schleswig zum Teil Dänemarks erklärte, den »Handschuh hingeworfen«; zwei Jahre später sei den Preußen dann der Krieg von Österreich »aufgedrungen« worden; und schließlich seien es die Franzosen gewesen, die 1870 eine »Demütigung Preußens« im Schilde geführt hätten, eine »Provokation« also. »Selten«, so resümiert Fontane die Kriegsschuldfrage, »sprachen Tatsachen klarer.«

Solche Erklärungen entsprachen dem Zeitgeist. Dass Bismarck die Kriege bewusst in Kauf genommen oder sogar in Szene gesetzt hatte, um die Interessen Preußens zu wahren und eine kleindeutsche Lösung der offenen deutschen Frage herbeizuführen – diese Zusammenhänge erkannten nur wenige Zeitgenossen, und Fontane zählte nicht dazu.

Den Reichsgründer Bismarck empfand der Schriftsteller »als Werkzeug der göttlichen Vorsehung«; er verehrte ihn zeitlebens, auch wenn er die Schattenseiten des Reichskanzlers, den skrupellosen »Junker« und »Steuerverweigerer«, keineswegs übersah.

Mit der Reichsgründung 1871 beendete Theodor Fontane seine Arbeit als politischer Journalist. Schon im Jahr zuvor hatte er bei der »Kreuzzeitung« gekündigt und mit dem Schreiben von Theaterkritiken für die »Vossische Zeitung« begonnen. Fontane arrangierte sich mit dem neuen Reich, auch wenn es einen Makel besaß, vor dem er 1848 noch so entschieden gewarnt hatte: Die Deutschen hatten die Einheit, aber keine Freiheit.

Der einstige Rebell war bescheiden geworden; aber das galt für viele 48er, die einst Revolutionäre waren, für Johannes von Miquel etwa, der im Vormärz Mitglied im geheimen Bund der Kommunisten war und 1867 die bismarcktreue Nationalliberale Partei mitgründete, oder für Richard Wagner, der noch im Mai 1849 in Dresden auf die Barrikaden kletterte und nun für den bayerischen König germanische Heldenopern komponierte.

Die Generation der 48er erinnerte sich bald nur noch mit Wehmut und Nostalgie an ihre revolutionäre Vergangenheit – so wie 120 Jahre später die Generation der 68er, die sich auf den Marsch durch die Institutionen begab und nun ihren Frieden mit den herrschenden Verhältnissen gemacht hat. Deutschlands Intellektuelle haben offenbar ein besonderes Talent zur Enttäuschung der von ihnen selbst geweckten Hoffnungen.

»DAS SALZ DES HASSES IN IHR HERZ GESTREUT«

Der Journalist Carl Ludwig Börne, 1786 im jüdischen Getto in Frankfurt als Löb Baruch geboren, hat das schwierige Verhältnis zwischen Deutschen und Juden beschrieben.

Ach! Das ist eben der Jammer mit den Deutschen. Weil sie immer so gründlich, so vollständig sind; weil sie alles, was sie tun, mit dem Anfange anfangen und mit dem Elend aller Dinge endigen; weil, sooft sie lehren, sie alles lehren, was sie wissen über alles; weil sie die ganze Ewigkeit, die ganze Unendlichkeit durchsprechen; weil sie hinausschiffen in den großen Ozean, sooft sie sich die Hände waschen wollen – findet sich einmal ein Mann, der sagt, was zu wissen nur eben not tut, (urteilen sie) es sei ein oberflächlicher, einseitiger Mensch, der luftige Worte spräche und nichts Gründliches sage. Was ist da zu tun?

Mein wohlmeinender Freund in der »Deutschen Allgemeinen Zeitung« sagt, man möge es nicht vergessen, daß ich ein Jude bin. Aber das spricht er nicht als Vorwurf wie die anderen aus; nein, er gedenkt dessen zu meiner Entschuldigung, ja, zu meinem Lobe. Er sagt: Mit Recht wäre ich gegen die Deutschen erbittert, die mein Volk so gedrückt und geschändet; nicht der Haß, die Liebe habe mich verblendet.

Es ist ein Wunder! Tausend Male habe ich es erfahren, und doch bleibt es mir ewig neu. Die einen werfen mir vor, daß ich ein Jude sei, die andern verzeihen mir es; der Dritte lobt mich gar dafür, aber alle denken daran. Sie sind wie gebannt in diesem magischen Judenkreise, es kann keiner hinaus. Auch weiß ich recht gut, woher der böse Zauber kommt. Die armen Deutschen! Im untersten Geschosse wohnend, gedrückt von den sieben Stockwerken der höhern Stände, erleichtert es ihr ängstliches Gefühl, von Menschen zu sprechen, die noch tiefer als sie selbst, die im Keller wohnen. Kein Jude zu sein, tröstet sie dafür, daß sie nicht einmal Hofräte sind. Nein, daß ich ein Jude geboren, das hat mich nie erbittert gegen die Deutschen, das hat mich nie verblendet. Ich wäre ja nicht wert, das Licht der Sonne zu genießen, wenn ich die große Gnade, die mir Gott erzeigt, mich zugleich ein Deutscher und ein Jude werden zu lassen, mit schnödem Murren bezahlte – wegen eines Spottes, den ich immer verachtet, wegen Leiden, die ich längst verschmerzt. Nein, ich weiß das unverdiente Glück zu schätzen, zugleich ein Deutscher und ein Jude zu sein, nach allen Tugenden der Deutschen streben zu können, und doch keinen ihrer Fehler zu teilen. Ja, weil ich als Knecht geboren, darum liebe ich die Freiheit mehr als ihr. Ja, weil ich die Sklaverei gelernt, darum verstehe ich die Freiheit besser als ihr.

Ja, weil ich in keinem Vaterlande geboren, darum wünsche ich ein Vaterland heißer als ihr, und weil mein Geburtsort nicht größer war als die Judengasse und hinter dem verschlossenen Tore das Ausland für mich begann, genügt mir auch die Stadt nicht mehr zum Vaterlande, nicht mehr ein Landgebiet, nicht mehr eine Provinz; nur das ganze große Vaterland genügt mir, soweit seine Sprache reicht. Und hätte ich die Macht, ich duldete nicht, daß deutschen Stamm von deutschem Stamm auch nur eine Gosse trennte, nicht breiter als meine Hand; und hätte ich die Macht, ich duldete nicht, daß nur ein einziges deutsches Wort aus deutschem Munde jenseits der Grenzen zu mir herüberschallte. Und weil ich einmal aufgehört, ein Knecht von

Bürgern zu sein, will ich auch nicht länger der Knecht eines Fürsten bleiben; ganz frei will ich werden. Ich habe mir das Haus meiner Freiheit von Grunde auf gebaut; macht es wie ich und begnügt euch nicht, das Dach eines baufalligen Staatsgebäudes mit neuen Ziegeln zu decken. Ich bitte euch, verachtet mir meine Juden nicht! Wäret ihr nur wie sie, dann wäret ihr besser; wären ihrer nur so viele, als ihr seid, dann wären sie besser als ihr. Ihr seid dreißig Millionen Deutsche und zählt nur für dreißig in der Welt; gebt uns dreißig Millionen Juden, und die Welt zählte nicht neben ihnen. Ihr habt den Juden die Luft genommen; aber das hat sie vor Fäulnis bewahrt. Ihr habt ihnen das Salz des Hasses in ihr Herz gestreut; aber das hat ihr Herz frisch erhalten. Ihr habt sie den ganzen langen Winter in einen tiefen Keller gesperrt und das Kellerloch mit Mist verstopft; aber ihr, frei dem Froste bloßgestellt, seid halb erfroren. Wenn der Frühling kommt, wollen wir sehen, wer früher grünt, der Jude oder der Christ.

VAKUUM IN DER MITTE

Haben sich die Deutschen seit dem Mittelalter auf einen langen Sonderweg begeben, sodass sie erst nach vielen Irrungen zu nationaler Einheit fanden? Der Historiker Jörn Leonhard sieht die Geschichte anders.

Das Gespräch führten NILS KLAWITTER und DIETMAR PIEPER.

SPIEGEL: Herr Leonhard, die Erhebung des preußischen Königs Wilhelm zum Kaiser am 18. Januar 1871 in Versailles war für viele Zeitgenossen die lang ersehnte Geburtsstunde des Nationalstaats. Und bis heute ist auch unter Historikern die Deutung populär, dass die Deutschen erst spät und besonders mühsam zu nationaler Einheit gelangt sind.
Leonhard: Zu dieser These vom deutschen Sonderweg gehört gewöhnlich noch die Behauptung, dass die Deutschen im wilhelminischen Reich eine Art Nachholbedarf hatten, der zu einer patriotischen Übersteigerung und dadurch zu einem besonders aggressiven Nationalismus geführt habe. Aber wenn man sich das im europäischen Vergleich ansieht, dann fällt auf, dass es auftrumpfenden Nationalismus damals in vielen Ländern gab.

SPIEGEL: Aber Großbritannien oder Frankreich, um zwei europäische Mächte zu nennen, waren doch in ganz anderer Weise als Nationalstaaten gefestigt, sie hatten eine klare Identität.

Leonhard: Wirklich? Die nach 1870 in Frankreich gegründete Dritte Republik musste viele nationale Symbole neu erfinden und durch Schul- und Wehrpflicht die Nationsbildung bis in die letzten Ecken des Landes tragen.

SPIEGEL: Immerhin hatten die Franzosen schon lange eine klar umrissene Staatlichkeit, mit einer bedeutenden Hauptstadt und zentraler Organisation.
Leonhard: Wir sollten nicht den Fehler machen, die Nation auf den Nationalstaat zu reduzieren, auf Politik und Verwaltung, Diplomatie und Militär. Die Deutschen neigen noch immer dazu, ihre Geschichte stark von 1871 her zu begreifen. Damit wird aber ein viel größeres Bild auf einen Ausschnitt verengt, ganz so, wie es die preußische Deutung nach 1871 selbst nahelegte. Den Berliner Hofhistorikern passte es natürlich gut ins Konzept, die Gründung des Deutschen Reichs als Kulminationspunkt einer langen Entwicklung zu beschreiben und die ganze deutsche Geschichte von diesem Punkt her zu erklären. Wenn wir heute von einem einseitigen deutschen Sonderweg sprechen, knüpfen wir in gewisser Weise an diese Sicht an.

SPIEGEL: Warum wurde bei der Reichsgründung und in der Zeit danach eigentlich so dick aufgetragen, mit pompösen Feiern und riesigen Denkmälern?
Leonhard: Damit wurden Unsicherheiten überspielt, die gerade daher rührten, dass die deutsche Geschichte vor 1871 bereits sehr komplex war. Otto von Bismarck als politischer Kopf der Reichsgründung wusste das, und er wusste auch, dass der preußisch geführte Nationalstaat kein Zentralstaat sein konnte. Er musste die süddeutschen Staaten durch Schutz- und Trutzbündnisse für die nationale Sache gewinnen. Die großen Vorbehalte, die es in Bayern oder Württemberg gegen Preußen gab, wollte Bismarck durch den Krieg gegen Frankreich überwinden.

SPIEGEL: Beliebt waren die Preußen deshalb im Süden noch lange nicht.
Leonhard: Das merken wir ja bis heute, wenn auch vielleicht eher folkloristisch. Interessant finde ich, wie stark das regionale Zusammengehörigkeitsgefühl vieler Regimenter noch im Ersten Weltkrieg war. Da gab es eine große Identifizierung mit der Heimatregion und der jeweiligen Dynastie, mit dem bayerischen oder württembergischen König. Die Soldaten fühlten sich als Deutsche, sicher, aber doch zugleich als Bayern oder Württemberger.

SPIEGEL: Politisch ging die Tendenz nach 1871 aber hin zur Zentralisierung.
Leonhard: Zunächst begann es damit, dass die Reichsverfassung ganz klar föderalistisch angelegt war. Der Bundesrat, die Vertretung der deutschen Fürsten, nicht der Staaten, sollte das Gegengewicht zum Reichstag bilden, der im europäischen Vergleich demokratisch gewählt wurde. Aber dann kam es zu einer Dynamik, die den Bundesrat langfristig schwächte und den Reichstag stärkte. In vielerlei Hinsicht entwickelt sich das Reich zu einem modernen Staat, denken wir nur an die Sozialgesetze, die den Wohlfahrtsstaat begründen.

SPIEGEL: Zum Gesamtbild gehört im 19. Jahrhundert auch noch die Habsburgermonarchie. Bei einer großdeutschen anstelle der kleindeutschen, preußisch dominierten Staatsbildung wären die deutschsprachigen Teile der Monarchie zu einem Teil des Ganzen geworden, wie schon Jahrhunderte lang im Heiligen Römischen Reich. Viele der demokratischen Revolutionäre von 1848 konnten sich einen deutschen Nationalstaat ohne Österreich gar nicht vorstellen.
Leonhard: Das wird tatsächlich heute oft vergessen. Wir wissen, wie die Dinge verlaufen sind, und erliegen leicht der Versuchung,

alle anderen Optionen vor 1871 und 1866 beiseitezuschieben. Reinhart Koselleck hat die Geschichte einmal vergangene Zukunft genannt, und die Zukunft war eben an jedem Punkt prinzipiell offen. Zurück zu Österreich: Wir sollten im Blick behalten, dass in der Habsburgermonarchie ein Erbe des Alten Reiches bewahrt blieb, die Multiethnizität, das Zulassen von Vielfalt unter einem staatlichen Dach. Ich möchte das nicht idealisieren, aber den Sinn dafür schärfen, dass immer auch andere Wege möglich waren als der, den die Deutschen gegangen sind.

SPIEGEL: Ihr Kollege Heinrich August Winkler hatte enormen Erfolg mit seiner Deutung, dass die Deutschen auf ihrem »langen Weg nach Westen« in der Bundesrepublik doch noch glücklich angekommen sind, unter Führung der USA und der anderen westlichen Partner.
Leonhard: Das passt wie der Schlüssel zum Schloss des Sonderwegs. Problematisch finde ich dieses Narrativ, weil es voraussetzt, dass es einen normalen Weg gibt, den Weg des Westens, den die Deutschen nach dieser Deutung allzu lange nicht gegangen sind. Konsequent hat Heinrich August Winkler dann auch die »Geschichte des Westens« geschrieben …

SPIEGEL: … als politische Erfolgsgeschichte, die universale Normen wie die Menschenrechte und die parlamentarische Demokratie hervorgebracht hat. Was stört Sie daran?
Leonhard: Ich frage mich, ob es diesen einheitlichen Westen jenseits der normativen Zuschreibungen wirklich gibt. Nehmen wir zwei Daten, die für Winkler sehr wichtig sind: 1776, das Jahr der amerikanischen Unabhängigkeit von London, und 1789, das Jahr der Französischen Revolution. Zwischen beiden Ereignissen gibt es riesige Unterschiede. Die Vereinigten Staaten besitzen quasi von Anfang an eine Verfassung, lange bevor es eine Nation gibt. Die Frage, wer zu dieser Nation dazugehört

und wer nicht, ist 1776 noch lange nicht beantwortet und wirft immer wieder große Probleme auf, zum Beispiel im Amerikanischen Bürgerkrieg. Revolutionen in Europa verhalten sich zur Nation ganz anders, hier steht die Verfassungsgebung oft am Ende der Nationsbildung oder gibt ihr eine neue Qualität. Jedenfalls geht es an der historischen Wirklichkeit vorbei, das alles zu bündeln als das große, normative Projekt des Westens, an dem sich die Deutschen bis 1945 nicht beteiligt haben. Genau genommen hat jedes Land seinen eigenen Weg, wenn Sie so wollen, seinen Sonderweg.

SPIEGEL: Nationale Bewegungen gab es im 19. Jahrhundert überall in Europa, in Polen, Italien oder Griechenland. Für den griechischen Freiheitskampf in den Zwanzigerjahren hat sich der ganze Kontinent begeistert. Was dachten die Nachbarn über die Deutschen?
Leonhard: Die deutsche Frage, die sich nach dem Wiener Kongress von 1815 stellte, bereitete vielen Leuten Kopfzerbrechen. In den europäischen Hauptstädten beschäftigte man sich sehr intensiv mit dem Problem, was eines Tages an die Stelle des Alten Reiches treten würde, das im Westfälischen System seit 1648 als außenpolitisch berechenbar und militärisch defensiv galt. Wie sollte das machtpolitische Vakuum in der Mitte des Kontinents gefüllt werden? Als der neue Nationalstaat 1871 kam, sah der britische Premier Benjamin Disraeli in der Gründung des Deutschen Reichs unter preußischer Führung die eigentliche Revolution des Jahrhunderts.

SPIEGEL: Das Ausland schaut sorgenvoll auf die Deutschen, aber auch fasziniert. Das Land wird im 19. Jahrhundert zum Reiseziel für Kulturfans, eine Autorin wie Germaine de Staël schreibt einen Bestseller mit dem Titel »De l'Allemagne«. Woher kam die Faszination?

Leonhard: Das hat viel mit den Nachwirkungen des Alten Reichs zu tun, die romantische Gefühle weckten. Den Besuchern aus Paris oder London kam es vor, als wäre da ein Land aus der Zeit gefallen. Die föderale Kleinteiligkeit, der kulturelle Reichtum in der Provinz, die vielen Residenzen, hier ein Schloss, da eine Burg oder ein Kloster, das entfaltete einen ganz eigenen Charme. Noch die entlegenste Residenzstadt hatte eine eigene Casinogesellschaft, ein Theater, eine Hofbibliothek, ein Museum. Wer nach Berlin oder Wien reiste, kannte dieses andere Deutschland eben nicht.

SPIEGEL: Konnte man Deutschland in Weimar besser verstehen?
Leonhard: Zumindest konnte man diesen Eindruck haben. Dass Dichter wie Goethe und Schiller in einer Kleinstadt – der Residenz eines Kleinststaates – ihre größten Werke schrieben, das war schon etwas Besonderes. Oder nehmen Sie Tübingen, wo Hegel, Schlegel und Hölderlin gemeinsam in einer Bude wohnten. So war die deutsche Provinz in ihrer Vielfalt auch ein Labor für Geistesriesen, und gleichzeitig waren diese Vielfalt und Kleinteiligkeit ein politischer Anachronismus. Denn europäisch gesehen ist der Maßstab der Zeit die Französische Revolution, dazu der Anspruch auf Homogenisierung im Nationalstaat und die Fähigkeit, Krieg zu führen.

SPIEGEL: Seit 1648 war das Alte Reich dazu nicht in der Lage.
Leonhard: Ein wichtiger Punkt! Krieg führen konnten nur Einzelstaaten wie Preußen oder Österreich, aber faktisch nicht das Reich. Im späten 18. Jahrhundert wird das zu einer Überlebensfrage, denn nur wer eine große Armee auf die Beine stellen kann, gilt in der Welt internationaler Konkurrenz als satisfaktionsfähig. Als Frankreich durch seine Massenarmeen, in denen nach dem Modell einer »Nation in Waffen« die Wehrpflicht

durchgesetzt wurde, militärisch erstarkte, spitzte sich das noch weiter zu.

SPIEGEL: Aber auf ihre Leistungen als föderale Kulturnation waren die Deutschen immer sehr stolz. War das damals eine Art Trostpreis?
Leonhard: Das glaube ich nicht. Auch für die innere Ordnung der Gesellschaft bot der Föderalismus viele Vorteile. Wenn wir die Zeit nach 1815 nehmen, so entwickeln sich in vielen deutschen Staaten Landtage, so in Bayern, Württemberg oder Baden. Der Landtag in Karlsruhe wird zu einer Brutstätte des frühen deutschen Liberalismus, ähnlich auch Stuttgart. Als die berühmten Göttinger Sieben 1837 gegen die Aufhebung der Verfassung im Königreich Hannover protestieren, werden die aufsässigen Professoren entlassen und teilweise des Landes verwiesen. Aber sie finden in politisch fortschrittlicheren Ländern des Deutschen Bundes sichere Aufnahme. Diese Art von föderaler Politik schafft schon damals Wettbewerb, und er eröffnet Handlungsspielräume.

SPIEGEL: Klingt, als müssten wir einmal das Biedermeier loben, das als schläfrig verrufene Biedermeier …
Leonhard: Stimmt. Das waren hochpolitische Zeiten, in denen viele Bürger sich nach 1815 eben nicht in das private Wohlergehen zurückzogen, in ein unpolitisches Exil, wie es die Bilder des Malers Carl Spitzweg nahelegen. Sie waren viel selbstbewusster als im 18. Jahrhundert, sie wollten nach den Erfahrungen mit Revolution und Reform mitreden, und sie konfrontierten die staatlichen Institutionen mit neuen Erwartungen. Der Liberalismus, das Konzept der bürgerlichen Öffentlichkeit, eigentlich unsere ganze moderne politische Sprache – all das hat seine Ursprünge im frühen 19. Jahrhundert und nicht etwa erst im Nationalstaat von 1871.

SPIEGEL: Aber wie passt in dieses schöne Bild die staatliche Repression, die Verfolgung demokratischer Vorkämpfer wie Georg Büchner?
Leonhard: Natürlich gab es die Gegenwehr der konservativen Fürsten, die im monarchischen Prinzip das Mittel gegen eine Wiederholung von 1789 sahen. Aber die Zeiten hatten sich geändert, es gab kein Zurück ins 18. Jahrhundert. Schon die europäische Neuordnung von 1815 wird häufig falsch als reine Restauration gedeutet. Ein Zeitgenosse hat mit Blick auf den Wiener Kongress gesagt, dass die Revolution heute monarchisch sei. Denn er sieht, dass der territoriale Umsturz, der mit Napoleon einhergegangen ist, 1815 bestätigt wird. Von einer Rückkehr zum Heiligen Römischen Reich Deutscher Nation kann keine Rede sein. Und die Unterdrückung der bürgerlichen Freiheit durch die Fürsten wird zum Ausgangspunkt für die Artikulation und Organisation von politischen Positionen, in der Presse, in zahllosen Vereinen, auf politischen Festen wie 1832 in Hambach, in den Landtagen.

SPIEGEL: 1830 und 1848 kam es zu Revolutionen, sehr erfolgreich waren sie jedoch nicht.
Leonhard: Das ist auch so ein Klischee. Zugegeben: 1848 entstand durch die Revolution kein deutscher Nationalstaat von unten. Aber die politische Agenda ist danach völlig verändert, es kommt auch jetzt zu keiner wirklichen Restauration, Preußen wird 1849 Verfassungsstaat. Wir sollten 1848 als Moment enormer Politisierung sehr ernst nehmen. In Frankfurt tagte kein naives Professoren-Parlament. Die Abgeordneten arbeiteten in kurzer Zeit und unter hohem Druck eine Verfassung aus, an der man sich noch 1919 und 1949 orientieren konnte.

SPIEGEL: Wie passt es eigentlich zu dieser bürgerlichen Modernisierung, dass sich gleichzeitig alle Welt für das deutsche Mittelalter begeisterte?

Leonhard: Das 19. Jahrhundert ist eine Zeit, in der die Geschichte ganz neu entdeckt wird, vor allem das Mittelalter. Und dann ist man natürlich schnell bei den Kaisern des Alten Reichs, in denen man jene Einheit zu erkennen glaubte, um die man im 19. Jahrhundert stritt. Das hat auch mit meiner Profession zu tun, den Historikern. Unter dem Titel »Monumenta Germaniae Historica« beginnt man damit, alle mittelalterlichen Reichsquellen zu edieren. Hunderte von Geschichtsvereinen entstehen, überall werden Denkmäler errichtet.

SPIEGEL: Die Begeisterung hat nicht nur die intellektuelle Elite erfasst. Fast vergessene Geschichten wie das Nibelungen-Lied oder der Kyffhäuser-Mythos werden auf einmal volkstümlich.
Leonhard: Damit wird sicherlich eine emotionale Leerstelle gefüllt, die nach dem Untergang des Reichs geblieben ist. Man möchte sich mit etwas identifizieren und hält Ausschau nach dem, was die Deutschen und Deutschland ausmacht, seine Einheit symbolisiert. Weil es das staatspolitische Gehäuse für die deutsche Nation lange Zeit nicht gibt, wird die Suche nach kulturellen und historischen Antworten umso wichtiger. Und das Mittelalter liefert dazu enorm suggestives Material.

SPIEGEL: Das heißt, die Vergangenheit wurde stark verklärt?
Leonhard: Ja, diese Entdeckung des Mittelalters, die Begeisterung über die angeblich unifizierende Kaiseridee erzählt uns viel über das 19. Jahrhundert und seine Einheitssehnsüchte, aber wenig über das Mittelalter selbst. Oder nehmen Sie den Kyffhäuser-Mythos, die Vorstellung, dass ein schlafender Staufer-Kaiser erwacht und das Reich rettet, wenn es am meisten bedroht ist. Etwas von dieser Idee überträgt sich auf die Bismarck-Begeisterung am Ende des 19. Jahrhunderts. Nachdem Kaiser Wilhelm II. ihn als Reichskanzler entlassen hat, wird Bismarck zu einer legendären Gestalt, die mit Hunderten von

Denkmälern gefeiert wird. Wilhelm II. hat das natürlich überhaupt nicht gefallen.

SPIEGEL: War das wilhelminische Reich, als Ganzes gesehen, eher rückwärtsgewandt oder eher modern?
Leonhard: Es war beides, und diese Widersprüche und Paradoxien müssen wir aushalten. An vielen Stellen sehen wir geradezu eine Explosion von Modernität, in der Industrieproduktion, im weltweiten Handel, an den Universitäten, in der Wissenschaft, die auch international ganz vorn liegt. Hochinteressant finde ich das Beispiel der britischen Kommissionen, die sich in Deutschland die Sozialversicherung angucken, weil sie glauben, dass die Deutschen dabei sind, die großen Integrationsprobleme der Industriegesellschaft zu lösen. Aber gleichzeitig unterhält das Reich ein Militär, das politisch nicht kontrolliert ist. Es hat einen Reichskanzler, der vom Vertrauen des Kaisers abhängig ist anstatt von der Mehrheit im Reichstag. Dazu gibt es diese neofeudalen Relikte, die Begeisterung bürgerlicher Studenten für das eigentlich aristokratische Duell, der Kult um die schlagenden Studentenverbindungen und den Schmiss im Gesicht. Um 1900 fällt diese seltsame Ungleichzeitigkeit von besonderer Modernität und besonderer Rückschrittlichkeit auch vielen ausländischen Beobachtern auf.

SPIEGEL: Wenn wir uns noch einmal dem Heiligen Römischen Reich zuwenden: Unter dem Einfluss der preußischen Historiker wurde es lange Zeit abgetan als morsches Gebilde, das zu Recht untergegangen ist. Seit einiger Zeit gibt es eine Neubewertung, die in der föderalen Struktur etwas Gutes, manchmal geradezu Vorbildliches sieht, eine Art Muster für das heutige Europa.
Leonhard: Dass man so direkt etwas aus der Geschichte lernen kann, glaube ich nicht. Richtig ist: Wer die Vergangenheit kennt, sieht mehr in der Gegenwart. Für eine Analogie mittlerer

Reichweite, wie ich es nenne, hat das Alte Reich zweierlei anzubieten. Das eine ist seit 1648 ein gut funktionierendes Management von Vielfalt. Das verläuft auch ziemlich friedfertig.

SPIEGEL: Tatsächlich? Preußen und Österreicher schlagen sich doch immer wieder die Köpfe ein.
Leonhard: Aber die Konflikte arten nicht mehr zu einem verheerenden und großflächigen Abschlachten wie im Dreißigjährigen Krieg aus. Es gibt keinen konfessionellen Bürgerkrieg mehr. Der zweite Punkt ist: Das Reich hat stabile Institutionen und auch Formen der politischen Kommunikation entwickelt, die ganz stark auf einen Konsens hinarbeiten. Vieles davon entspricht nicht unseren Vorstellungen effizienter Entscheidungen, aber diese Form der Kommunikation durch Verfahren stiftet doch auch Zusammenhalt.

SPIEGEL: Berühmt und berüchtigt waren die zähen Verfahren am Reichskammergericht, wo vieles auf die sprichwörtliche »lange Bank« geschoben wurde.
Leonhard: Und trotzdem war dieses Gericht bis zum Schluss die Reichsinstitution mit dem höchsten Ansehen. Die Faszination, die das Alte Reich heute wieder ausübt, geht sicherlich von dieser Fähigkeit aus, mit Vielfalt umzugehen und Konsens durch Verfahren herzustellen. Dabei war das Ende eines Prozesses vielleicht weniger wichtig als der Weg an sich. In dem Moment, in dem ich formale Entscheidungen erzwinge, produziere ich Gewinner und Verlierer. Und das ist in der Politik nicht unbedingt ein Gewinn.

SPIEGEL: Herr Leonhard, wir danken Ihnen für dieses Gespräch.

Jörn Leonhard, geboren 1967, ist Professor am Historischen Seminar der Universität Freiburg. Sein Spezialgebiet ist die Neuere Geschichte Westeuropas. Höchste Anerkennung erhielt sein 2014 erschienenes Werk über den Ersten Weltkrieg, »Die Büchse der Pandora«.

ANHANG

CHRONIK

Das Reich der Kaiser

Politik, Kirche und Kultur von 962 bis 1806

962 Der ostfränkische König Otto I. lässt sich vom Papst zum Kaiser des »Römischen Reiches« krönen. Ab 1157 wird das Imperium als »Heilig« bezeichnet, im 15. Jahrhundert kommt der Zusatz »Deutscher Nation« auf.

1074 Der Papst verbietet verheirateten Priestern das Betreten der Kirche: Die Durchsetzung des Zölibats bereitet aber weiter Probleme.

1076 Investiturstreit:
Vom Papst gebannt und geschwächt durch eine Revolte des Adels im Reich, zieht Heinrich IV. über die Alpen, um sich dem Kirchenoberhaupt zu unterwerfen. Er wartet drei Tage im Büßergewand vor der Burg

Europa und die Welt

1054 Zwischen der oströmischen Kirche des Kaiserreichs von Konstantinopel (Byzanz) und der römischen Papstkirche kommt es zur endgültigen Spaltung, dem Morgenländischen Schisma.

1060 Die Normannen beginnen die Eroberung Siziliens. Unter König Roger II. (1130 bis 1154) erlebt ihr Reich auf der Insel und in Süditalien seine höchste Blüte, mit bedeutenden kulturellen Beiträgen der dort lebenden Muslime.

von Canossa. Heinrich erlangt seine Macht zurück, das Königtum ist allerdings angeschlagen; der Streit wird formal 1122 durch das »Wormser Konkordat« beendet.

1095 Papst Urban II. ruft zum Kreuzzug auf, weitere »bewaffnete Wallfahrten« folgen; 1099 wird Jerusalem von Kreuzfahrern erobert, die dort ein Massaker unter Muslimen und Juden anrichten.

um 1200 Der Dichter Walther von der Vogelweide bemüht sich, wie auch andere Literaten, um eine über den Dialekten stehende Hochsprache.

1226 Kaiser Friedrich II. erlaubt den religiösen Rittern des Deutschen Ordens, ein von den heidnischen Prußen bewohntes Gebiet östlich des Reichs zu erobern.

1356 Mit der Goldenen Bulle regelt Karl IV. die Wahl des Königs durch die sieben Kurfürsten. In Lübeck tritt der erste Hansetag zusammen.

1206 Dschingis Khan eint die Reiterstämme in den Steppen der Mongolei zu einem 100 000-Mann-Heer und formt ein riesiges asiatisches Reich.

1215 Die Magna Charta verbrieft den englischen Adligen grundlegende Rechte gegenüber dem König. Der Kirche gewährt sie Unabhängigkeit von der Krone.

1299 Osman I. gründet das Osmanische Reich. Die Dynastie stellt bis 1922 die türkischen Emire und Sultane und von 1517 bis 1924 die islamischen Kalifen, die obersten Instanzen des Glaubens.

1337 bis 1453 Zwischen England und Frankreich entbrennt ein Erbfolgestreit, der sich zum Hundertjährigen Krieg auswächst.

um 1350 Durch Europa rollt die erste große Pestepidemie des Mittelalters, etwa 25 Millionen Menschen sterben.

1380 Nach vier Kriegen siegt Venedig über Genua und erringt damit die Vorherrschaft über das östliche Mittelmeer.

1429 In Florenz erbt Cosimo de' Medici die von seinem Vater gegründete Bank. Er mehrt den Reichtum und den politischen Einfluss seiner Familie und wird zu einer Schlüsselfigur der Renaissance.

1453 Die Türken erobern Konstantinopel, nach 1000 Jahren geht das byzantinische Reich unter.

1454 Auf der Frankfurter Herbstmesse wird eine gedruckte Bibel angeboten – das Werk des Mainzers Johannes Gutenberg, dem Erfinder des Buchdrucks mit beweglichen Metalllettern.

1471 Nach Einfällen der Türken in der Steiermark und später den Angriffen der burgundischen Herrscher im Westen des Reiches schärft sich ein Nationalbewusstsein, das auch durch die wiederentdeckte Schrift »Germania« des römischen Historikers Tacitus beflügelt wird.

1492 Christoph Kolumbus landet in Amerika; die ungeplante Entdeckung markiert den Beginn einer brutalen Kolonialisierung des Kontinents.

1495 Der Wormser Reichstag beschließt den »Ewigen Landfrieden« und gründet das Reichskammergericht.

1517 Der Wittenberger Theologe Martin Luther verfasst 95 Thesen über Missstände beim kirchlichen Ablasshandel. Sie markieren den Beginn der Reformation, die sich vom Papst abwendet und den Glauben vor allem auf die Schrift stützt. Luthers Bibelübersetzung wird auch für die deutsche Sprache wegweisend.

1524 bis 1526 Die Bauern rebellieren in Süd- und Mitteldeutschland gegen die Obrigkeit. Thomas Müntzer, der im thüringischen Mühlhausen ein demokratisches Regime errichtet, wird 1525 exekutiert.

1550 bis 1650 Hochphase der Hexenverfolgung: Mehrere Zehntausend Menschen werden in Europa verbrannt oder auf andere grausame Weise getötet. Im April 1756 wird in Landshut die 15-jährige Veronika Zeritschin im letzten deutschen Hexenprozess geköpft und verbrannt.

1555 Katholiken und Protestanten schließen den »Augsburger Religionsfrieden«, das Luthertum wird als Konfession anerkannt. Landesherren können ihren Glauben nun frei wählen, die Untertanen allerdings haben ihnen zu folgen.

1566 Mit dem Silbertaler wird eine im ganzen Reich gültige Währung eingeführt.

1597 Die kaiserliche Reichspost nimmt ihren Dienst auf, betrieben wird sie von der Familie Taxis, deren italienische Vorfahren bereits seit Ende des 13. Jahrhunderts Kurierdienste unterhalten.

1619 In Weimar wird die Schulpflicht eingeführt. Um eine christliche Erziehung des Volkes zu gewährleisten, hatte bereits Karl der Große im Jahr 813 eine solche Verordnung erlassen; durchgesetzt werden konnte die Pflicht erst im 19. Jahrhundert.

1648 Der Westfälische Friede beendet den Dreißigjährigen Krieg. Nun dürfen auch die Untertanen ihre Religion frei wählen, die Sehnsucht nach einem einigen »Teutschland« wächst.

1701 In Königsberg krönt sich der brandenburgische Kurfürst Friedrich III., ein Hohenzoller, als Friedrich I. zum König in Preußen (Könige von Preußen dürfen sie sich erst später nennen).

1582 Der gregorianische Kalender löst den julianischen, von Cäsar eingeführten, nach und nach ab.

1588 Die Niederlage der spanischen Armada gegen die Engländer beendet die iberische Vormachtstellung auf See.

1633 Inquisitionsprozess gegen Galileo Galilei in Rom; seine Beweise, dass die Sonne Mittelpunkt des Planetensystems ist, erzürnen die katholische Kirche und verändern die Welt.

1649 Nach dem englischen Bürgerkrieg macht Oliver Cromwell, einer der Anführer, das Land zum Commonwealth, zur kurzlebigen ersten Republik des Landes.

1712 Die Erfindung der Dampfmaschine leitet die industrielle Revolution ein.

1721 Peter I. ernennt sich zum ersten Kaiser des Russischen Reiches, das bald zum größten zusammenhängenden neuzeitlichen Imperium anwächst.

1756 Preußens König Friedrich II. beginnt den Siebenjährigen Krieg; mit dem Verstoß gegen das Reichsrecht etabliert sich Preußen als europäische Großmacht.

1776 Nach dem Unabhängigkeitskrieg gegen England erklären 13 nordamerikanische Staaten ihre Loslösung von Großbritannien.

1789 Mit dem Sturm auf die Bastille in Paris beginnt die Französische Revolution.

1801 bis 1803 Das Reich muss die Gebiete links des Rheins an Napoleon abtreten. Durch den Reichsdeputationshauptschluss wird das alte Imperium neu organisiert, der Kaiser verliert weiter an Macht.

1806 Kaiser Franz II. löst das Heilige Römische Reich Deutscher Nation am 6. August auf.

BUCHHINWEISE

Johannes Fried: »Die Anfänge der Deutschen. Der Weg in die Geschichte«, Berlin 2005.

Der Mediävistik-Altmeister beschreibt in lebhafter Sprache das Leben der Menschen im Mittelalter. Anhand beeindruckender Quellen zeigt Fried, wie sich die Menschen damals verständigten, woher sie kamen, was ihr Leben prägte und wie sich langsam eine deutsche Identität bildete. Anschaulich wird so nicht nur das Machtgefüge zwischen Kaiser, Adel und Kirche, sondern auch der Aufstieg der Städte und der Aufschwung des Handels.

Peter Claus Hartmann: »Das Heilige Römische Reich deutscher Nation in der Neuzeit 1486–1806«, Stuttgart 2005.

Straffe und lesenswerte Darstellung des Imperiums in der Neuzeit. Der Mainzer Historiker sieht in dem Flickenteppich des Reiches weniger ein wildes Durcheinander, als eine Frühform des Föderalismus – mit guten Mitteln zum Ausgleich von Konflikten.

Klaus Herbers und Helmut Neuhaus: »Das Heilige Römische Reich«, Stuttgart 2010.

Kompaktes Studienbuch des deutschen Herrschaftsgebildes, das sowohl das Mittelalter als auch die Neuzeit umfasst. Interessant ist zudem der Anhang: Er umfasst nicht nur die Stammtafeln der Herrscherdynastien, sondern auch die Begräbnisorte der Kaiser und eine Liste der Kurfürsten.

Klaus Herbers und Helmut Neuhaus: »Das Heilige Römische Reich. Schauplätze einer tausendjährigen Geschichte (843–1806)«, Köln 2005.

Keine Chronologie, sondern Orte bilden den Rahmen dieses Buches. In detektivischer Meisterleistung haben die beiden Historiker die Schauplätze zusammengetragen. Auch kleine Orte kommen zur Geltung: Wer weiß schon, dass im anhaltischen Memleben eine reichsweit bedeutende Pfalz stand?

Hans Ottomeyer u.a. (Hg.): »Altes Reich und neue Staaten 1495–1806«, Dresden 2006.

Der zweibändige Katalog bietet die wohl beste Visualisierung des Reiches: Struktur, Grenzen, Zeichen und Dynastien des Gefüges werden lebendig.

Barbara Stollberg-Rilinger: »Das Heilige Römische Reich Deutscher Nation. Vom Ende des Mittelalters bis 1806«, München 2006.

Eine kurze und prägnante Darstellung des Reiches seit dem Ende des Mittelalters. Die Historikerin der Universität Münster nimmt besonders die Geschichte der Institutionen und ständischen Strukturen in den Blick.

Joachim Whaley: »Das Heilige Römische Reich und seine Territorien«, 2 Bde. (1493–1806); Darmstadt 2014.

Umfassend wie kaum ein anderer moderner Historiker hat sich der in Cambridge lehrende Engländer mit den letzten drei Jahrhunderten des Reichs beschäftigt. Detailliert beschreibt er dabei die Wirtschafts-, Sozial- und Religionsgeschichte. Hier gibt es auch für Kenner noch viel zu entdecken.

AUTORENVERZEICHNIS

Stefan Berg ist Autor im Deutschlandressort des SPIEGEL in Berlin.

Georg Bönisch war Redakteur in der SPIEGEL-Redaktionsvertretung Düsseldorf.

Felix Bohr ist freiberuflicher Journalist und Historiker.

Annette Bruhns ist Redakteurin bei SPIEGEL GESCHICHTE und SPIEGEL WISSEN.

Dr. Martin Doerry ist Autor im Kulturressort des SPIEGEL.

Anke Dürr ist Redakteurin im Kulturressort des SPIEGEL.

Markus Flohr ist freiberuflicher Journalist und Romanautor.

Christoph Gunkel ist Autor bei SPIEGEL ONLINE.

Saskia Kerschbaum ist Historikerin und arbeitet an ihrer Promotion.

Nils Klawitter ist Redakteur im Wirtschaftsressort des SPIEGEL.

Uwe Klußmann ist Redakteur bei SPIEGEL GESCHICHTE und SPIEGEL WISSEN.

Marc von Lüpke ist freiberuflicher Journalist und Historiker.

Peter Maxwill ist Redakteur bei bento.

Joachim Mohr ist Redakteur bei SPIEGEL GESCHICHTE und SPIEGEL WISSEN.

Dietmar Pieper ist Ressortleiter bei SPIEGEL GESCHICHTE und SPIEGEL WISSEN.

Norbert F. Pötzl war stellvertretender Ressortleiter bei SPIEGEL GESCHICHTE und SPIEGEL WISSEN.

Jan Puhl ist Redakteur im Auslandsressort des SPIEGEL.

Dr. Johannes Saltzwedel ist Redakteur bei SPIEGEL GESCHICHTE und SPIEGEL WISSEN.

Dr. Mathias Schreiber war Leiter des Kulturressorts des SPIEGEL.

Michael Sontheimer arbeitet für das Deutschlandressort des SPIEGEL in Berlin.

Andreas Wassermann ist Redakteur im Deutschlandressort des SPIEGEL in Berlin.

Dr. Susanne Weingarten ist stellvertretende Ressortleiterin bei SPIEGEL GESCHICHTE und SPIEGEL WISSEN.

DANK

Entstehen konnte dieser Band nur, weil viele kluge und sorgsame Kollegen die Autoren unterstützt haben. Das von Dr. Hauke Janssen geleitete SPIEGEL-Dokumentationsteam prüfte alle Beiträge gewohnt sicher und umsichtig auf sachliche Richtigkeit; beteiligt waren Jörg-Hinrich Ahrens, Ulrich Booms, Viola Broecker, Dr. Heiko Buschke, Johannes Eltzschig, Klaus Falkenberg, Cordelia Freiwald, Silke Geister, Ulrich Klötzer, Dr. Walter Lehmann-Wiesner, Rainer Lübbert, Nadine Markwaldt-Buchhorn, Tobias Mulot, Margret Nitsche, Thorsten Oltmer, Axel Rentsch, Marko Scharlow, Rolf G. Schierhorn, Mirjam Schlossarek, Andrea Schumann-Eckert, Stefan Storz, Rainer Szimm, Ursula Wamser, Anika Zeller und Malte Zeller. Schnell und findig besorgten die Bibliothekare Johanna Bartikowski und Heiko Paulsen die umfangreiche Fachliteratur.

Karten und Grafiken gestalteten Cornelia Baumermann, Ludger Bollen, Cornelia Pfauter, Julia Saur und Michael Walter; Thomas Hammer bereitete sie für dieses Buch auf. Anke Wellnitz besorgte die Bildauswahl, Britta Krüger kümmerte sich um die Bildrechte. In der Schlussredaktion prüften Lutz Diedrichs und Tapio Sirkka den Text noch einmal auf Stimmigkeit. Heike Kalb, Kathrin Maas und Elke Mohr im Sekretariat sorgten für den reibungslosen Ablauf.

Eva Profousová beim SPIEGEL und Karen Guddas bei der DVA haben das gesamte Buchprojekt betreut; für die Herstellung war Andrea Mogwitz verantwortlich. Ihnen allen gilt unser herzlicher Dank für die wie immer reibungslos gute Zusammenarbeit.

Hamburg, Herbst 2016
Nils Klawitter und Dietmar Pieper

PERSONENREGISTER

Zahlen aus dem Reich

Löhne, Steuern und andere Daten: ein kleines Panorama

Motiv aus „Die Schrecken des Krieges“ von Jacques Callot, 1633

Bevölkerung

zu Beginn des Reiches 962:
4 Millionen Menschen
des Reiches im 14. Jh.:
12 Millionen
um 1618:
20 Millionen

Unterricht, zwischen 1512 und 1516

33 %
der Bevölkerung sterben im **Dreißigjährigen Krieg** (1618 bis 1648).

circa 40 000
Juden lebten um 1600 im Reich.

Nur 5 %
der Bevölkerung um das Jahr 1500 konnten **lesen und schreiben.**

Reichsflagge

12. Jh. bis 1350
Seit den Kreuzzügen ist das **Reichsbanner** Inbegriff des Reiches, während der Kaiser bereits den Adler verwendet.

12. Jh. bis 1433:
Mit Friedrich Barbarossa verdrängt die **Königs- und Kaiserfahne** mit dem Adler das Kreuzbanner.

1400 bis 1806:
Ab König Sigismund steht ein **Doppeladler** für das Reich, während der einköpfige Vogel die Könige repräsentiert.

Herrscher

Beginnend mit Otto I., dem ostfränkischen König von 936 bis 973, wurde das später sogenannte Heilige Römische Reich von **55 Königen** regiert. **34** trugen auch den Titel **Kaiser.**

Währungen

Gängige Währung ist vom 9. bis ins 12. Jahrhundert der **Denar (Pfennig).** 240 Denare ergeben ein **Karolingisches Pfund Silber** (408 g).

Regionale Münzen sind:
Brakteat (12. bis 14. Jh.),
Sachsenpfennig (10. bis 11. Jh.) und
Regensburger Pfennig (ab 1290)

Mehrfachpfennige heißen **Dreiling, Sechsling** und **Groschen.**

Im Nordosten wird mit der **Lübecker Mark** und dem **flämischen Pfund** gehandelt.

Nach dem Dreißigjährigen Krieg existieren zwei Münzsysteme: **Taler und Groschen** in Preußen, **Gulden und Kreuzer** in Österreich.

Seit 1557 gibt es in den spanischen Niederlanden den **Philippstaler.**

Beispiele für Goldwährungen: **Gulden (Florentiner)** aus Florenz, **Dukaten** aus Venedig.

BPK

Karolingischer Denar, 814 bis 840

circa 600
regionale **Münzstätten** gibt es um das Jahr 1550.

Hamburger Sechsling, 1756

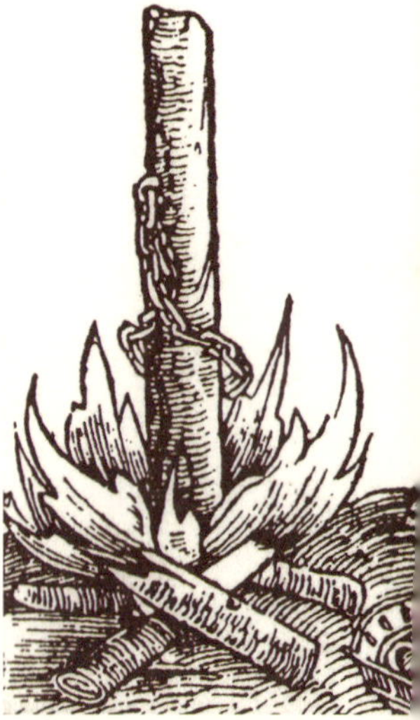

Holzschnitt, 1517

20 000 bis 25 000
Reichsbewohner wurden wegen **Hexerei** hingerichtet.